社会福祉
学習双書
2024

第 5 巻

児童・家庭福祉

『社会福祉学習双書』編集委員会　編

社会福祉
法　　人　全国社会福祉協議会

社会福祉士養成課程カリキュラムと
『社会福祉学習双書』目次の対比表

第5巻　児童・家庭福祉

養成カリキュラム「教育に含むべき事項」	社会福祉学習双書「目次」
①児童・家庭の定義と権利	・第1部第1章「児童家庭福祉の理念と基本的理解」 ・第1部第2章「子どもの人権・権利保障」
②児童・家庭の生活実態とこれを取り巻く社会環境	・第1部第3章「児童・家庭の生活実態とこれを取り巻く社会環境」
③児童・家庭福祉の歴史	・第1部第2章「子どもの人権・権利保障」(再掲)
④児童・家庭に対する法制度	・第1部第1章「児童家庭福祉の理念と基本的理解」(再掲) ・第2部第1章「母子保健」 ・第2部第2章「子育て支援・保育・児童健全育成」 ・第2部第3章「スクールソーシャルワーク」 ・第2部第4章「子どもと家庭にかかわる貧困、女性の福祉」 ・第2部第5章「社会的養護」 ・第2部第6章「児童虐待への対応」 ・第2部第7章「障害児福祉」
⑤児童・家庭に対する支援における関係機関と専門職の役割	・第1部第4章「児童家庭福祉制度における関係機関と専門職の役割」
⑥児童・家庭に対する支援の実際	・第2部「児童家庭福祉の支援の実際」第1〜7章(再掲)

※本テキストは、精神保健福祉士養成課程カリキュラムにも対応しています。

刊行にあたって

　現代社会にあって、地域住民が直面する多様な課題や個々人・家族が抱える生活のしづらさを解決するためには、従来の縦割り施策や専門領域に閉じこもった支援では効果的な結果を得にくい。このことは、社会福祉領域だけではなく、関連領域でも共有されてきたところである。平成29（2017）年の社会福祉法改正では、「地域共生社会」の実現を現実的な施策として展開するシステムの礎を構築することとなった。社会福祉に携わる者は支援すべき人びとが直面する課題を「他人事」にせず、また「分野ごと」に分断せず、「複合課題丸ごと」「世帯丸ごと」の課題として把握し、解決していくことが求められている。また、支援利用を躊躇、拒否する人びとへのアプローチも試みていく必要がある。

　第二次世界大戦後、社会福祉分野での支援は混合から分化、そして統合へと展開してきた。年齢や生活課題によって対応を「専門分化」させる時期が長く続くなかで出現し固着化した縦割り施策では、共通の課題が見逃される傾向が強く、制度の谷間に潜在する課題を生み出すことになった。この流れのなかで、包括的な対応の必要性が認識されるに至っている。令和5（2023）年度からは、こども家庭庁が創設され、子ども・子育て支援を一体的に担うこととなった。加えて、分断隔離から、地域を基盤とした支援の構築も実現されてきている。地域から隔絶された場所に隔離・収容する対応は、在宅福祉の重要性を訴える当事者や関係者の活動のなかで大幅な方向転換を行うことになった。

　措置制度から利用制度への転換は、主体的な選択を可能とする一方で、利用者支援や権利擁護も重要な課題とした。社会資源と地域住民との結び付け、継続的利用に関する支援や苦情解決などが具体的内容である。地域や家族、個人が当事者として参加することを担保しながら、ともに考える関係となるような支援が求められている。利用者を支援に合わせるのではなく、支援を利用者のニーズに適合させることが求められている。

　「働き方改革」は働く者全体の課題である。仲間や他分野で働く人々との協働があってこそ実現できる。共通の「言語」を有し、相互理解を前提とした協

働こそ、利用者やその家族、地域社会への貢献を可能とする。ソーシャルワーカーやその関連職種は、法令遵守（コンプライアンス）の徹底と、提供した支援や選択されなかった支援について、専門職としてどのような判断のもとに当該支援を実施したのか、しなかったのかを説明すること（アカウンタビリティ）も同時に求められるようになってきている。

　本双書は、このような社会的要請と期待に応えるための知識やデータを網羅していると自負している。

　いまだに終息をみせたとはいえない、新型コロナウイルス（COVID-19）禍は引き続き我われの生活に大きな影響を与えている。また、世界各地で自然災害や紛争・戦争が頻発している。これらは個人・家族間の分断を進行させるとともに、新たな支援ニーズも顕在化させてきている。このような時代であるからこそ、代弁者（アドボケーター）として、地域住民や生活課題に直面している人々の「声なき声」を聴き、社会福祉領域のみならず、さまざまな関連領域の施策を俯瞰し、地域住民の絆を強め、特定の家族や個人が地域のなかで課題解決に取り組める体制づくりが必要である。人と諸制度をつなぎ、地域社会をすべての人々にとって暮らしやすい場とすることが社会福祉領域の社会的役割である。関係機関・団体、施設と連携して支援するコーディネーターとなることができる社会福祉士、社会福祉主事をはじめとする社会福祉専門職への期待はさらに大きくなっている。社会福祉領域で働く者も、エッセンシャルワーカーであるという自覚と矜持をもつべきである。

　本双書は各巻とも、令和元（2019）年度改正の社会福祉士養成カリキュラムにも対応し、大幅な改訂を行った。また、学習する人が制度や政策を理解するとともに、多職種との連携・協働を可能とする幅広い知識を獲得し、対人援助や地域支援の実践方法を学ぶことができる内容となっている。特に、学習する人の立場に立って、章ごとに学習のねらいを明らかにするとともに、多くの工夫を行った。

社会福祉制度は、かつてないスピードで変革を遂げてきている。その潮流が利用者視点から点検され、新たな改革がなされていくことは重要である。その基本的視点や、基盤となる情報を本双書は提供できていると考える。本双書を通じて学ばれる方々が、この改革の担い手として、将来的にはリーダーとして、多様な現場で活躍されることを願っている。担い手があってこその制度・政策であり、改革も現場が起点となる。利用者自身やその家族からの信頼を得ることは、社会福祉職が地域社会から信頼されることに直結している。社会福祉人材の育成にかかわる方々にも本双書をお薦めしたい。

　最後に、各巻の担当編集委員や執筆者には、改訂にあたって新しいデータ収集とそれに基づく最新情報について執筆をいただくなど、一方ならぬご尽力をいただいたこともあらためて読者の方々にご紹介し、総括編集委員長としてお礼を申し述べたい。

　令和 5 年12月

『社会福祉学習双書』総括編集委員長

松 原 康 雄

目　次

第2章　子どもの人権・権利保障

第3章　児童・家庭の生活実態とこれを取り巻く社会環境

第4章　児童家庭福祉制度における関係機関と専門職の役割

第2部 児童家庭福祉の支援の実際

第1章 母子保健

第2章 子育て支援・保育・児童健全育成

第3章　スクールソーシャルワーク

第4章　子どもと家庭にかかわる貧困、女性の福祉

　　　＊本双書においては、テキストとしての性格上、歴史的事実等の表現については当時のまま、
　　　　また医学的表現等についてはあくまで学術用語として使用しております。
　　　＊本文中では、重要語句を太字にしています。

表紙デザイン：株式会社ビー・ツー・ベアーズ

第1部 児童家庭福祉の基本的理解

第1章

児童家庭福祉の理念と基本的理解

学習のねらい

　本章では、児童家庭福祉の基本的な考え方について、「児童家庭福祉」（第1節）、「児童家庭福祉の理念」（第2節）、「児童家庭福祉の基本構造」（第3節）の順で学ぶ。ここまでで、児童家庭福祉についての機能や構造の大枠を学んでほしい。本書第2章以降での学びを進める上での基本となる事項であるため、繰り返し読むなどの方法でしっかりと理解することが第2章以降の学びにとって有効である。

　「『児童の最善の利益』と児童家庭福祉」（第4節）においては、児童の権利に関する条約、平成28（2016）年の児童福祉法改正、児童や保護者の自己決定などをふまえながら学びを進める。第1節から第3節までが機能や構造の大枠を学ぶのに対して、第4節では、その機能や構造が用意されるに至った考え方の基本、そして児童家庭福祉実践の基本としての児童の最善の利益の意味について学ぶ。

　「児童家庭福祉サービスの最近の動向」（第5節）では、児童虐待、貧困などのほか、新型コロナウイルス感染症の影響にも注目しつつ、児童家庭福祉の最近の動きについてふれる。児童家庭福祉分野の今について意識しながら学びを進めてほしい。

第 1 節　児童家庭福祉

1 児童家庭福祉とは

　「親は子のことをいつでも大切にする」。児童家庭福祉についての学び
を始めるにあたり、我われはこのことを、学びの前提として正しい見解
であるとすることは可能であろうか。「血のつながりのある親が、その
子どもに対して暴力をふるうことや、子どもを手放すなどということは
本来ないはずだ」と心の底から信じることができるだろうか。もちろ
ん、すべての子どもがそういう状態にある社会でありたいと思う。

　そして、「親は子のことをいつでも大切にする」ということが「正し
い」と素直に回答できる社会は、もちろん望ましい。しかし、児童家庭
福祉を学ぶ際には、「親は子のことをいつでも大切にする」という認識
について、もしかしたら真実ではないかもしれないと感じることを必要
とする機会がしばしばある。

　親のことを疑いたくはない。しかし、実の親による児童虐待や、児童
虐待死亡事例として取り上げられることになる児童のことを考えると、
「実の親が児童虐待の加害者になり得る」ということがあることも事実
である。

　これらのことをふまえて、児童家庭福祉についての学びをスタートする。

　児童家庭福祉という言葉は、「児童の福祉」と同時に「児童家庭の福
祉」という意味合いを含んでいるし、「児童家庭の福祉」という言葉に
は、児童を育てる親の生活を支えるという意味も含んでいる。しかし、
それでも、児童家庭福祉において最も意識すべきは、児童本人の福祉で
ある。その児童本人の福祉を確保するための条件や工夫について児童と
家庭との関係を意識しながら、本書の学びを進めていくこととする。

　虐待をしてしまった親の気持ちを想像するとき、少なくとも「親は子
を大切にしたい」と心の中では思っていると感じるときが多い。他方、
「もしかしたら、子の存在を心の底から否定しているのではないか」と
判断せざるを得ないような気持ちになってしまう親と出会うこともある。

　本書では、家庭という場で養育される児童について福祉的な観点から
分析する実践的な学問分野として児童家庭福祉論を展開したい。家庭は
児童が育つ大切な養育環境であり、国や自治体がその家庭という養育環
境を支えることや、代替となる養育環境を用意することで、児童福祉法

第1条の「児童の権利に関する条約の精神」を児童家庭福祉は具体化しようとする。

2 児童とは

児童家庭福祉の学びの中でしばしば登場する「児童」という言葉は、児童家庭福祉分野の基本法である児童福祉法（以下、法）第4条第1項で「満18歳に満たない者」と定義されている。[*1]

「満18歳に満たない者」であるから、18歳の誕生日を迎える直前まで「**児童**」の定義の中に入ることとされている。

18歳未満の者はすべて「児童」であるが、0歳と17歳とでは、日常生活における経験の蓄積や身体的能力などもかなり異なるのは自明のことである。このため、法では、「児童」をその満年齢によって「乳児」「幼児」「少年」という3つの区分に分けている。「**乳児**」については「満1歳に満たない者」、「**幼児**」については「満1歳から、小学校就学の始期に達するまでの者」、「**少年**」については「小学校就学の始期から、満18歳に達するまでの者」としている。

3 家庭とは

同じく、「家庭」という言葉もしばしば登場する。児童福祉法で用いられている「家庭」について、厚生労働省の通知では「実父母や親族等を養育者とする環境」[*2]と定義されており、直接に血のつながりがある実父や実母や祖父母を養育者とする養育環境のこととされている。その「家庭」は「児童の成長・発達にとって最も自然な環境」とした上で、「児童が家庭において心身ともに健やかに養育されるよう、その保護者を支援することが重要である」としている。

本書第2部第5章などでは慣例に従って「里親家庭」という言葉が用いられているが、「里親家庭」という言葉における「家庭」は、「直接に血のつながりがある実父や実母や祖父母を養育者とする養育環境」に近い養育環境という意味で慣例的に用いられており、この場合は、直接的な血のつながりがあるわけではない。「養子縁組家庭」についても同様である。

*1
児童福祉法では「児童」という語が用いられるが、「子ども・子育て支援法」では、「子ども」と表現しており、その第6条第1項で「子ども」を「18歳に達する日以後の最初の3月31日までの間にある者」と定義している。さらに、「こども基本法」第2条では、「こども」を「心身の発達の過程にある者」と定義し、一律の年齢で区切っていない。それ以外にも、「子供」と表現されることもある。「児」「童」「子」「供」という漢字の意味についての解釈の違いが背景にある。また、「児童」という表現には、「胎児」を含んでいるという解釈もあるが、必ずしも合意が得られているわけではない。

*2
厚生労働省 雇用均等・児童家庭局長通知「児童福祉法等の一部を改正する法律の公布について（通知）」平成28年6月3日／雇児発0603第1号。

4 児童家庭福祉の学びについて

　児童家庭福祉についての学びをスタートするにあたり、児童家庭福祉の特徴について、ふれておきたい。

　児童家庭福祉の対象としての「児童」については、「18歳未満の者」とされているので、この本を読んでいるすべての人が「児童」の時期を体験している。そして、ほとんどの人は18歳以上と思われるので、「児童」の時期を卒業している。

　「児童」について考えるにあたって、私たち一人ひとりは、自分自身が体験してきた「児童」や自分が過ごした「児童」期をイメージしながら、それを児童家庭福祉の対象とする「児童」として活用しやすい。

　一方で、この本の中に登場してくる「児童」をイメージするときに、皆さん自身が体験した「児童」のイメージが邪魔をしてしまうこともある。この領域で研究を続けてきた筆者にとっても、被虐待児の心の動きを正確に理解しようという試みは著しく難度が高いと感じる。

　同じように、本書で何度も登場する「家庭」について理解しようとするとき、自分自身が過ごした「家庭」を最初にイメージすることになると思う。しかし、本書の中で登場する「家庭」は必ずしも読者自身が過ごした「家庭」と同じではない。その構成員が異なることもあるし、その「家庭」の中で過ごす構成員相互の人間関係も異なる。それでも私たちは、「家庭」を理解しようとすると、自分自身が過ごした「家庭」をイメージすることが一般的であるので、本書を読み進めていく過程で、児童家庭福祉の学びの中で登場する「家庭」を理解することのむずかしさを感じることがあると思われる。

　これらのことは、高齢期をまだ経験したことがないために、自分自身の「高齢者」像をイメージしにくい状況で高齢者福祉論を学ぶときとは異なったメリットとデメリットが生じる。高齢者福祉論の学びにおいては、高齢期を経験していない読者は、他人が経験し読者に語る高齢期にある人の状況をそのまま素直に受け止める可能性がある。

　一方で、児童家庭福祉の学びにおいては、読者全員が、それぞれの児童期を自ら体験しているので、読者以外が過ごし経験している「児童」について理解しようとしても、ついつい自分自身が経験してきた「児童」の印象によってかき消されてしまう可能性がある。

　以上のように、「児童家庭福祉」の学びにおいては、自分自身が体験した「児童」像や「家庭」像を通して、児童期のことを身近に感じるこ

とができるというメリットがある。しかし、それに固執してしまうと、自分以外の人が経験している自分以外の「児童」（例えば、「被虐待児」）やその「家庭」について正確に理解しようとすることが困難だと感じることがある。これは自分自身が体験してきた「児童」や「家庭」のイメージが具体的にあるがゆえに生じることであり、このことは、私たちが「児童」やその児童期を過ごした「家庭」があるがゆえに生じがちなデメリットであると思われる。児童家庭福祉を学ぶにあたり、これらのことは意識しておく必要がある。

第2節　児童家庭福祉の理念

1 児童の権利

　児童福祉法第1条は、**表1-1-1**に示すように、すべての児童は次のような権利を有すると規定している。児童が有しているこの権利は、児童家庭福祉を学ぶ上での基盤となるものである。

〈表1-1-1〉児童福祉法（抜粋）

第1条	全て児童は、児童の権利に関する条約の精神にのっとり、適切に養育されること、その生活を保障されること、愛され、保護されること、その心身の健やかな成長及び発達並びにその自立が図られることその他の福祉を等しく保障される権利を有する。
第2条第1項	全て国民は、児童が良好な環境において生まれ、かつ、社会のあらゆる分野において、児童の年齢及び発達の程度に応じて、その意見が尊重され、その最善の利益が優先して考慮され、心身ともに健やかに育成されるよう努めなければならない。
第2条第2項	児童の保護者は、児童を心身ともに健やかに育成することについて第一義的責任を負う。
第2条第3項	国及び地方公共団体は、児童の保護者とともに、児童を心身ともに健やかに育成する責任を負う。
第3条の2	国及び地方公共団体は、児童が家庭において心身ともに健やかに養育されるよう、児童の保護者を支援しなければならない。ただし、児童及びその保護者の心身の状況、これらの者の置かれている環境その他の状況を勘案し、児童を家庭において養育することが困難であり又は適当でない場合にあっては児童が家庭における養育環境と同様の養育環境において継続的に養育されるよう、児童を家庭及び当該養育環境において養育することが適当でない場合にあっては児童ができる限り良好な家庭的環境において養育されるよう、必要な措置を講じなければならない。

2 国民の努力義務

　法第2条第1項は、国や自治体だけではなく、また児童の保護者以外の人も含むすべての国民に、**表1-1-1**のような努力義務を課している。

　「児童が良好な環境において生まれ」るための状況を用意するように努めることを求め、さらに「社会のあらゆる分野において」「（児童の）最善の利益が優先」されることを明示している。

　「児童の最善の利益」という言葉は、児童家庭福祉の学びの中でしばしば登場する言葉である。

3　児童の保護者の責任

　法第2条第2項は、児童の保護者が子どもの育ちの第一義的な責任を負っていることを規定している。

　この規定は、児童家庭福祉における児童の保護者の責任と国や自治体の責任との関係を考える上で大切な規定である。

　児童の保護者が、その保護者にとっての児童に対する第一義的責任を負うのであって、国も自治体も第一義的責任を負うものとはされていない。その前提には、「児童の保護者は自らが養育している児童のことをほかの誰よりも大切に養育するはずである」という一般的な保護者理解がある。

　しかし、残念ながら、「保護者はほかの誰よりも児童のことを大切にするであろうという理解」を覆さざるを得ない事案はしばしば発生する。児童家庭福祉についての学びの多くは、そのような事案からの学びであり、それらの事案への対応策をめぐる専門職らによる努力の成果に基づくものである。

　児童家庭福祉の学びは、「保護者はほかの誰よりも児童のことを大切にするであろうという理解」が必ずしも正しいわけではないことを知ることを必要とする。一方で、何度裏切られても保護者のそばにいたいという気持ちを児童がもつことが多いということも知る必要がある。

4　国及び地方公共団体の責任

　法第2条第3項では、国及び地方公共団体も児童に対して責任を有することを規定している。

　「児童の保護者とともに」という点が重要である。児童の保護者は児童に対する第一義的責任を有するが、国及び地方公共団体は、（第一義的責任を有する）保護者とともに責任を負うとされており、そのことは、国及び地方公共団体の責務をより明確に定めた法第3条の2により、さらに明らかに示される。

5　国及び地方公共団体が講じるべき
　3つの方法とその順序

　法第3条の2では、国及び地方公共団体の内容を大きく3段階に分け

ている。まず第1段階として、「保護者に対する支援を行う」という方法が採用される。その上で、この第1段階の方法が適切でない場合は、第2段階として、「家庭と同様の養育環境を用意する」という方法が採用される。この第2段階の方法でも適切な養育ができないのであれば、第3段階として、「できる限り良好な家庭的環境を用意する」という方法が採用される。

　優先順位は、あくまでも、第1段階から第2段階を経て第3段階の方法が採用されるのであって、その順序を適切に果たすことが国及び地方公共団体の責務として求められている。その責務を果たすためには、当該児童と保護者との関係を見極める実践上の専門職としての判断力、そして、専門職の判断を具体的に実現する上で必要な制度の充実の両方が必要となる。

（1）保護者に対する支援を行う（第1の方法）

　国及び地方公共団体が採用する第1の方法は、「児童が家庭において心身ともに健やかに養育されるよう、児童の保護者を支援しなければならない」という責任を果たすという方法である。この方法を採用し児童の養育環境を整えるためには、「保護者のもとで生活することが適切である」という判断を前提として、児童の保護者に対して国及び地方公共団体が必要な支援を行う必要がある。一定の養育環境が現にあることを確認した上で、さらに児童の養育環境を充実させるとき、もしくは、養育環境としては危ないところがあるが、その危ないところを国や自治体が支えることで家庭という養育環境が維持されるときに有効な方法である。

　この方法は、「保護者のもとで生活することが適切である」という判断を前提として成り立つのであって、その前提が崩れる可能性がある場合は、児童をその家庭から離して、「家庭と同様の養育環境を提供する」という、次の第2段階へ移行する判断を行う責任が国及び地方公共団体に求められることになる。

（2）家庭と同様の養育環境を用意する（第2の方法）

　「児童を家庭において養育することが困難であり又は適当でない場合」、国及び地方公共団体は第2の方法として、家庭と同様の養育環境を用意する責任がある。その際、国及び地方公共団体が用意すべき養育環境としては、「家庭における養育環境と同様の養育環境において継続的に養

育される」ことが求められている。

　具体的には、特別養子縁組や里親委託などを行うことが求められる。特別養子縁組や里親委託によって確保される養育環境は、血縁関係を基盤とする家庭という養育環境とは異なるが、特定の大人との安定した養育環境が整えられる可能性が高い。そのため、特別養子縁組や里親委託という方法を当該児童に提供することを2つめの責任として法第3条の2は定めている。

　この第2の方法でも、適切な養育環境を用意できるか否かの判断をした上で、用意できないと判断した場合、次の方法として「できる限り良好な家庭的環境を用意する」という、第3段階を選択する必要が生じる。

（3）できる限り良好な家庭的環境を用意する（第3の方法）

　「良好な家庭的環境」とは、「家庭」及び「家庭と同様の養育環境」に該当しない養育環境で、「施設（小規模型）」という養育環境に該当する「**地域小規模児童養護施設（グループホーム）**」「小規模グループケア（分園型）」を意味する。「家庭」及び「家庭と同様の養育環境」において養育されることができない児童の養育環境として、国及び地方公共団体が優先的に必要な措置をとらなければならないとされている。

　法第3条の2は、この第3の方法を最後の選択肢として提示している。児童の権利に関する条約の精神を具現化するために、養育環境としての施設については、迅速に小規模化をめざすという意思がこの条文に表現されていると考えられる。

第3節 児童家庭福祉の基本構造

1 児童福祉法

（1）児童福祉法の概要

　児童福祉法は、児童家庭福祉分野における基本となる法律である。児童の権利に関する条約の精神に則り理念規定を定めている。また、児童の保護者、児童相談所、市町村、里親などの役割を相互に規定し、国及び地方公共団体が判断すべき優先順位などを明示することで、児童家庭福祉分野の基本的な機能や構造について定めている。このため、児童家庭福祉の学びを行う上で特に大切な法律である。

（2）児童福祉法の経緯

　児童福祉法は、第二次世界大戦により国民の多くが疲弊した状態の中で、国の未来を児童に託すという思いをこめて昭和22（1947）年に制定された。公的機関による「行政処分」と「公費による運営」を基本とする「措置」制度に基づいて児童福祉の仕組みを整備し推進するという基本姿勢が示されている。

　法制定50年にあたる平成9（1997）年には、児童虐待などを念頭に置いた規定の充実が行われるとともに、保育所入所方式を「措置」から「契約」に変更し、措置を行う際、児童の意向について報告書に記載すべきことなどを定めた大規模な法改正が行われた。

　法制定69年めにあたる平成28（2016）年にも、児童の権利に関する条約との関係、児童の最善の利益を優先することなどが明示され、国及び地方公共団体が行うべきことの優先順位を定めた大規模な法改正が行われた。

　法制定75年めにあたる令和4（2022）年に、「子育て世帯に対する包括的な支援のための体制強化及び事業の充実」「一時保護所及び児童相談所による児童への処遇や支援、困難を抱える妊産婦等への支援の質向上」「社会的養育経験者・障害児入所施設の入所児童等に対する自立支援の強化」「児童の意見聴収等の仕組みの整備」「一時保護開始時の判断に関する司法審査の導入」「こども家庭福祉の実践者の専門性の向上」等を行うために改正が行われた。

　なお、同じ令和4（2022）年には、こども施策を総合的に推進するこ

とを目的として「こども基本法」「こども家庭庁設置法」「こども家庭庁設置法の施行に伴う関係法律の整備に関する法律」も制定された。

2 児童家庭福祉制度の特徴

　社会福祉制度の多くは、利用者本人と提供者との間での契約や行政による措置などに基づいて具体的なサービスが提供される。一方、児童家庭福祉制度の主たる対象者である児童が利用者本人になる場合には、都道府県などがサービス提供が必要であると判断した場合であっても「親権を行う者又は未成年後見人の意に反して、これを採ることができない」（法第27条）とされている。

　この特徴を有するがゆえに、児童家庭福祉制度は、児童の権利を守るために、「親権者」「保護者」「児童」「国、地方公共団体」「国民」「サービス提供者」などの責任や役割を細かく規定している。その結果、児童家庭福祉サービス利用に至る過程は多様性をもっている。

3 児童と保護者との関係

　例えば、児童虐待という事象は、児童が虐待を受けたということをイメージさせるが、児童が虐待を受けることになる加害者は家庭の中にいる「保護者」とよばれる親であることが多い。このため、児童虐待という問題を理解するためには、児童と保護者との関係を意識しつつ、児童家庭福祉の実践がどのような仕組みの中で行われているのかについての基本的な理解を進めることが有効である。

　図１－１－１は、児童家庭福祉の基本構造を表している。その基本は、児童家庭福祉の直接的な受け手としての児童とともに、その児童を大切に思いつつも場合によっては加害者にもなる可能性をもった存在としての「保護者」を意識する必要がある。児童は契約の当事者になれないので、児童家庭福祉においては児童が何らかの支援を受けるために必要な契約は「保護者」である親と行政機関との間で行われる。

　高齢者福祉と児童家庭福祉の基本構造上の大きな違いは、基本的に高齢者は契約の当事者になれるが、児童は契約の当事者になれないという点にある。児童家庭福祉の「政策」はこの特徴を意識しつつ、児童の最善の利益を守るための仕組みを用意し、現在もそのような仕組みをできるだけ整えようという方向で政策立案の取り組みが行われている。

〈図1-1-1〉「児童家庭福祉」を理解するために

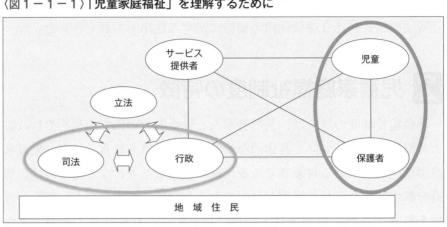

（筆者作成）

　契約の当事者である「保護者」が「児童の最善の利益」とは異なる判断をした場合には、「行政」の判断だけでは「保護者」の判断を覆すことは一般的にできない。しかし、「司法」と「行政」の判断が一致した場合には、「保護者」の意向を覆す形で、「行政」が児童を守ることができるようになっている。

　保護者と児童との関係、児童自身が有する生活課題などが多様であることから、児童家庭福祉は、具体的なサービスを受けるための方法もかなり多様であるという特徴がある。

　例えば、**表1-1-2**のように、①強制力をもって、保護処分として司法機関である家庭裁判所が決定する方式、②家庭裁判所の承認を得た上で行政機関が措置する方式、③行政機関である児童相談所が行政処分として措置を行う方式、④行政機関が間に入って間接的に利用契約を結ぶ方式、⑤サービス提供施設と保護者とが直接契約を結ぶ方式、⑥児童遊園のように特段の契約がない状態でも利用できるという方式、などがある。[*3]

〈表1-1-2〉児童福祉サービスの利用決定方式

①保護処分〈少年法により家庭裁判所が決定〉
②家庭裁判所の承認〈承認を得た上で措置〉
③措置〈行政処分〉
④契約〈間接利用契約、勧奨制度あり〉
⑤契約〈直接利用契約〉
⑥特段の契約なし

（筆者作成）

*3
児童福祉法第40条に規定されている、児童に健全な遊びを与えて、その健康を増進し、情操を豊かにすることを目的とする屋外型の児童厚生施設。

第4節 「児童の最善の利益」と児童家庭福祉

1 児童の権利に関する条約

　児童家庭福祉の学びを進める上で、何度も出合う言葉が「**児童の最善の利益**」という言葉である。この「児童の最善の利益」は1989年11月20日に第44回国連総会において採択された「**児童の権利に関する条約**（Convention on the Rights of the Child）」第3条に用いられている言葉であり、平成6（1994）年4月22日に日本もこの条約に批准し、同年5月16日に国内で公布されている。

　この「児童の最善の利益」について、同条約の第3条は「児童に関するすべての措置をとるに当たっては、公的若しくは私的な社会福祉施設、裁判所、行政当局又は立法機関のいずれによって行われるものであっても、児童の最善の利益が主として考慮されるものとする」と記している。ここで用いられている「措置」とは、かなり幅広い概念である。行政処分性を有する行為だけではなく、何らかの影響力などが子どもに間接的に及ぶ場合も含めて、それらについて判断し、実行する際には、「児童の最善の利益」が主として考慮されなければならない。

　「措置」という語からは、法第27条や第28条に基づく「措置」をイメージしやすいが、この条約で用いられている「措置」は、行政処分性が高くない場合や、利益を供与するサービスである場合においても「児童の最善の利益」を主として考慮することになる。さらには、その行為が具体的に行われる機関等の範囲も幅広い。「公的若しくは私的な社会福祉施設」「行政当局」という行政部門及びその影響下で実行に移されている行為が入るだけではなく、裁判所という司法機関、そして国会等の立法機関が行う行為も含まれている。

2 平成28年児童福祉法改正と「最善の利益」

　児童の福祉を保障するための原理として、「全て国民は、児童が良好な環境において生まれ、かつ、社会のあらゆる分野において、児童の年齢及び発達の程度に応じて、その意見が尊重され、その最善の利益が優先して考慮され、心身ともに健やかに育成されるよう努め」る（法第2

条第1項）などの規定が平成28（2016）年の児童福祉法改正によって新たに規定された。

特に、「（児童の）最善の利益」が優先して考慮され、第3条の2で規定されている「家庭」「家庭における養育環境と同様の養育環境」「できる限り良好な家庭的環境」のどこで養育されるかについて判断することが求められている。

上記の児童福祉法改正を受けて、児童福祉実践の場では、「当該児童及びその保護者の意向」（第26条第2項）をいかしつつ、児童の最善の利益を考慮して、「必要な措置」（第3条の2）を講じる必要があり、その過程では、児童と専門職、保護者と専門職の間などで、一定の援助関係を構築しつつ、自己決定を支援することが求められている。

3 「児童の最善の利益」と「児童の自己決定」

法第2条第1項は、「（児童の）最善の利益」を優先して考慮することをすべての国民に求めている。また、第3条の2は、「家庭」「家庭における養育環境と同様の養育環境」「できる限り良好な家庭的環境」のどこで当該児童が養育されることが適当であるかについての判断を、「国及び地方公共団体」の責務として求めている。

この「国及び地方公共団体の責務」を遂行するために、「児童の最善の利益」を考慮して判断する必要があるが、その判断過程で、児童自身がどういう生き方を望むのかについて、児童自身の将来を意識して、児童自身の「自己決定」を支援していく必要がある。「最善の利益」を意識した「自己決定」をできるように支援することは、それ自体が、「（児童の）最善の利益」を考慮する上で必要な方法であるし、目的の一つであるとも考えられる。

児童家庭福祉実践との関係では、我われは、
①「最善の利益」について「どのくらい先のときを意識して」判断するか
②「最善の利益」について「どのくらいの時間を使って」判断するか
③「最善の利益」について考える上で、「過去」の情報をどのように活用するか
という点を意識することになる。

4 「児童の自己決定」と「保護者の自己決定」

　児童家庭福祉分野の特徴として、「児童の自己決定」と「保護者の自己決定」は相互に影響し合うことをあげることができる。児童の希望を考慮しつつ保護者は自己決定するし、保護者の希望を考慮しながら子は自己決定する。お互いの決定は相互に影響し合う。どの程度相手の希望を考慮に入れるのかは個別具体的な場面で異なる。しかし、どのような場面においても、少なくとも一定程度は、相互に影響し合っていると考えることができる。

　特に「保護者の自己決定」の影響を児童が強く受ける傾向があり、その影響が「児童の最善の利益」に悪影響があると考えられる場合は、「児童の最善の利益」という視点から、保護者の決定の影響を児童が受け過ぎないように配慮する必要がある。一方で、「保護者の自己決定」の内容やプロセスを、「児童の自己決定」プロセスに活用していくことを意識的に行うという実践も有効な場合がある。

5 「児童の最善の利益」と「保護者の最善の利益」

　「児童の最善の利益」と「母親と児童の最善の利益」と「母親の最善の利益」はそれぞれどういう関係にあるのだろうか。例えば、母子生活支援施設における「母親と児童の最善の利益」を「児童の最善の利益」との関係でどのように理解すべきであろうか。

　母子生活支援施設は法第38条において、「配偶者のない女子又はこれに準ずる事情にある女子及びその者の監護すべき児童を入所させて、これらの者を保護するとともに、これらの者の自立の促進のためにその生活を支援し、あわせて退所した者について相談その他の援助を行うことを目的とする施設とする」とされており、母親と児童がともに入所し、保護され、自立の促進のために生活の支援を受ける。法第2条第1項における「（その）最善の利益」とは前後の文脈から「児童」のことをさすと考えられるが、母子生活支援施設においては、「児童の最善の利益」を考慮するとともに、保護者である母親の保護、生活支援などについても考慮した上で具体的な支援が行われることになる。「児童の最善の利益」と「母親と児童の最善の利益」との関係は、「補い合う関係」と理解してよいのか、それとも母親と児童との利害対立についても意識し、その可能性について「児童の最善の利益」を考慮する過程で注視すべき

か、両方の可能性を意識しつつ考察を深める必要がある。

6 「胎児」と「最善の利益」

児童福祉法の中に、「胎児」という語は用いられていない。「児童」という語は法第4条で「満18歳に満たない者」とされており、少なくとも明示的には「児童」の中に「胎児」が入っていると理解しにくい。

一方で、法は、助産施設（法第36条）などの「妊産婦」を対象とする児童福祉制度を用意しており、現行制度においても「妊産婦」の「胎児」は法に基づく制度により入院助産を受けている。また、地方公共団体が行うべき業務の対象として、「児童」「保護者」と並んで「妊産婦」が規定されている。

実践場面においては、地方公共団体、助産施設、母子健康包括支援センター（子育て世代包括支援センター）で「妊産婦」を対象とする支援を行う際には、児童福祉法の目的規定との関係で、「胎児」の生活や今後について考慮した上で支援を行っている。そして、多くの場合、「胎児」の「最善の利益」を意識していると思われる。

生まれてくる「胎児」の「最善の利益」をどの時点から考慮すべきか。また、児童福祉法上、「胎児」をどのように位置付けるべきか。これらは大切なテーマであると考える。

さらには、子どもの貧困対策や児童虐待への対応をめぐり、妊産婦への出産前の支援が出産後の支援にも連続的に有効であるとの認識が高まってきたため、特定妊婦への支援の必要性が指摘されている。

*4
「子育て世代包括支援センター」の法律上の主な根拠が母子保健法の「母子健康包括支援センター」となっている。

*5
出産後の養育について出産前において支援を行うことが特に必要と認められる妊婦のこと（児童福祉法第6条の3第5項）。

第5節 児童家庭福祉サービスの最近の動向

1 特定妊婦と児童虐待防止

　児童虐待防止対策として0歳児死亡に注目が集まるようになってきた。

　厚生労働省「子ども虐待による死亡事例等の検証結果等について（第18次報告）」（令和4年9月）によると、死亡時点の子どもの年齢は、心中以外の虐待死では0歳児が65.3％と最も多く、0歳児の月齢では0か月児が50.0％と最も多い。また0か月児の死亡事例は、すべて日齢0日での死亡である。心中以外の虐待死で実母が妊娠期・周産期に抱えていた問題（複数回答）は、「妊婦健康診査未受診」が38.8％と最も多く、次いで「予期しない妊娠／計画していない妊娠」28.6％、「母子健康手帳の未発行」「出生時の退院の遅れによる母子分離」が26.5％、「遺棄」が24.5％であった。従前と同様の傾向であるが、妊娠期に適切な支援を受けることなく出産し、子どもを死亡に至らせている事例が多いと考えられる。

　若年妊娠、多子、転居、貧困などの状況がいくつか重なると、妊婦健診などの公的サービスを受けにくくなり、結果として支援が行き届かない状況となり、虐待死亡事案につながることもある。

　そのような状況のもと、児童虐待防止対策として、出産前後の時期から対応を準備するという取り組みが各地で行われるようになってきた。特定妊婦を発見し、対応を早めに行うことで、児童虐待の発生や死亡事例の発生を防ごうという取り組みである。[6]

　出産前後の時期に注目することは「児童虐待防止対策」として重要な視点であるだけでなく、次に示す「子どもの貧困対策」としても重要である。

*6
本書第2部第6章参照。

2 子どもの貧困対策

　子どもの貧困への社会的関心が高まっている。貧困の連鎖を防ぐ取り組みも少しずつ整備されてきている。背景には、今年よりも来年のほうが豊かになれるという気持ちをもちにくい社会情勢がある。このような情勢において、貧困という現象から1世代で抜け出ることができにくい状況があり、この状況をそのままにしておけないという多くの人の気持

〈図1−1−2〉貧困の連鎖

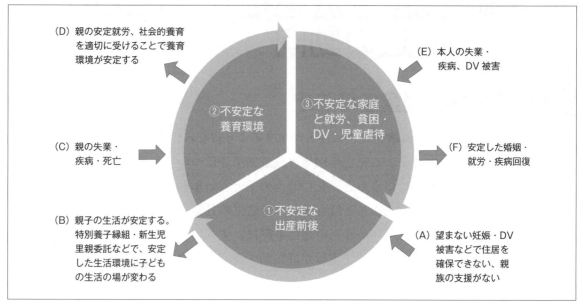

（筆者作成）

＊7
子どもの貧困対策については、本書第2部第4章第1節参照。

ちが社会を動かしはじめてきている。

　上記1と同様に、子どもの貧困対策を充実する上でも、出産前後の時期に注目することが有効である。

　図1−1−2は、「貧困の連鎖」に関する図である。一人の子どもが「①不安定な出産前後」の状況で生まれ、「②不安定な養育環境」で育ち、「③不安定な家庭と就労、貧困・DV・児童虐待」の状況にある家庭で大人になってからも生活する状態が継続すれば、再び「①不安定な出産前後」の状態を迎えることになり、次の世代も貧困の状況からスタートすることを簡略化して示した図である。

　「貧困の連鎖」といっても、それぞれの段階で、図の（B）（D）（F）の状況を起こすことが可能であれば、貧困の連鎖から抜け出すことができる。一方で、（A）（C）（E）の状況が新たに起これば、貧困状況になかった人であっても、新たに貧困の連鎖に入ることになる。

　「貧困の連鎖」は円環状で、何世代にもわたって貧困状況が継続することを含んでいるが、それぞれの世代の状況によって、脱出することも、逆に新たに貧困に陥ることもある。

　親も子も「自ら危険を感じて助けを求める力を獲得していく」ためには、児童虐待やDVなどが起こりにくい、安定した生活を経験し、それを当たり前のものとして、心地よく感じることができる機会をできるだけ早く提供する必要がある。

その早い時期は、「貧困の連鎖」の出発時点でもある「①不安定な出産前後」である。この時期に、「安定した生活空間、胎児・乳児をていねいに育む機会、経済的に安定した生活を送ること」などを集中的に体験し、その体験との比較で、不安定に陥った場合には、自らその状況を認識し、「自ら危険を感じて助けを求める力を獲得していく」ことが親にも子にも必要であると思われる。

３　「低成長期家庭」の登場

理念型としての「戦後家族」とは別の新たな家庭の理念型として、「低成長期家庭」とよぶべき家庭が増えてきている。時期的には、わが国の経済的バブルが崩壊した、平成２（1990）年以降に「戦後家族」の次の理念型として登場してきたと考えられる。

その特徴は、①今年よりも来年のほうが明るい未来がやってくるという見通しを夫婦両方がもてない、②性別役割分担を希望してもそれを実現することができない、③「イエ制度」や「戦後家族」などとは異なり、「子育て」「介護」という課題への対応を社会的支援に求めることで家庭内での対応にこだわらない、④心の結び付きを重視する一方で、生活を相互に支え合う組織としての性格は薄い、⑤民法改正といった制度変更に伴って登場したものではなく、低成長経済と少子高齢化という社会経済変動の影響を受けながら、それに対応する過程で自然発生的に生じてきた家族形態である、などにある。

我われが日々直面している「ごく普通」の社会福祉サービスを必要としている多くの家庭がこの「低成長期家庭」に該当していると思われる。

いわゆる「中間所得層」が壊れつつある背景の中、現在及び今後の児童家庭福祉について考えるにあたり、この「低成長期家庭」について意識しておく必要がある。

４　新型コロナウイルス感染症の流行をきっかけとする児童家庭福祉システムの再検討

新型コロナウイルス感染症の影響が長期化する中、多くの児童やその保護者が、居宅で長い時間を過ごすことを余儀なくされ、失業による経済的貧困の発生、社会的なつながりをもちにくい孤立の問題、心身の健康状態の懸念などが発生している。

　この時期においても、社会的養護分野の各施設、保育所、児童相談所、婦人相談所などは児童家庭福祉サービスの提供をし続け、当該領域の底力を感じさせた。

　それでも、子どもとスキンシップを取ることが必要な児童家庭福祉領域のサービス提供にかかわる児童指導員や保育士は、感染予防を強く意識しながら仕事を継続しなければならないため、手洗いや消毒の回数が特に増え、心身の疲労が蓄積しやすい、かなり厳しい状況が生じている。

　非常事態宣言などで、飲食業界での食材需要が減少し、市場で供給過多が生じたことをきっかけとして、宅配形式で経済的支援を兼ねた食材宅配の活動を充実させるなど、緊急性を意識したNPO団体などの機敏な動きがみられた。

　その努力だけでは対応しにくいのが失業などによる生活費不足への対応である。この課題については、公的な財源を用いた支援の充実が求められ、緊急対応として、特別定額給付金のほかに、児童扶養手当受給者への現金給付などが行われた。さらなる現金給付の追加を求める声は依然として強く、その対応が求められる。

　子どもへの食事提供が滞る可能性がある状況であっても生活保護をできるだけ受けたくないという意識の中で、失業しても児童扶養手当と児童手当のみで生活を続けているために、生活保護基準よりもかなり少ない生活費で生活しているひとり親家庭の例が報告されている。現状では、ごく普通に暮らしていた親子でも、ネグレクトという児童虐待の状態が発生しやすい状況にある。悪い状況が継続すると、餓死事件が発生するリスクも高まる。

　多様なリスクを抱える家庭に対して、児童家庭福祉という仕組みを通して、我われは何をなすべきであろうか。本章第2節「児童家庭福祉の理念」において、法第3条の2から学んだように①「保護者に対する支援を行う」（第1の方法）、②「家庭と同様の養育環境を用意する」（第2の方法）などがあるが、子どもへの食事提供が十分にできない状況に陥りがちな家庭に対して、国や地方公共団体は何をすべきであろうか。

　「保護者に対する支援を行う」という「第1の方法」としては、何をすべきであろうか。本書を読みながらぜひ具体的な解決方法を考えていただきたいと思う。そして、「第1の方法」では対応できないという判断を行い、親子分離をして「家庭と同様の養育環境を用意する」という「第2の方法」を選択すべき時期はどのような時点であろうか。さらには、小規模な施設での養育という「第3の方法」を選択するべきときは

どのような時点であろうか。

　個別具体的な事例ごとに適切な回答を見つけ出すことができるようになることが、児童家庭福祉の学びの目的でもあるし、学びの成果でもあると考える。コロナ禍の状況において、具体的な事例を多数突きつけられ続けた筆者自身が悩み続けている課題でもある。

参考文献

- 網野武博『児童福祉学―〈子ども主体〉への学際的アプローチ』中央法規出版、2002年
- 網野武博「子どもの最善の利益」『第19回日本子ども家庭福祉学会全国大会要旨集』日本子ども家庭福祉学会、2018年
- 柏女霊峰『現代児童福祉論』誠信書房、1995年
- 柏女霊峰「子どもの最善の利益」『第19回日本子ども家庭福祉学会全国大会要旨集』日本子ども家庭福祉学会、2018年
- 新保幸男「最善の利益と自己決定」『第19回日本子ども家庭福祉学会全国大会要旨集』日本子ども家庭福祉学会、2018年
- 新保幸男「貧困家庭の親とその子どもを支える」『月刊福祉』第102巻2号（2019年2月号）、全国社会福祉協議会
- 松原康雄「『地域共生社会』の担い手としての民生委員・児童委員」『社会福祉研究』第132号（2018年）、鉄道弘済会
- 松原康雄「年長児童の社会的養護―児童自立生活援助事業の現状と課題」『社会福祉研究』第120号（2014年）、鉄道弘済会
- 山縣文治「子どもの最善の利益と社会的養護の課題」『世界の児童と母性』第75巻（2013年）、資生堂社会福祉事業財団
- 山縣文治『少子社会の子ども家庭福祉』放送大学教育振興会、2015年
- 山崎美貴子「『社会的診断』の概念と構成」『リッチモンド ソーシャル・ケースワーク』有斐閣、1979年
- 山崎美貴子「子ども家庭福祉と学問」『第19回日本子ども家庭福祉学会全国大会要旨集』日本子ども家庭福祉学会、2018年

第**2**章

子どもの人権・権利保障

　「子どもは獣であっても成人した人間であってもならない」

　「子どもの時期を子どものうちに成熟させるがいい」

　いずれの文章も、『エミール』の作者として知られる、フランスの社会思想家ルソー（Rousseau, J. J.）が、同著の中で示している子ども観である。

　子どもは、独立した社会的人格の主体である。人格の主体であるということは、固有の人権や権利を有するということでもある。ただし、大人と共通した一人の人間としての人権・権利のみを保障すればいいというわけではなく、子ども期の特性をふまえた固有の人権・権利も重要である。

　人権や権利の保障は、社会福祉あるいはソーシャルワークの中心的基盤である。子どもの人権・権利が、歴史的にどのように位置付けられ、法制度として展開してきたのか、さらには、現在どのように位置付けられているかを知ることは、児童家庭福祉の基盤を知ることに通ずる。

　本章では、子どもの人権・権利について、人権・権利とは何か、親権との関係、保護者や社会における子ども育成の責任などの基本を理解した上で、日本における児童家庭福祉の展開を学習する。

第1節　子どもの権利と親権

1 権利と人権

（1）権利と人権

　人権（human rights）と権利（right）という言葉。日頃はあまり区別をせずに使っている場合が多いが、両者の意味には、重なる部分と重ならない部分がある。以下に示す2つの文章を比較してみてほしい。どちらかの文章に、違和感がないであろうか。

> 1．義務や責任を果たさない者には権利は認められない。
> 2．義務や責任を果たさない者には人権は認められない。

　人権という考え方の根底には、強者から弱者を保護するという思想がある。人権思想は中世社会において発展したといわれるが、これは王室の権利（王権）に対する市民の権利（人権）の保護を意味するものであった。すなわち、人権思想は「マイノリティ」の立場の確保を目的として、人道主義的なるものが「マジョリティ」から獲得した譲歩ということができる。人権は、何かを条件にして認められたり、認められなかったりするというものではなく、人である限りにおいて認められるべきものである。「権利」には、対概念として「義務」という言葉があるが、「人権」には対概念がない。社会福祉サービスの中でも、最低生活保障制度である生活保護制度や、親権者が適切に機能しない場合の子どもの保護制度などは、人権擁護の視点で進められているということができる。

　権利にもこのような側面はあるが、義務を果たしていなかったり、制度が課した要件を満たしていなかったりすれば、権利が行使できないということもある。例えば、医療保険や介護保険の保険料を納入していなければ、制度に基づくサービスの利用はできない。[*1]

　人権は、本来強い者を中心に議論してはならない。たとえそれが困難だとしても、少なくとも、弱き者、小さき者の立場を最大限考慮する必要がある。すなわち、児童家庭福祉分野でいうと、子どもの最善の利益（best interests of the child）の視点に立つということである。

*1
ただし、医療保険への未加入は子どもの責任ではないので、子ども（18歳に達する日以後の最初の3月31日まで）については、「人権」視点から、被保険者証（短期被保険者証等）が交付されることがある。

（2）基本的人権

　基本的人権という言葉は、憲法策定過程で、GHQ（連合国軍総司令部）の担当者が使った「fundamental human rights」の訳語として、戦後定着した言葉であるといわれている。これは、人間が本来もっている固有の人権・権利として、中世以降の西洋社会が育んできた思想である人権をさすものであり、英語が本来もっていた意味である。児童家庭福祉において「子どもの権利」という場合、義務の対概念としての権利（right）ではなく、子どもが本来もっているものを正当に保障されるあるいは自らそれを行使する「権」であり、人権（human rights）を意味している。

　憲法第97条には、「この憲法が日本国民に保障する基本的人権は、人類の多年にわたる自由獲得の努力の成果であつて、これらの権利は、過去幾多の試錬に堪へ、現在及び将来の国民に対し、侵すことのできない永久の権利として信託されたものである」という規定がある。「多年にわたる自由獲得の努力の成果」「侵すことのできない永久の権利[2]」という表現は、人権の性格をよく表している。

　子どもは人格の主体であっても「弱き者」と考えざるを得ない部分がある。したがって、子どもにおいては、多くは権利ではなく、人権と考えるべきである。その相手である「強き者」は、社会や保護者と考えてよい。児童の権利に関する条約（Convention on the Rights of the Child。以下、子どもの権利条約）でも、「権利」という用語が使われているが、趣旨としては「子どもの人権条約」と理解する必要がある。これにならい、本書でも、原則として「子どもの権利」と表記しているが、その意味合いは「子どもの人権」である[3]。

2 子どもの権利

（1）子どもという存在

　児童家庭福祉における子どもという存在のとらえ方は、基本的には人間一般のとらえ方に共通するが、子ども期固有の部分がこれに加わることになる。ここでは、子どもという存在について、一般に誤解されやすい部分を含め、あらためてその見方のポイントを提示しておく。

❶一個の独立した人格の主体

　たとえ子どもといえども、独立した人格の主体と見るというのが、児

*2
憲法第11条にも、「国民は、すべての基本的人権の享有を妨げられない。この憲法が国民に保障する基本的人権は、侵すことのできない永久の権利として、現在及び将来の国民に与へられる」と、「永久の権利」という表現がみられる。

*3
「障害者の権利に関する条約」も、同じく「障害者の人権条約」と理解する必要がある。

童家庭福祉の大前提である。心身の発達状況によっては、十分に独立した存在とは言い難い状況にあることは事実である。しかしながら、そのことによって、保護者の意思で、子どもにかかわる重要な事項をすべて決定できると考えるべきではない。保護者が適切な意思決定をしない場合には、当然のことながら社会的介入が行われることになる。

❷受動的権利と能動的権利を同時に有する存在

人間には受動的権利と能動的権利がある。これは、子どもも同様である。受動的権利とは、保護者や社会によって守られ、育てられることをいう。必要な場合には、社会によって保護されることも含む。一方、能動的権利とは、自分らしく育ち、生きる権利のことをいう。自分を表現したり、意見や態度を明らかにしたりする、あるいは個性を発揮し、自分の意思に基づいて生きる権利ということもできる。

子どもの権利保障の歴史の中では、受動的権利については比較的早くから認識されていた。これに対して、能動的権利は、子どもの権利条約により、積極的に意識されるようになったものである。児童福祉法においては、平成28（2016）年の改正でこの趣旨が明記された。

今日の課題は、受動的権利の保障のみならず、一人ひとりの発達段階に応じて能動的権利の保障をどのように図るかにある。

❸成長発達する存在

子どもは成長発達する存在であり、それぞれの成長段階に応じて、保護者や社会は適切に育成する環境を整える必要がある。子どもの権利条約や児童福祉法にも規定されているように、その第一義的責任は保護者にあるが、児童福祉法では、これを国や地方公共団体にも同等に課している。

児童家庭福祉ニーズは、人間あるいは子どもとしての存在との関係で、それらが十分に実現していない場合に発生する。例えば、家庭機能の低下により、社会生活や成長発達が脅かされた場合には、それを代替的、あるいは補完的に保障することが必要となる。一方、家庭機能の回復あるいは向上を図ることを通じて、再度親子がつながりをもちながら生きていく、あるいはよりよく育つ環境を整える支援も必要である。

（2）子どもの権利

❶国際人権規約と子どもの権利

　社会的弱者に対する保護的な人権観から、人間としての包括的権利保障への転換を図る動きは、1960年代から活発になる。これを、人類全般に共通する人権として普遍化したのが、**国際人権規約**（経済的、社会的及び文化的権利に関する国際規約：通称、社会権規約またはA規約、市民的及び政治的権利に関する国際規約：通称、自由権規約またはB規約、自由権規約に関連する2つの選択議定書、1966年）である。[*4]

　この規約は年齢を規定するものではなく、すべての人間に共通の人権を規定するものである。国際人権規約では、子どもに関して、養育及び教育を受ける権利、不当な労働から守られる権利、国籍及び氏名をもつ権利、差別を受けない権利、宗教の自由に関する権利などを定めている。

❷子どもの権利条約と子どもの権利

　子どもの権利条約は、児童権利宣言採択30周年記念日となる1989年11月20日に国連総会で採択された。この条約でいう「児童」は、18歳未満の者とされている。

　日本は、平成6（1994）年4月22日、158番めの批准国となった。令和5（2023）年6月7日現在の締約国・地域は、国連加盟国・地域197のうちアメリカを除く196の国と地域である。アメリカは、1995年に署名しているが、批准はしていない。

　英語表記が「the Rights of the Child」とあるため、日本語訳では「権利」と訳されているが、本節ですでに示したように、文脈からすると、これは「人権」と解すべき用語である。

　子どもの権利条約については、本章第3節で詳しく解説する。

❸児童福祉法と子どもの権利

　児童福祉法における子どもの権利の規定については、第1章第2節参照。

❹SDGsと子どもの権利

　SDGs（エスディージーズ）は、"Sustainable Development Goals"の頭文字とGoalsの"s"とを合わせたもので、「持続可能な開発目標」と訳され、国連のサミットにおいて採択された。SDGsは、ミレニアム開発目標（Millennium Development Goals：MDGs／2001年～2015年）終了後、次の15年間

*4
日本は、社会権規約及び自由権規約については、一部保留しつつも昭和54（1979）年に批准している。2つの選択議定書については、批准していない。

を目標期間として示されたもので、現在世界が抱えている、人口爆発、食糧不足、環境破壊、地域紛争などの危機を乗り越え、持続可能な社会・地球を維持していくに際しての世界の国々のあり方を示すものである。

SDGsでは、17の目標と169のターゲットを掲げている。169のターゲットの中で、「子ども」「若年母子」「妊産婦」など、子どもにかかわる言葉が出てくるものを抜き出したのが、**表1－2－1**に示す14のターゲットである。これもまた、子どもの人権に関連する内容ということができる。

〈表1－2－1〉SDGsにおける子ども・若年母子・妊産婦等にかかわるターゲット

目標1	1.2	2030年までに、各国定義によるあらゆる次元の貧困状態にある、すべての年齢の男性、女性、子どもの割合を半減させる。
目標2	2.1	2030年までに、飢餓を撲滅し、すべての人々、特に貧困層及び幼児を含む脆弱な立場にある人々が一年中安全かつ栄養のある食料を十分得られるようにする。
	2.2	5歳未満の子どもの発育阻害や消耗性疾患について国際的に合意されたターゲットを2025年までに達成するなど、2030年までにあらゆる形態の栄養不良を解消し、若年母子、妊婦・授乳婦及び高齢者の栄養ニーズへの対処を行う。
目標3	3.1	2030年までに、世界の妊産婦の死亡率を出生10万人当たり70人未満に削減する。
	3.2	すべての国が新生児死亡率を少なくとも出生1,000件中12件以下まで減らし、5歳以下死亡率を少なくとも出生1,000件中25件以下まで減らすことを目指し、2030年までに、新生児及び5歳未満児の予防可能な死亡を根絶する。
目標4	4.1	2030年までに、すべての子どもが男女の区別なく、適切かつ効果的な学習成果をもたらす、無償かつ公正で質の高い初等教育及び中等教育を修了できるようにする。
	4.2	2030年までに、すべての子どもが男女の区別なく、質の高い乳幼児の発達支援、ケア及び就学前教育にアクセスすることにより、初等教育を受ける準備が整うようにする。
	4.5	2030年までに、教育におけるジェンダー格差を無くし、障害者、先住民及び脆弱な立場にある子どもなど、脆弱層があらゆるレベルの教育や職業訓練に平等にアクセスできるようにする。
目標5	5.1	あらゆる場所におけるすべての女性及び女児に対するあらゆる形態の差別を撤廃する。
	5.2	人身売買や性的、その他の種類の搾取など、すべての女性及び女児に対する、公共・私的空間におけるあらゆる形態の暴力を排除する。
	5.3	未成年者の結婚、早期結婚、強制結婚及び女性器切除など、あらゆる有害な慣行を撤廃する。
目標11	11.7	2030年までに、女性、子ども、高齢者及び障害者を含め、人々に安全で包摂的かつ利用が容易な緑地や公共スペースへの普遍的アクセスを提供する。
目標16	16.2	子どもに対する虐待、搾取、取引及びあらゆる形態の暴力及び拷問を撲滅する。
	16.9	2030年までに、すべての人々に出生登録を含む法的な身分証明を提供する。

（出典）外務省ホームページ「我々の世界を変革する：持続可能な開発のための2030アジェンダ（仮訳）」をもとに筆者作成

第2節　子ども育成の責任

1　親と保護者

　親のことを保護者という場合がある。児童福祉法第6条では、保護者の定義を示している。多くの場合、親権を行う者は、保護者である親である。ただし、養子縁組を結んだ場合には、実親ではなく養親が、保護者としての「親」になる。

〈表1−2−2〉保護者の定義（児童福祉法）

（保護者） 　第6条　この法律で、保護者とは、（略）親権を行う者、未成年後見人その他の者で、児童を現に監護する者をいう。

　未成年後見人は、親が亡くなってしまった場合や、親権が喪失状態や一時停止している場合に保護者となる者である。「児童を現に監護する者」には、親等の委託を受けて子どもの世話をしている人が該当する。いずれにしても、親以外も保護者となることができるということを意味している。

　このように、いくつかの例外があることは意識しつつも、本章では、法律、制度、実態等において明確な場合は除き、親と保護者を区別せず、原則として「保護者」と表記する。

2　保護者という存在

（1）親権の行使者・子どもの養育の主体としての保護者

　民法では、「成年に達しない子は、父母の親権に服する」（第818条）

〈表1−2−3〉親権の効力（民法）

①監護および教育の権利義務（第820条） ②子の人格の尊重等（第821条） ③居所指定権（第822条） ④職業許可権（第823条） ⑤財産管理権および代表権（第824条）

＊5
未成年の定義は、令和4（2022）年3月までは20歳未満の者であったが、同年4月から18歳未満の者に変わった。これに合わせて、児童や少年等の定義が18歳未満に変わるものもあれば、現状のまま20歳未満となるものがある。個々の制度については、それぞれ学習すること。

＊6
体罰禁止規定については、令和元（2019）年に「児童虐待の防止等に関する法律」が改正され、令和2（2020）年4月から施行となった（第14条第1項）。罰則規定はないので、取り締まるという観点ではなく、体罰が子どもにとってよくないことを理解し、体罰を用いない子育てを促すことを目的とする規定と解される。国（厚生労働省）では、令和2（2020）年に「体罰等によらない子育てのために」というガイドラインも示している。なお、この法律による体罰を行う者は、保護者に限定されている。

としており、**未成年**[5]の者は親権行使の対象となる。

　親権の効力には、**表1−2−3**に示す5つの中身がある。このうち、とりわけ監護および教育の権利義務は、子育てに関連する重要な規定で、「親権を行う者は、子の利益のために子の監護及び教育をする権利を有し、義務を負う」（第820条）となっている。すなわち、親権は、「子の利益」のためのものであり、権利であるのみならず、義務でもある。少なくとも「親」の利益のためのものではなく、一方的な養育方針を認めるものではない。

　わが国では、虐待や体罰[6]など不当な養育態度がみられる場合においても、親権の名のもとに、社会的な介入が躊躇されることが現実には多くある。民法における親権は、親や「イエ」の名のもとに、未成年者に対して不当な養育が行われることを禁止し、あくまでも未成年者の人権が保障された養育が実現されることをめざして規定されているものである。

　親権の行使があまりにも不適切である場合、家庭裁判所は、親権の喪失や一時停止という判断を下すこともある。この手続は、子ども自身、親族、未成年後見人、児童相談所長、検察官などが請求することができる。

（2）子育て力を高めていく必要がある存在

　妊娠、出産、母乳の生成までは、女性の身体的機能の中にあらかじめ組み込まれている。妊娠をすれば、身体は出産に向けての準備に入る。あわせて母乳を出す準備にも入る。母親は、「子どもが生まれそうだから、母乳を出す準備をしなければ」と考えているわけではない。このような意味では、妊娠、出産、母乳の生成は、女性あるいは母親の本能的行為といってもよい。

　では、「子育て」はどうか。最初からある程度じょうずにできるように、母親の身体の中に組み込まれているのか。父親よりも母親のほうがじょうずにできるようになっているのか。そうではなく、父親も母親も、直接的に、あるいは日常の経験を通じて学習し、その能力を高めていくものである。

　少子化、核家族化の中で、子どもの育ちや子育ての様子を日常的に見聞きしたり、きょうだいの中で子育てを実体験する機会が減少している。そうであれば、意図的に学ぶことが必要になる。したがって、学ぶ必要があるという保護者としての自覚と、それを社会的に準備するという地域や行政の姿勢が必要になる。

（3）家庭を切り盛りする主体という存在

　家庭は、子どもの養育以外にも、収入の維持、家事、近所との付き合い、必要な社会サービスの利用など、さまざまな機能を果たしている。その機能の多くは保護者によって遂行されている。児童家庭福祉を考える際には、保護者の置かれている、このような全体状況を視野に入れる必要がある。

　加えて、保護者も一人の人間である。仕事、家事、子育てだけでなく、一人の人間としての時間、自分を大切にする時間も重要である。レスパイトやリフレッシュを目的としたサービスも、児童家庭福祉サービスの一つであるということである。

（4）機能しなければ代替可能な存在

　親は子どもにとって重要な存在である。しかしながら、さまざまな支援を行っても、その機能を果たすことが著しく不適切な状況になった場合、一時的あるいは恒久的に代替の保護者を確保することが必要になる。一時保護、社会的養護、養子縁組などのサービスの適用である。

　親と子の関係は、生物次元（生む親）、社会次元（育てる親）、心理次元（受け入れ、育む親）という3つの側面で説明することができる。生物次元の親を代わりにつくることはできないが、社会次元あるいは心理次元の育ちにかかわる親の機能は、社会と協働で遂行したり、生みの親とは別の保護者が代替し遂行したりすることも可能である。

3 子ども育成の責任

（1）子どもの権利条約と子ども育成の責任

　子どもの権利条約では、子どもの「養育及び発達」（子どもの育成）

〈表1－2－4〉子どもの権利条約（第18条）にみる子ども育成の責任

1　締約国は、児童の養育及び発達について父母が共同の責任を有するという原則についての認識を確保するために最善の努力を払う。父母又は場合により法定保護者は、児童の養育及び発達についての第一義的な責任を有する。児童の最善の利益は、これらの者の基本的な関心事項となるものとする。
2　締約国は、この条約に定める権利を保障し及び促進するため、父母及び法定保護者が児童の養育についての責任を遂行するに当たりこれらの者に対して適当な援助を与えるものとし、また、児童の養護のための施設、設備及び役務の提供の発展を確保する。

（出典）外務省ホームページ

について、「父母又は場合により法定保護者」に**第一義的な責任**がある
としている。一方で、その責任を一方的に保護者に課すのではなく、国
や地方公共団体に対して、保護者が責任を遂行できるよう援助すること
を求めている（**表1−2−4**）。

（2）児童福祉法と子ども育成の責任

＊7
本書第1部第1章第2
節参照。

　児童福祉法では、第2条第1項において、すべての国民に、「年齢及
び発達の程度に応じて」子どもの意見を尊重すること、子どもの最善の
利益を考慮しつつ、子どもの健全育成に関与する努力義務を課してい
る。子どもの意見の尊重及び最善の利益の考慮は、いずれも子どもの権
利条約に根拠をもつ。つまり第2条第1項は、すべての国民に、それぞ
れの立場で子どもの基本的人権保障への責任を自覚させるとともに、次
世代を担う存在としての子どもの存在意義を明示したものということが
できる。

　続く第2項で、子ども育成の責任は、第一義的には保護者に存するこ
と、さらに第3項で、国や地方公共団体にも、保護者とともに子どもの
育成に責任があることを明記している。

　第2項と第3項との関係は、子どもの権利条約の構造とほぼ同様と
なっている。児童福祉法制定時の第2条は、現在の第3項のみで構成さ
れていた。第1項及び第2項が追加されたのは、平成28（2016）年の
児童福祉法改正の際であるが、これは子どもの権利条約の規定との関係
が大きいと考えられる。

　児童福祉法制定にかかわった当時の厚生省関係者は、第2条における
国及び地方公共団体の子ども育成の責任を重視していた。例えば、当時
の児童局養護課長であった松崎芳伸は、「児童福祉法は、このように、
『児童保護』から『児童福祉』へと言葉の用法を変えることによって、
その対象となる児童を、児童政策のあり方を大きく回転させたのである
が、更に萌芽として（略）、児童問題に対する社会の連帯責任をうたっ
た[1]」と、子ども育成の責任が、社会全体にあることを「児童福祉」とい
う名称の中にこめたとしている。

　とりわけ、女性団体の関係者からの声は強く、その後衆議院議員とな
る山高しげりは、「私人の所有物でない子供は、自ら独立した人格をも
つと共に、一人前に育つまでは親なりそれに準ずる保護者なりが育成の
責任をもつと同時に、国も公共団体もはじめから一緒にその責任を分け
て負う[2]」と、子どもの独立性及び子ども育成の社会的責任の明記を評価

している。同じく、当時の厚生省嘱託であった伊福部敬子も、「その父母だけが育てる責任を負うとは書いてないことです。（略）この法律の精神としては、子供は保護者—両親よりももっと広い意味—と社会と、その共同で育成するものだと決めているようです。（略）それは、子供はみんな、社会共同の相続者だからです[3]」と評している。

（3）児童家庭福祉関連法に見る子ども育成の責任

子ども育成の第一義的責任が保護者にあることは、児童福祉法以外の法律でもいくつか規定されている。

児童福祉法を含め、法律に「第一義的責任」という文言が明記されるのは、平成17（2005）年前後からである。当初はこのような規定のなかった教育基本法は平成18（2006）年、児童虐待の防止等に関する法律（児童虐待防止法）は平成19（2007）年、児童手当法は平成24（2012）年から明文化されている。また、新たに制定されたこども基本法（令和4〔2022〕年）においても同様の規定がある。

代表的な法律と該当条項を、**表1−2−5**に示しておく。詳細は、各自検索いただきたい。

〈表1−2−5〉子ども育成の第一義的責任規定

次世代育成支援対策推進法：第3条
少子化社会対策基本法：第2条第1項
児童虐待の防止等に関する法律：第4条第7項
児童手当法：第1条
教育基本法：第10条第1項
いじめ防止対策推進法：第9条第1項
こども基本法：第3条第1項第5号

第3節 子どもの権利保障の歩みと体系

1 子ども観の変遷

（1）古代・中世の子ども観：大人の所有物から小さな大人

　個人よりも集団や社会が優先する古代社会においては、子どもは集団あるいは社会の考え方によって、かなり多様にとらえられていた。これらに代表される古代の共通の子ども観は「大人の所有物」という見方である。

　中世に入ると貴族社会を中心に、子ども自身に大人と同じような立ちふるまいあるいは考え方を求めるという、いわゆる「小さな大人」という子ども観が広まっていった。ここでも子どもたちは、固有の存在あるいは子ども期という時期が認められるのではなく、やはり大人の価値観に基づく存在として位置付けられていた。

（2）近代的子ども観の萌芽：子どもの発見

　近代的子ども観の特徴は、その目的のいかんを問わず、子どもが子どもとして意識されはじめたことにある。

　思想面で見ると、17世紀のコメニウス（Comenius, J. A.）に始まり、18世紀から19世紀にかけては、**ルソー**（Rousseau, J. J.）、ペスタロッチ（Pestalozzi, J. H.）、フレーベル（Fröbel, F. W. A.）などの教育学者あるいは教育思想家が、子どもを大人とは違う固有の存在としてとらえ、それに対する社会的な対応の必要性をそれぞれの立場から主張した。

　例えば、ルソーは、『エミール』の中で、「子どもは獣であっても成人した人間であってもならない」[4]「子どもの時期を子どものうちに成熟させるがいい」[5]と記している。このような考え方は、「子どもの発見」としてその後広く知られることになった。

（3）政策の対象としての子ども

　子ども期という発達段階が確認されることと並行して、子どもが保護・養育される時期であるという認識も高まっていく。1601年に制定されたイギリスの**エリザベス救貧法**は、保護の対象として、子どもを位置付けた。産業革命が進行してくると、工場法（1833年）によって、子どもが過酷な労働から保護されるという施策も登場する。

子どもたちへの積極的関心が高まるのは20世紀に入ってからになる。とりわけ、スウェーデンの教育学者、**ケイ**（Ellen, Key）が著した『**児童の世紀**』（1900年）は、これを示す象徴的な言葉として、世界的関心をよんだ。この時期アメリカにおいては、1909年、**ルーズベルト**（Roosevelt, T.）大統領が第1回の**白亜館会議**（The White House Conference）を招集している。このテーマが「子どもに関する白亜館会議」であり、家族政策という考え方も芽生えることになる。この会議は、「家庭生活は、文明の所産のうち最も高い、最も美しいものである。子どもは緊急、やむを得ない理由がない限り、家庭生活から引き離されてはならない」という声明を出したことで知られている。

　以上のように、この時期、欧米諸国においては、子どもに対する関心が高かった様子がうかがえる。政策の対象としての子どもは、貧困への対応（日常生活保障）、労働搾取からの保護、教育の享受という3つに代表されるものであった。

2 子どもの権利保障の歩み

（1）世界児童憲章

　20世紀には、子どもも巻き込んだ世界的な戦争が繰り返された。局地紛争は今でもとどまるところがなく、子どもが犠牲になったり、子ども自身が戦争に参加したりする状況も少なくない。

　世界的な戦争の端緒として位置付けられる第一次世界大戦は、ヨーロッパを中心に子どもを含む多くの犠牲者を出した。このことに心を痛めたイギリスの関係者が1919年に立ち上げた団体が、児童救済基金団体連合会（Save the Children's Fund）であり、翌年には「国際児童救済基金連合会」として、本部をスイスに移した。この団体が1922年に発表したのが、世界児童憲章草案である。

　この憲章は、前文で「（略）児童を困難から護ることは、社会の一大関心でなくてはならないこと、および苦境期における児童の最も確実な保護は、高い水準の児童教育と正当なる状態における保護を与えることにあることを信ずるものである」と謳い、総則4条と本文28条を通じて、子どもの権利を明らかにしている。

　具体的には、教育と日常生活の保護を基本に、生命や戸籍に関する権利、労働搾取からの保護、障害のある子どもの権利などが規定されている。

第1部
第2章

*8
この団体は、現在では「セーブ・ザ・チルドレン・インターナショナル」と訳されることが多く、引き続き、子どもの人権擁護活動を世界規模で推進している。日本でも、公益社団法人セーブ・ザ・チルドレン・ジャパンとして活動している。

（2）ジュネーブ（児童権利）宣言

国際児童救済基金連合会は世界児童憲章草案を発表した後も、これが国際連盟で採択されるよう活動を続けた。「子どもにかかわるすべての人が子どもに最善のものを与えなければならない」という理念を集約し、「ジュネーブ（児童権利）宣言」を起案する。第一次世界大戦で、多くの子どもの命が奪われたり傷ついたりしたことへの強い反省をこめたこの宣言は、1924年、国際連盟総会で採択され、公的国際組織が承認する初の権利宣言となった。

ジュネーブ宣言の前文は、「すべての国の男女は、人類が児童に対して最善のものを与える（mankind owes to the child the best that it has to give）べき義務を負うことを認め、人種、国籍または信条に関する一切の事由に関わりなくすべての児童に、以下の諸事項を保障すべきことを宣言し、かつ自己の義務として受諾する」となっており、子どもの最善の利益が意識されていたことがわかる。

一方で、具体的な内容は、栄養・医療・保護・教育・住宅といった、いわば生存権レベルあるいは生理的ニーズに近いレベルでの保護にすぎなかった。社会権あるいは受動的権利の一部に限られていたのである。

（3）（ニューヨーク）児童権利宣言

ジュネーブ宣言があったにもかかわらず、その後発生した第二次世界大戦でも、子どもたちは引き続き犠牲となった。ユダヤ人の集団大規模迫害事件で知られるアウシュビッツ収容所や、それに抵抗し子どもを守ろうとしたコルチャック（Korczak, J.）[*9]の存在などは、世界的に知られた事実である。日本でも、教育の機会を奪われ、戦場に駆り出された若者や、空襲や原爆により亡くなったり、心身の障害を負うことになったりした子ども、あるいは「浮浪児」や「孤児」などが数多くいた。

終戦後結成された国際連合は、子どもだけでなく、広く人類全般に対する反省をこめ、国連憲章（1945年）、世界人権宣言（1948年）と、相次いで人権擁護の姿勢の宣言等を明らかにする。

さらに国連では、子ども固有の権利宣言である、「（ニューヨーク）**児童権利宣言**」（1959年）が採択される。これは、ジュネーブ宣言を基礎にして、新たな原則を追加したものである。この宣言の前文では、「児童は、身体的及び精神的に未熟であるため、その出生の前後において、適当な法律上の保護を含めて、特別にこれを守り、かつ、世話することが必要である」とし、子どもへの特別な関心の必要性を宣言している。

ただし、これはせいぜい救済型から保護型への転換であって、社会福祉の展開からすると、必ずしも画期的といえるほどのものではない。その理由の一つは、子どもへの関心の背景を「未熟さ」に対する保護に求めていることによると考えられる。

（4）国際人権規約

本章第1節で示したように、国際人権規約においては、社会権規約及び自由権規約の2つの体系で、すべての人間に共通する人権を規定し、一部に子ども固有の規定を設けている。

しかしながら、ここでも子どもに関する人権・権利は必ずしも十分に組み込まれているわけではない。このことは、自由権規約第24条（**表1－2－6**）にみられるように、「未成年者」としての子どもという見方、すなわち完成者、成熟者としての成年に達していない存在という見方が典型的である。

〈表1－2－6〉国際人権規約（自由権規約）第24条

1　すべての児童は、人種、皮膚の色、性、言語、宗教、国民的若しくは社会的出身、財産又は出生によるいかなる差別もなしに、未成年者としての地位に必要とされる保護の措置であって家族、社会及び国による措置について権利を有する。 2　すべての児童は、出生の後直ちに登録され、かつ、氏名を有する。 3　すべての児童は、国籍を取得する権利を有する。

（5）子どもの権利条約

❶子どもの権利条約の成立

国際人権規約が発効となった1976年、国際児童年に関する決議が採択された。児童権利宣言採択20周年を記念して、1979年を国際児童年とするというものである。これと並行して、ポーランドからの草案提出を契機に児童権利宣言の条約化が検討され、児童権利宣言採択30周年記念となる1989年に国連総会で採択された。

この条約は、ジュネーブ宣言、児童権利宣言と展開してきた子どもの権利保障の歩みの上に、現代的な状況をふまえ、条約という拘束力のあるものに拡充したということができる。

❷子どもの権利条約の内容と特徴

採択された条約は、13段に及ぶ前文と、3部構成で全54条から成っ

ている。このうち、第3部は、発効条件、寄託者、正文として使用する言語などの事務的規定である。**表1－2－7**は、第3部を除く規定内容について、外務省訳が表記している見出し一覧を示したものである。

　条約第43条には、児童の権利委員会に関する規定がある。これは、締約国における条約の遂行状況等を審査することを目的としたものである。審査は、1回めが2年以内、その後は5年以内に受けるものとされている。[*10] 平成6（1994）年に批准した日本は、これに従い、これまで5回の審査を受け、それぞれ課題が示されている。第4回及び第5回の総括所見では、差別の禁止、子どもの意見の尊重、体罰の禁止、社会的養護のもとで生活する子ども支援、生殖に関する健康及び精神的健康、少年司法の課題、SDGsへの対応などが指摘されている。[*11]

　子どもの権利条約の最大の特徴は、従来ほとんど重視されてこなかった、参加に関する権利あるいは能動的権利など、子どもの自由権にスポットを当てたところにある。具体的には、意見表明権、表現の自由、

＊10
第3回めの総括所見の中に、「次回は、第4回と第5回を合わせて、2016年までに報告すること」という指摘があり、2019年3月に2回分を合わせた所見が示されている。次回も同じく2回分を合わせて、2024年11月に提出することが求められている。

＊11
外務省ホームページ、日本が提出した報告書審査後の同委員会の総括所見（仮訳）。

〈表1－2－7〉 子どもの権利条約の構成

前 文 第1部		
第1条　児童の定義	第25条　児童の処遇等に関する定期的審査	
第2条　差別の禁止	第26条　社会保障からの給付を受ける権利	
第3条　児童に対する措置の原則	第27条　相当な生活水準についての権利	
第4条　締約国の義務	第28条　教育についての権利	
第5条　父母等の責任、権利及び義務の尊重	第29条　教育の目的	
第6条　生命に対する固有の権利	第30条　少数民族に属し又は原住民である児童の文化、宗教及び言語についての権利	
第7条　登録、氏名及び国籍等に関する権利	第31条　休息、余暇及び文化的生活に関する権利	
第8条　国籍等身元関係事項を保持する権利	第32条　経済的搾取からの保護、有害となるおそれのある労働への従事から保護される権利	
第9条　父母からの分離についての手続き及び児童が父母との接触を維持する権利	第33条　麻薬の不正使用等からの保護	
第10条　家族の再統合に対する配慮	第34条　性的搾取、虐待からの保護	
第11条　児童の不法な国外移送、帰還できない事態の除去	第35条　児童の誘拐、売買等からの保護	
第12条　意見を表明する権利	第36条　他のすべての形態の搾取からの保護	
第13条　表現の自由	第37条　拷問等の禁止、自由を奪われた児童の取扱い	
第14条　思想、良心及び宗教の自由	第38条　武力紛争における児童の保護	
第15条　結社及び集会の自由	第39条　搾取、虐待、武力紛争等による被害を受けた児童の回復のための措置	
第16条　私生活等に対する不法な干渉からの保護	第40条　刑法を犯したと申し立てられた児童等の保護	
第17条　多様な情報源からの情報及び資料の利用	第41条　締約国の法律及び締約国について有効な国際法との関係	
第18条　児童の養育及び発達についての父母の責任と国の援助	第2部	
第19条　監護を受けている間における虐待からの保護	第42条　条約の広報	
第20条　家庭環境を奪われた児童等に対する保護及び援助	第43条　児童の権利委員会の設置	
第21条　養子縁組に際しての保護	第44条　報告の提出義務	
第22条　難民の児童等に対する保護及び援助	第45条　児童の権利委員会の任務	
第23条　心身障害を有する児童に対する特別の養護及び援助	第3部 第46～第54条（省略）	
第24条　健康を享受すること等についての権利		

（項目は外務省訳）
（出典）外務省ホームページ「条文見出し一覧」

〈表1－2－8〉子どもの権利条約の特徴

【生きる権利】すべての子どもの命が守られること
【育つ権利】もって生まれた能力を十分に伸ばして成長できるよう、医療や教育、生活への 　　　　　　支援などを受けること、友達と遊んだりすること
【守られる権利】暴力や搾取、有害な労働などから守られること
【参加する権利】自由に意見を表したり、団体を作ったりできること

（出典）日本ユニセフ協会ホームページ「子どもの権利条約」

思想・良心・宗教の自由、結社・集会の自由、プライバシー・通信・名誉などを保護される権利などに特徴がみられる。これらは「保護される存在としての子ども」という子ども観から、「固有の人格主体、権利主体としての子ども」という子ども観への転換を意味するものである。

　ユニセフ関係者は、この条約で規定された子どもの権利の特徴を**表1－2－8**に示す4つにあるとしている。また、網野武博は、受動的権利と能動的権利という分類を用い、能動的権利保障の必要性を強調している。[6]

　ユニセフと網野の見解の関係を整理すると、生きる権利及び守られる権利はおおむね受動的人権に、育つ権利及び参加する権利はおおむね能動的人権に分類ができる。さらにこれを国際人権規約と関連させると、受動的人権は社会権に、能動的人権は自由権に関連が深いものといえる。

❸子どもの権利条約に関連する選択議定書

　2000年、国連は、子どもの権利条約に関連して、2つの選択議定書を採択した。一つは、「武力紛争における児童の関与に関する児童の権利に関する条約の選択議定書」、もう一つは「児童の売買、児童売春及び児童ポルノに関する児童の権利に関する条約の選択議定書」である。

　前者は、条約第38条に規定する、軍隊に採用することができる下限年齢に関するもので、「15歳以上」という条約の規定を、「原則として18歳以上」にするという趣旨のものである。この議定書については、日本は、平成16（2004）年に批准している。

　後者は、児童の売買、児童売春、児童ポルノに関する取り組みを拡大するもので、日本は、平成17（2005）年に批准している。

　さらに、国連は、2011年、3番めの選択議定書、「通報手続に関する選択議定書」を採択した。これは、子どもの権利条約や、上記選択議定書に関して、締約国が抵触していると感じた場合に、人権侵害を受けた個人あるいは集団またはその代理となる者が、通告する際の手続を規定するものである。

（6）こども基本法の成立とこども家庭庁

❶こども基本法

子どもの権利条約成立以降、少なくとも子どもにかかわる施策や実践には、子どもの権利を核とした整備が求められてきた。平成28（2016）年の児童福祉法改正では、子どもの権利条約の精神に則り、子どもには権利があることが明記された。

こども基本法は、国がめざす「こどもまんなか社会」の理念と、それを実現するための施策のあり方等を示す法律で、令和4（2022）年に制定され、令和5（2023）年4月から施行となった。法の目的は、「日本国憲法及び児童の権利に関する条約の精神にのっとり、次代の社会を担う全てのこどもが、生涯にわたる人格形成の基礎を築き、自立した個人としてひとしく健やかに成長することができ、心身の状況、置かれている環境等にかかわらず、その権利の擁護が図られ、将来にわたって幸福な生活を送ることができる社会の実現を目指して（中略）、こども施策を総合的に推進すること」（第1条抜粋）と規定されている。

この法律では、国に「こども施策に関する大綱」（通称、**こども大綱**）の策定を義務付けていること、これに基づき、都道府県及び市区町村に対して、「こども施策についての計画」（通称、都道府県・市区町村こども計画）の策定を努力義務として課している。なお、この計画の策定に関しては、子ども・若者計画、子どもの貧困対策計画等、子どもにかかわる各種計画と一体的に策定することも可能とされている。

さらに、政府には、こども政策推進会議（会長：内閣総理大臣）が設置されるとともに、こども政策に関する重要事項等を審議する機関として、こども家庭審議会が設置されている。こども家庭審議会は、社会保障審議会児童部会（厚生労働省）や子ども・子育て会議（内閣府）の機能を継承したものである。

❷こども家庭庁

こども基本法の成立に合わせ、令和5（2023）年4月から、内閣府外局として、新たに、こども家庭庁が設置された。こども家庭庁は、長官官房、成育局、支援局の大きく3つの部局で組織されている。

このうち、成育局では、保育（認定こども園を含む）、地域子育て支援、母子保健、児童手当などにかかわる施策を担っている。支援局では、児童虐待、社会的養護（ひとり親家庭を含む）、障害児支援、貧困、子どもの安全、いじめ、不登校、自殺などにかかわる施策を担っている。

第4節　児童家庭福祉制度の展開

1 日本における児童家庭福祉制度の展開

（1）児童福祉法以前

　日本で子どもが福祉政策の対象となるのは、明治7（1874）年の恤救規則からである。ここでは、13歳以下の幼者が救済の対象とされていた。しかしながら、その救済は、相互扶助の網から漏れた無告の窮民（全く身寄りのない者）に限定されており、実際に保護の対象となる者はほとんどなかった。

　恤救規則のすき間を埋め、当時の子どもたちの保護にあたったのが、宗教団体や篤志家などの民間人あるいは民間団体である。

　孤児あるいは棄児などを対象として、明治期に開設された代表的な施設としては、**石井十次**による岡山孤児院、小橋勝之助の博愛社などがある。また、知的障害児を入所させた施設としては、**石井亮一**の滝乃川学園などがある。一方、刑法の隣接領域として、少年の処遇に教育的要素を取り入れた感化法が公布されるのは、明治33（1900）年である。法制定の前年には**留岡幸助**による家庭学校も設立されている。

　保育所は、**赤沢鍾美**により開設された新潟静修学校（小中学校に相当する民間の学校のようなもの）の附属施設、幼稚園については、学制（明治5〔1872〕年）により幼稚小学（現 幼稚園）という学校が規定されていたこともあり、国立の東京女子師範学校（現 お茶の水女子大学）附属幼稚園が端緒となった。民間では、**野口幽香**が、東京のスラム街の近くに低所得家庭の子どもを対象として、当初幼稚園として開設した二葉幼稚園（その後、二葉保育園に改称）など、その後、貧民幼稚園といわれた取り組みもみられる。ここで示した施設は、いったん廃止されたり、名称や場所を変えたりしつつも、現在も活動を続けている。

　昭和期に入ると、戦時体制の推進とも関連しつつ、いくつかの変化があった。まず、昭和4（1929）年には、恤救規則を改め、救護法が公布された（施行は昭和7〔1932〕年）。この法律では、保護の対象の中に、13歳以下の幼者に加え、妊産婦が規定されている。保護の方法は、在宅保護と施設保護であり、今日の生活保護法の原型ができあがる。

　さらに、昭和8（1933）年には、感化法が少年教護法と改められ、感化院も少年教護院と改称された。また、同年、労働搾取等を含む虐待を

される子どもを対象として、児童虐待防止法も制定された。児童虐待防止法では、入所施設としての児童虐待防止施設が規定された。今日の児童福祉法に継承される禁止行為（児童福祉法第34条）もこの法律で明文化された。

（2）児童福祉法の成立

　敗戦による混乱は、日常生活のみならず、法制度においても同様である。児童家庭福祉に関係する総合的な法律の制定は戦前からの課題であったが、戦後これが児童保護法として審議されることになる。同法は、昭和22（1947）年12月12日に公布され、翌年1月1日から施行となった。これによって、少年教護法、児童虐待防止法は廃止となった。

　名称が直前まで確定しなかったように、審議過程においては、さまざまな議論が交わされた。例えば、児童福祉法という法律名は、昭和22（1947）年1月の案で初めて登場する。これは、保護を要する子どもに限定するのではなく、18歳未満のすべての子どもへと対象を拡大するという趣旨で起案されたものである。また、前文に「児童は歴史の希望である」という一文がみられたり、現在の児童憲章が組み込まれていたりした案もあった。

　ちなみに、制定時の児童福祉施設は、9施設であった（**表1－2－9**）。

〈表1－2－9〉児童福祉法制定時の児童福祉施設

助産施設、乳児院、母子寮、保育所、児童厚生施設（児童館、児童遊園）、養護施設、精神薄弱児施設、療育施設（虚弱児施設、肢体不自由児施設、盲児施設、ろうあ児施設）、教護院

注：（ ）内は、児童福祉施設最低基準（現 児童福祉施設の設備及び運営に関する基準）による内部類型

（3）児童福祉法成立以降

❶児童家庭福祉の基礎形成期（1947年から1950年代前半）

　昭和20年代には、児童福祉法（昭和22〔1947〕年）以外にも、身体障害者福祉法（昭和24〔1949〕年）、（新）生活保護法（昭和25〔1950〕年）、社会福祉事業法（昭和26〔1951〕年。現 社会福祉法）などが成立し、戦後復興に向けての基本的な体制ができあがっていく。

　児童福祉法の前文として検討されていた「**児童憲章**」は、昭和26（1951）年5月5日の「こどもの日」に、独立したものとして制定された。これは、児童福祉法の理念をより具体化する国民の協約として宣言されたもので、前文と受動的人権を中心とした12項目から成っている（**表1－2－10**）。

〈表1－2－10〉児童憲章

> 　われらは、日本国憲法の精神にしたがい、児童に対する正しい観念を確立し、すべての児童の幸福をはかるために、この憲章を定める。
>
> 　児童は、人として尊ばれる。
>
> 　児童は、社会の一員として重んぜられる。
>
> 　児童は、よい環境の中で育てられる。
>
> 1　すべての児童は、心身ともに健やかにうまれ、育てられ、その生活を保障される。
> 2　すべての児童は、家庭で、正しい愛情と知識と技術をもって育てられ、家庭に恵まれない児童には、これにかわる環境が与えられる。
> 3　すべての児童は、適当な栄養と住居と被服が与えられ、また、疾病と災害からまもられる。
> 4　すべての児童は、個性と能力に応じて教育され、社会の一員としての責任を自主的に果たすように、みちびかれる。
> 5　すべての児童は、自然を愛し、科学と芸術を尊ぶように、みちびかれ、また、道徳的心情がつちかわれる。
> 6　すべての児童は、就学のみちを確保され、また、十分に整った教育の施設を用意される。
> 7　すべての児童は、職業指導を受ける機会が与えられる。
> 8　すべての児童は、その労働において、心身の発育が阻害されず、教育を受ける機会が失われず、また、児童としての生活がさまたげられないように、十分に保護される。
> 9　すべての児童は、よい遊び場と文化財を用意され、悪い環境からまもられる。
> 10　すべての児童は、虐待・酷使・放任その他不当な取扱からまもられる。あやまちをおかした児童は、適切に保護指導される。
> 11　すべての児童は、身体が不自由な場合、または精神の機能が不充分な場合に、適切な治療と教育と保護が与えられる。
> 12　すべての児童は、愛とまことによって結ばれ、よい国民として人類の平和と文化に貢献するように、みちびかれる。

前文では、子どもの基本的な見方を示している。

　しかしながら、終戦直後の状況からの復興は容易なものではなく、保護的福祉施策からの脱却を図ることを意図した児童福祉法も、現実には、孤児や浮浪児などの戦後処理対策から始まり、経済的貧困家庭の子どもや、貧困に起因して起こる非行問題など、保護的側面中心に機能していた。

　戦前の社会福祉事業は、国の責任に基づくものは限られており、宗教関係者、篤志家や企業等の支援を受けた個人などの民間事業や地方自治体の独自事業が中心であった。戦後は、憲法における国家責任による社会福祉の推進（憲法第25条）や、公的資金を投入される民間の福祉事業については「公の支配に属する」（憲法第89条）などの規定により、公的責任のもとでの施策推進が積極的に図られた。とりわけ、代表的な施設である保育所については、児童福祉法で市町村に保育の実施義務が課せられたことで、公営施設の設置が進んだ。

❷福祉施策拡充期（1950年代後半から1970年代前半）

昭和31（1956）年に発行された経済白書の副題には「もはや『戦後』ではない」と付けられ、同じ年に発行された厚生白書には、「果たして『戦後』は終わったのか」という見出しがみられる。立場による対応の違いはあるが、（国民）所得倍増計画（昭和35〔1960〕年）により経済成長は飛躍的に進む。これを支えるために、保育所の拡充が行われるとともに、経済成長に支えられて福祉の拡充が図られる。

保育所は、昭和35（1960）年から昭和50（1975）年の間に、施設数で1.86倍、入所児数では2.36倍に増加している。このほかにも、児童扶養手当法（昭和36〔1961〕年）、特別児童扶養手当等の支給に関する法律（昭和39〔1964〕年）、児童手当法（昭和46〔1971〕年）などの手当制度も始まる。昭和39（1964）年には、母子福祉法（現 母子及び父子並びに寡婦福祉法）が成立する。また、児童福祉法から母子保健法が独立（昭和40〔1965〕年）するなど、母子保健施策の拡充も図られた。

このような変化は、家族規範や子どもの生活を大きく変化させ、必ずしも絶対的貧困を原因とするものではない、「第2の非行の波」とよばれる少年非行なども増加した。情緒障害児短期治療施設（現 児童心理治療施設）は、このような時代背景を受け、「軽度の非行少年」への早期対応あるいは予防的対応を目的に、昭和46（1971）年、新たな児童福祉施設として設置された。

❸安定基礎整備期（1970年代後半から1980年代）

経済成長に後押しされた福祉施策の拡充、昭和45（1970）年に高齢化率が7％を超え、高齢化社会に突入したことなどを背景に、政府は、昭和48（1973）年を「福祉元年」と位置付け、福祉のさらなる拡充を宣言した。ところが、これと前後して、2度のオイルショックに見舞われる。これは、右肩上がりの経済成長の終焉を意味すると同時に、市場がグローバル化していることをうかがわせるものであった。

児童家庭福祉分野では、1970年代のなかばから、ベビーホテルと称せられる認可外保育施設での乳幼児の死亡事件が相次ぎ、国会でも取り上げられるほどの社会的事件となった。夜間保育制度はこれに対応する施策の一つであった。また、男女の高学歴化が進み、子育てと就労の両立志向が顕著となり、就労形態も多様化する中で、延長保育やゼロ歳児保育の需要が高まることとなった。

❹普遍主義と地域福祉志向期（1990年代）

　この期においては、福祉関係3審議会合同企画分科会の意見具申（平成元〔1989〕年）を受け、地域福祉志向が本格化する。これが、地域福祉の推進を意図した**社会福祉法**（平成12〔2000〕年）に結び付いていく。社会福祉法及びこれに関連する制度変更としては、地方分権化、在宅福祉サービスの整備、また、利用者本位の制度にまつわるものとしては、一部サービスの直接契約化、事業者補助から利用者補助への転換、契約支援制度としての成年後見制度、情報提供・情報開示、第三者評価などがある。これにあわせ、供給主体の多様化、公営施設の民営化・民間移管も進んだ。児童家庭福祉分野では、保育所、母子生活支援施設、助産施設において、措置制度が廃止された。

　一方、人口動態は、ますます少子高齢社会への歩を速める。合計特殊出生率は、平成2（1990）年に1.57となり、『厚生白書』に初めて、「少子化」という言葉が登場する（平成6〔1994〕年）。これに対応するため、国は「今後の子育て支援のための施策の基本的方向について（通称、エンゼルプラン）」（平成6〔1994〕年）を発表する。これによって、本格的な少子化あるいは次世代育成支援対策が継続的に進められることになる。

　また、子どもの権利条約に日本が批准したこともあり（平成6〔1994〕年）、さまざまな分野からの子どもの権利・人権に関する研究が進む。**国際家族年**（平成6〔1994〕年）も含め、国際動向が日本の児童家庭福祉施策に直接影響を与えた初めての出来事といってもいいほどの状況を迎えた。

　一方、生活の現場では、保育所待機児童の増加に伴い、認可外保育施設が認可保育所の代替機能を果たしていることが明確になるとともに、児童虐待の顕在化及び深刻化、在宅子育て家庭支援の必要性の増大、「小1プロブレム」、子育てサークルや子育て支援NPO活動の活性化など、さまざまな変化が起こる。公的施策だけの限界も明らかとなり、市民参加型福祉の推進の必要性がより強く認識されることとなる。

❺多様化する児童家庭福祉問題と地域福祉視点の施策推進
（2000年代から2015年ごろ）

　多様な施策の展開にもかかわらず、少子社会からの脱却が困難なこともあって、児童家庭福祉施策はその後も継続的に変化する。平成20（2008）年をピークに、総人口の減少も始まった。このような状況に対

*12
本書第1部第3章第2節3（2）参照。

応するため、児童家庭福祉施策の推進を図ることを目的に、10年間の時限立法として、次世代育成支援対策推進法（平成15〔2003〕年）も成立した。

　個別分野では、児童虐待にかかわる施策が急速に整備されていく。児童虐待の防止等に関する法律（平成12〔2000〕年）の制定が行われるとともに、通告体制の強化、重篤な事件に対する国及び地方自治体における検証制度の導入、児童虐待の通告先に市町村を明記、児童家庭福祉相談の市町村窓口化、要保護児童対策地域協議会の設置、親権制度の見直し、児童相談所長による親権代行、などが児童福祉法等に規定された。

　保育の分野では、待機児童対策が大きな課題となる。これに対しては、「待機児童ゼロ作戦」（平成13〔2001〕年）といった直接的な対応だけでなく、認定こども園制度の創設により、待機児童対策も内包した、幼稚園と保育所との新たな関係が模索されることになる。

　地域子育て支援も、この時期に着目度が一気に上がった分野である。平成20（2008）年には、乳児家庭全戸訪問事業、養育支援訪問事業、地域子育て支援拠点事業、一時預かり事業の4事業が、児童福祉法に規定された。

❻人口減少社会及び子どもの権利委員会への対応（2015年〜2020年代初期）

　1990年代からの、何段階かの少子化対策の推進にもかかわらず、出生数の回復は見込めていない。合計特殊出生率は、平成17（2005）年の1.26を底に、平成27（2015）年には1.45までいったん回復したが、令和4（2022）年には、再び、過去最低水準の1.26にまで落ち込んだ。一方で、出生数は減少の一途をたどり、令和元（2019）年には90万人を大きく割り込み、さらに令和4（2022）年には、80万人を割り込み77.1万人となった。

　この時期の児童家庭福祉施策で重要なものは、平成24（2012）年に成立した、子ども・子育て関連3法（「子ども・子育て支援法」「就学前の子どもに関する教育、保育等の総合的な提供の推進に関する法律の一部を改正する法律」「子ども・子育て支援法及び就学前の子どもに関する教育、保育等の総合的な提供の推進に関する法律の一部を改正する法律の施行に伴う関係法律の整備等に関する法律」）に基づく、子ども・子育て支援制度である。[13]

　この制度は、少子高齢社会の加速化、サービス整備の自治体間の格差の存在、サービス不足領域への対応などを背景に、①質の高い幼児期の

*13
制度創設時には「子ども・子育て支援新制度」とよんでいたが、すでに一定期間を経ているため、原則として本書では「子ども・子育て支援制度」と表記する。

学校教育・保育の総合的な提供（認定こども園制度の改変）、②保育の量的拡大・確保（過疎地の資源の確保と再配分、保育所待機児童の解消）、③地域の子ども・子育て支援の充実、を主な目的にしている。

　もう一つ重要な施策は、子どもの権利条約に対応することを主たる目的とした、度重なる児童福祉法の改正（平成28、29、30、令和元、4〔2016、2017、2018、2019、2022〕年）である。とりわけ、平成28（2016）年の法改正では、制定後初めて総則が改正され、子どもの権利の明記、社会的養護のあり方が規定されるなど、大幅な改正が行われた。これは、その後の「新しい社会的養育ビジョン」につながっていく。また、令和4（2022）年の法改正では市区町村の相談支援の窓口としてこども家庭センターの設置、里親支援センターの設置、意見表明等支援事業などの新しい事業が始まった（令和6〔2024〕年施行）。

　令和5（2023）年には、こども家庭庁が発足し、こども基本法の制定や、これまでの児童福祉法改正の積み残し事項に関する改正も行われた。

❼こども家庭庁の発足と「こどもまんなか社会」の実現に向けて（2020年代初期以降）

　令和4（2022）年こども基本法が成立し、令和5（2023）年4月から施行となった。合わせて、こども家庭庁も発足し、児童福祉法制定以降、厚生省（平成13〔2001〕年からは厚生労働省）が管轄してきた子ども家庭福祉施策が、こども家庭庁に移管されることとなった。施策を審議する機関も、社会保障審議会（児童部会）から、こども家庭審議会となった。

　これら一連の動きは、超少子社会のなか、「こども」を「まんなか」[*14]に据え、こどもを大切にした社会をつくることで、出生率の向上を期するものである。しかしながら、前述したように、令和4（2022）年の出生数は77万人となった。このまま政策効果がなければ、10年後には50万人台になると予想される。

　これに対して、政府は「異次元の少子化対策」と銘打ち、令和5（2023）年に「こども未来戦略方針」を閣議決定し、3年間の集中的取り組みとして「こども・子育て支援加速化プラン」を公表した。ここでは、①ライフステージを通じた子育てに係る経済的支援の強化や若い世代の所得向上に向けた取組、②全てのこども・子育て世帯を対象とする支援の拡充、③共働き・共育ての推進、④こども・子育てにやさしい社会づくりのための意識改革、の4つの柱で具体的な取り組みが計画されている。

*14
本書第1部第1章第1節2＊1参照

2 欧米の児童家庭福祉の歩み

本項では、欧米の児童家庭福祉の歴史を概括するが、全体にふれることはできないので、エピソードとして、イギリスを中心に5つの話題について紹介する。

（1）救貧法と子ども

政策としての福祉は、イギリスのエリザベス救貧法（1601年）から始まったといわれている。当初、救貧法の対象は、有能貧民（働ける能力があるのに仕事がないなどの理由で貧困である者）、無能貧民（障害や高齢など働くことができない状況にあるため貧困である者）、子ども、の3つとされており、子どもが救済の対象として意識されていた。救貧法による保護は、在宅保護を原則とし、子どもについては祖父母などに扶養を義務付け、それができない場合には教区徒弟制度などが行われた。後には院内救済の制度も設けられる。

（2）新救貧法と民間活動

救貧法は、英国国教会の教区を基盤とした制度であり、時代が経過するとともに、財政力や施策方針によって、保護内容に差がみられるようになった。このような状況の中で、1834年に、教区間の格差を是正することを目的の一つとして救貧法が大幅に改正された（新救貧法）。

一方、制限的な新救貧法の実施により、保護が必要な者までもサービスの利用を拒否されたり、厳しい院内処遇に耐え切れず、救貧院や労役場から逃げ出したりした者が町中にあふれることになった。その結果、活発となるのが民間活動である。子どもを対象とした活動では、明治期の代表的な社会事業家の一人である石井十次に大きな影響を与えた、**バナードホーム**が開設されたのが1870年である。バナードホームは、混合収容、分類収容、小舎制、里親制度など、時代に応じた実験的挑戦を行いつつも、21世紀を目前にして、100年以上に及ぶ入所施設としての歴史を閉じ、地域基盤の総合的な子どもサービスへと転換した。

（3）児童虐待への対応

救貧法の対象として、十分には認識されていなかったのが児童虐待である。保護者による虐待のみならず、里親委託先での虐待などの発生に対して、民間団体として全国児童虐待防止協会が設置され（1884年）、

1889年には児童虐待防止法の成立をみる。すでに当時のイギリスでは、動物虐待への取り組みが進んでおり、法律の制定過程では、「子どもも動物であるから、虐待をしてはならない」などの議論がされ、最終的に独立法の制定につながったといわれている。

アメリカではすでに、1875年に、ニューヨーク市児童虐待防止協会が設立されていた。

イギリスでは、1908年、この法律を含め関連各法を整理し、児童法が制定されている。この法律では、犯罪少年の処遇を少年審判所で決定するなど、子ども固有のケア体制の確立が芽生えることになった。

（4）ホスピタリズムと個別ケア

ホスピタリズムとは、長期間にわたる、施設や病院などでの入所生活の結果現れる、身体的特性や性格的特性のことをいう。とりわけ、その契機となった**ボウルビィ**（Bowlby, J. M.）の母性剥奪論は、児童家庭福祉施設の体制に大きな影響を与えた。これにより、社会的養護は、第一義的に、養子縁組や里親制度で行うべきであるとの考え方が導入され、とりわけ乳児については、集団養護をできるだけ避ける方向が明確となる。

この考え方は、修正されながらその後も発展し、今日の**アタッチメント（愛着）理論**へとつながっていく。また、ホスピタリズム論を論拠とするのではなく、今日では子どもの権利条約の精神を尊重し、アタッチメント理論やパーマネンシー保障の視点から、里親制度や養子縁組制度[15]の推進が積極的に図られている。

*15
本書第2部第5章第3節3参照。

（5）子どもの権利条約とコルチャック

子どもの権利条約成立の背景の一つとして、ポーランドの**コルチャック**の存在は大きい。コルチャックの子ども観は、親との関係を絶対的に対等とみること、すべてを子ども自身で決める権利があること、という2つの基本の上に立っていた。ナチスの弾圧下において自身のみの助命をしりぞけ、ユダヤ人孤児に同行し、ユダヤ人収容所で最期を迎えた。

子どもの権利条約成立のきっかけをつくったのはポーランドであるし、20年という時間をかけつつも成立に向けての努力を惜しまなかった国もポーランドである。その背景には、第一次世界大戦、第二次世界大戦、いずれにおいても戦場となり、多くの子どもたちの犠牲を払ったという歴史、また、コルチャックの偉業への思いがあったといわれている。

📖**BOOK 学びの参考図書**

●甲斐田万智子・国際子ども権利センター 編『世界中の子どもの権利をまもる30の方法：だれひとり置き去りにしない！』合同出版、2019年。
　　SDGsが示す目標とターゲットの中で、子どもに関する項目の解決策を30の内容に絞り提案したもの。人権学習の基本が理解できる。

●子どもの権利条約市民・NGOの会 編『国連子どもの権利条約と日本の子ども期－第4・5回最終所見を読み解く』本の泉社、2020年。
　　2019年に公表された、国連子どもの権利委員会第4・5回最終所見をもとに、日本の子どもの権利の現状と課題を検討したもの。

引用文献

1）松崎芳伸「児童政策の進路」厚生省児童局 監修『児童福祉』東洋書館、1948年、20頁
2）山高しげり「児童福祉法を語る」山高しげり 編『こどものしあわせ：児童福祉法とはどんな法律か』清水書房、1948年、10頁
3）伊福部敬子『子供をまもる：児童福祉法の解説』千代田出版社、1948年、37～38頁
4）J.J.ルソー、今野一雄 訳『エミール』岩波書店、1962年、146頁
5）J.J.ルソー、前掲書、173頁
6）網野武博『児童福祉学―「子ども主体」への学際的アプローチ』中央法規出版、2002年、72～75頁

参考文献

●E.ケイ、小野寺信・小野寺百合子 訳『児童の世紀』冨山房、1979年

第**3**章

児童・家庭の生活実態とこれを取り巻く社会環境

学習のねらい

　ふだん意識することはほとんどないかもしれないが、私たち一人ひとりの生活は、さまざまな社会関係を取り結ぶことで成り立っており、社会や環境の影響を強く受けている。そのため、児童家庭福祉を学ぶ上で、子どもや子育て家庭を取り巻く社会環境について把握することは、一人ひとりの子どもや子育て家庭の背景を考え支援を検討していく際に必要不可欠である。

　本章では、子育て家庭や子どもの生活実態とこれを取り巻く社会環境を理解し、児童・家庭の福祉ニーズを学ぶ。まず、子育て家庭及び子どもの育ちをめぐる現状を理解する。次に、子どもや家庭を取り巻く社会環境として、近代家族から現代家族に至る家族の変容、子育て世代の労働環境、子育て・子育ちをめぐる地域環境の変容について学び、少子化や保護者の働き方、地域関係の変容が子どもや家庭に与える影響について理解する。最後に、児童・家庭の福祉ニーズについて学ぶ。現代の児童・家庭の福祉ニーズの背景として、社会環境がどのように関連しているのか理解することをねらいとしている。

第1節 児童・家庭の生活実態

1 共働き世帯の増加と子育ての実際

（1）子どもをもつ共働き世帯の増加

子どもをもつ共働き世帯が増加している。総務省「労働力調査」によると、昭和55（1980）年以降、年々夫婦ともに「雇用者の共働き世帯」は増加し、平成9（1997）年以降は「雇用者の共働き世帯」が「男性雇用者と無業の妻（専業主婦）から成る世帯」数を上回っている。特に、平成24（2012）年ごろからその差は拡大し、令和4（2022）年には「雇用者の共働き世帯（妻64歳以下）」が1,191万世帯、「男性雇用者と無業の妻（専業主婦）から成る世帯（妻64歳以下）」が430万世帯となっている（**図１－３－１**）。

〈図１－３－１〉 **共働き世帯数と専業主婦世帯数の推移**

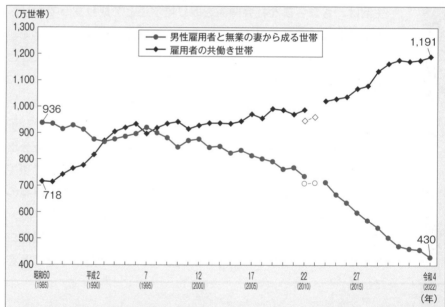

（備考）1．昭和60（1985）年から平成13（2001）年までは総務庁「労働力調査特別調査」（各年2月）、平成14（2002）年以降は総務省「労働力調査（詳細集計）」より作成。「労働力調査特別調査」と「労働力調査（詳細集計）」とでは、調査方法、調査月等が相違することから、時系列比較には注意を要する。
　　　　2．「男性雇用者と無業の妻から成る世帯」とは、平成29（2017）年までは、夫が非農林業雇用者で、妻が非就業者（非労働力人口及び完全失業者）かつ妻が64歳以下世帯。平成30（2018）年以降は、就業状態の分類区分の変更に伴い、夫が非農林業雇用者で、妻が非就業者（非労働力人口及び失業者）かつ妻が64歳以下の世帯。
　　　　3．「雇用者の共働き世帯」とは、夫婦ともに非農林業雇用者（非正規の職員・従業員を含む）かつ妻が64歳以下の世帯。
　　　　4．平成22（2010）年及び23（2011）年の値（白抜き表示）は、岩手県、宮城県及び福島県を除く全国の結果。
　　　　5．労働力調査では令和4（2022）年1月分結果から算出の基礎となるベンチマーク人口を令和2（2020）年国勢調査結果を基準とする推計人口に切り替えた。当グラフでは、過去数値について新基準切り替え以前の既公表値を使用している。

（出典）内閣府男女共同参画局『令和5年版 男女共同参画白書』2023年

〈図１－３－２〉子どもの出生年別第１子出産前後の妻の就業経歴

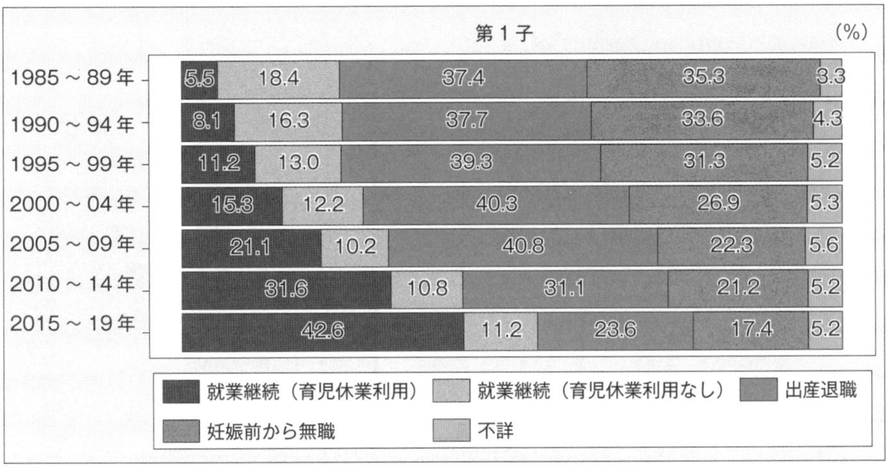

（出典）国立社会保障・人口問題研究所「第16回出生動向基本調査　結果の概要」を一部改変

　共働き世帯の増加とは、出産後も働き続ける女性が増加したことを意味する。国立社会保障・人口問題研究所「第16回出生動向基本調査」によると、第１子が平成27（2015）年～令和元（2019）年に生まれた女性の職業継続割合（育休利用あり・なしの合計）は53.8％で５割を超え、出産により退職した割合（23.6％）を大幅に上回った（**図１－３－２**）。また、厚生労働省「2022年 国民生活基礎調査」で児童のいる世帯における母の仕事の状況は、「仕事あり」が75.7％と８割近い。

　このように、子育ては、高度経済成長期（昭和30年代～昭和40年代なかば）に定着した母親が専業主婦で家事・育児を担う形から、共働きで子育てを担う時代へと大きく変化したといえる。それに伴い子育て家庭の生活はどのように変化したのか、あるいはしていないのか、具体的に見ていくこととする。

（２）家族で過ごす時間の変容

　日本においては長らく長時間労働が問題とされてきた。厚生労働省が平成26（2014）年度まで５年ごとに実施してきた「全国家庭児童調査」の結果では、午後７時までに帰宅できる父親は平成26年度調査では約３割にすぎず、毎日家族そろって一緒に食事をする児童は４人に１人ほどであった。

　しかし、新型コロナウイルス感染症（COVID-19）の感染拡大により、そのような生活は大きく変容した。**図１－３－３**は、内閣府が令和5（2023）年に実施した調査[*1]で18歳未満の子をもつ親の家族で過ごす時間

*1
内閣府「第６回　新型コロナウイルス感染症の影響下における生活意識・行動の変化に関する調査」。

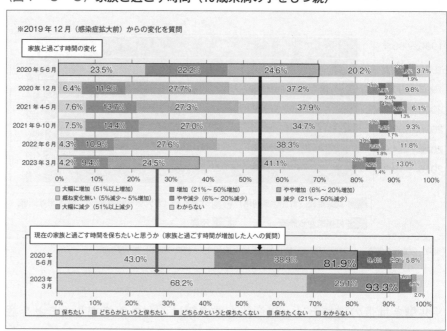

〈図1−3−3〉家族と過ごす時間（18歳未満の子をもつ親）

（出典）内閣府「第6回　新型コロナウイルス感染症の影響下における生活意識・行動の変化に関する調査」（2023年4月19日）

の変化を示したグラフである。新型コロナウイルス感染症の感染拡大前から比べて家族で過ごす時間が増加した（大幅に増加・増加・やや増加）と答えた人が少なくない。

　新型コロナウイルス感染症感染拡大以前は長時間労働の削減が課題とされていたことを考えれば、家族で過ごす時間が増えたことは望ましいことである。しかしながら、新型コロナウイルス感染症の収束に伴い、少しずつ従前の働き方に戻りつつある様子が見てとれる。

（3）家事・育児に見る変わらない性別役割分業

　総務省が5年ごとに実施している「社会生活基本調査」（令和3〔2021〕年）で、6歳未満の子どもをもつ夫婦の家事・育児関連時間を見ると、夫（父親）の家事・育児関連時間は1時間54分、妻（母親）は7時間28分であり、そのうちの育児時間は夫は1時間5分、妻は3時間54分となっている（**図1−3−4**）。日本の父親の家事・育児時間は増加傾向にあるものの欧米諸国と比べて著しく短く、一方で日本の母親の家事・育児関連時間は欧米諸国と比べて顕著に長いことが指摘されている。

　前述のように、子どもをもつ共働き世帯の増加と父母の家事・育児の協働が十分に進んでいない状況から、母親が仕事とともに家事・育児を

〈図１−３−４〉　６歳未満の子どもをもつ夫・妻の家事関連時間の推移
（2001年〜2021年）―週全体、夫婦と子どもの世帯

（時間．分）

	夫					妻				
	2001年	2006年	2011年	2016年	2021年	2001年	2006年	2011年	2016年	2021年
家事関連	0.48	1.00	1.07	1.23	1.54	7.41	7.27	7.41	7.34	7.28
家事	0.07	0.10	0.12	0.17	0.30	3.53	3.35	3.35	3.07	2.58
介護・看護	0.01	0.01	0.00	0.01	0.01	0.03	0.03	0.03	0.06	0.03
育児	0.25	0.33	0.39	0.49	1.05	3.03	3.09	3.22	3.45	3.54
買い物	0.15	0.16	0.16	0.16	0.18	0.42	0.40	0.41	0.36	0.33

家事時間および育児時間の推移

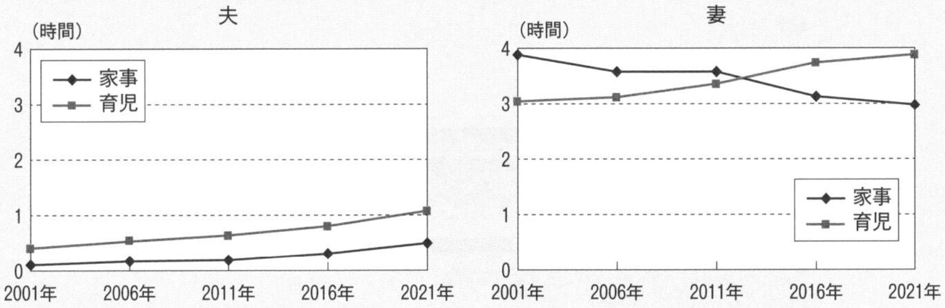

（出典）総務省「令和３年社会生活基本調査　生活時間及び生活行動に関する結果」（2022年８月31日）

担っている様子が浮かび上がる。新型コロナウイルス感染症の感染拡大時には、父親の在宅時間が増え、家事や育児時間が増加した人が多いといわれているが、相対的に女性（妻）の負担が大きい状況は変わらない。

　また、配偶者暴力相談支援センターへの相談件数は、令和２（2020）年度に過去最多になり、高水準で推移している。コロナ禍の外出自粛生活や、生活不安・ストレスの影響が推察される。

2 子どもの育ちをめぐる実態

（１）遊びをめぐる変容

　高度経済成長期の急激な社会環境の変化に伴う子どもの遊びをめぐる状況は、「三間の喪失」という言葉で言い表されてきた。これは、遊ぶ「時間」、外で遊ぶ「空間」、一緒に遊ぶ「仲間」の３つの「間」が、子どもたちから失われたことを意味するが、この状況は現在も続いている。

　ベネッセ教育総合研究所の「幼児の生活アンケートレポート」（令和４〔2022〕年調査）では、「平日、（幼稚園・保育園以外で）一緒に遊ぶ人（複数回答）」を聞いているが、６回にわたる調査による27年の経年変化の結果が図１−３−５である。27年間で平日一緒に遊ぶ相手は平

〈図１－３－５〉平日、（幼稚園・保育園以外で）一緒に遊ぶ人（経年比較）

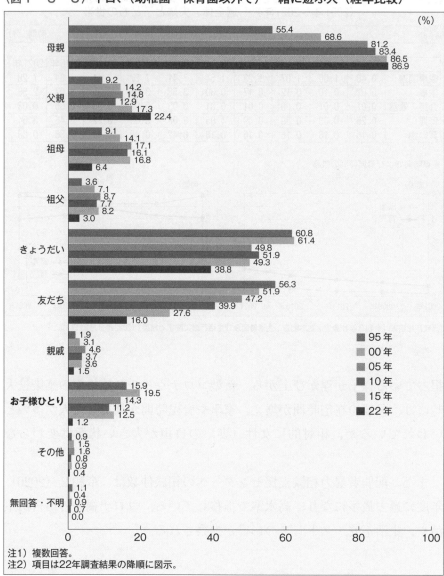

（出典）ベネッセ教育総合研究所「第６回幼児の生活アンケートレポート（2022年）」29頁をもとに一部改変

成７（1995）年の調査では「友だち」56.3％、「母親」55.4％はほぼ同率であったが、令和４（2022）年調査では「友だち」は16.0％と減少し、「母親」が約30ポイント増加し86.9％となっている。また、「きょうだい」は約20ポイント減少している。

　この結果からは、少子化によりきょうだいのいる子どもが減っていることや、共働き世帯の増加により、保育所等で過ごす時間が長くなり、降園後に友だちと遊ぶ時間が取れないことなどが推察される。

　また、各種調査においては、習い事や塾で忙しいといった事情や外遊び時間の減少が指摘されてきた。屋外での遊びは運動能力の向上はもとよ

り、自然科学的理解の基礎にふれ、協調性や創造性・判断力、自主性や
主体性・社会性やコミュニケーション能力を育み、人格形成や社会生活の
訓練など極めて重要なものであると考えられてきた。しかしながら、場所
によってはボール使用の制限がある公園や近隣住民から遊び声への苦情
が寄せられるなど、自由に遊べる場が少なくなってきている現状もある。

　さらに、新型コロナウイルス感染症の感染拡大により、子どもの遊び
のみならず生活も大きく変化した。自宅で過ごす時間が増え、遊ぶ場所
や運動する機会が減少し、子どもたちの健康や体力への影響が心配され
ている。

（2）インターネット利用の急速な拡大

　子どもの生活をめぐるここ20年ほどの最大の変化は、インターネッ
ト環境の整備に伴うスマートフォン等デジタル機器の普及であるといえ
よう。

　内閣府「令和4年度 青少年のインターネット利用環境実態調査」に
よると、低年齢層の子どものインターネット利用状況（保護者調査）は、
0歳児で13.1％、1歳で28.6％、3歳で61.3％、5歳で77.3％、8歳で
92.0％となっている。未就学児のころから動画や音楽を視聴し、勉強・
学習・知育アプリやサービスを利用しており、保護者が育児の早い段階
からインターネットを活用していることがわかる。

　また、小学生以上になると子どもたちは、インターネットを通じて他
者とコミュニケーションをとり人間関係をつくり、放課後の遊びは各自
が家庭でゲーム機やスマートフォンで対面でないオンラインゲームを楽
しむという現実も広がった。さらに、コロナ禍の臨時休校などで、子ど
もたちがゲームに触れる機会が増加したことも報じられた。

　小学校においても令和元（2019）年12月にGIGAスクール実現推進
本部が文部科学省に設置され、1人1台端末等のICT環境整備が進め
られた。義務教育段階における1人1台端末の整備状況は令和4（2022）
年度内にほぼすべての自治体で整備が完了している。

　スマートフォン等の子どもへの普及は、他者とのコミュニケーション
のとり方や距離感を大きく変容させ、犯罪に巻き込まれるリスクを高め
るなど、マイナスの側面も指摘されている。しかし、デジタルネイティ
ブ世代が親になりますます活用がなされるとともに学校での活用も一般
化している現状がある中で、子どもたちの健やかな成長を育む環境はど
のようなものであるか、また、どのように担保していくのか議論が必要

である。

（3）学校の現状

　子どもの育ちをめぐる実態をとらえるにあたり、学齢期の子どもがその生活の多くを過ごす学校の現状[*2]を把握することは不可欠である。ここでは文部科学省の調査により、学校の状況を確認する。

＊2
本書第2部第3章第1
節参照。

❶暴力行為・いじめ

　文部科学省「令和4年度児童生徒の問題行動・不登校等生徒指導上の諸課題に関する調査結果について」で見ると、対教師暴力や生徒間暴力等の暴力行為[*3]の発生件数（**図1−3−6**）、及びいじめの認知件数（**図1−3−7**）は、小中高すべてにおいて前年度より増加した。令和4（2022）年度の小学校における暴力行為の発生件数は6万1,455件（前年度4万8,138件）、いじめの認知件数は55万1,944件（前年度50万562件）となっている。

　暴力行為の発生件数もいじめの認知件数も平成25（2013）年6月に「いじめ防止対策推進法」が制定されたことなどにより、いじめをはじめとする問題行動の把握や対応が厳格化したことにより件数が増加したと考えられてきた。実際にいじめが増加したからではなく、「教職員が認知できた件数は、あくまでも真の発生件数の一部にすぎない」との認識に基づき、「認知」件数が少ない場合には教職員がいじめを見逃していたり見過ごしているのではないかと考えるべきとの認識の転換がなされ、積極的にいじめを把握しようと努めた結果であると説明されている[*4]。なお、令和2（2020）年度の結果は、背景にコロナ禍による休校等があったことが推察される。

　学校がすべての子どもたちにとって安全で居心地のよい場所とは言い難い状況もあることがわかる。

＊3
暴力行為には、犯罪にならない初期段階のものも含まれる。とりわけ小学生の場合、これが数値を引き上げている。また、都道府県間における差が著しく、定義そのものが一定でない可能性もある。

＊4
生徒指導・進路指導研究センター「生徒指導リーフ　いじめの『認知件数』」文部科学省国立教育政策研究所、平成25（2013）年1月。

❷不登校

　もう一つの見過ごせない調査結果は、小中学校の**不登校**児童生徒数の増加である。文部科学省の調査で不登校児童生徒とは、「何らかの心理的、情緒的、身体的あるいは社会的要因・背景により、登校しないあるいはしたくともできない状況にあるために年間30日以上欠席したもののうち、病気や経済的な理由による者を除いたもの」と定義されている。令和4（2022）年度の不登校児童生徒数は小学校10万5,112人、中

〈図１－３－６〉暴力行為発生件数の推移

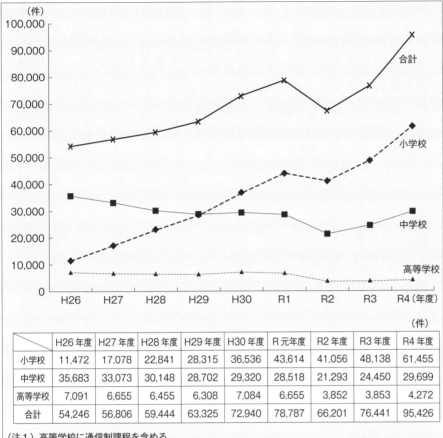

	H26年度	H27年度	H28年度	H29年度	H30年度	R元年度	R2年度	R3年度	R4年度
小学校	11,472	17,078	22,841	28,315	36,536	43,614	41,056	48,138	61,455
中学校	35,683	33,073	30,148	28,702	29,320	28,518	21,293	24,450	29,699
高等学校	7,091	6,655	6,455	6,308	7,084	6,655	3,852	3,853	4,272
合計	54,246	56,806	59,444	63,325	72,940	78,787	66,201	76,441	95,426

（注１）高等学校に通信制課程を含める。
（注２）小学校には義務教育学校前期課程、中学校には義務教育学校後期課程及び中等教育学校前期課程、
　　　　高等学校には中等教育学校後期課程を含める。

（出典）文部科学省初等中等教育局児童生徒課「令和４年度 児童生徒の問題行動・不登校等生徒指導上の諸課題に関す
　　　　る調査結果について」８頁をもとに一部改変

〈図１－３－７〉いじめの認知（発生）件数の推移

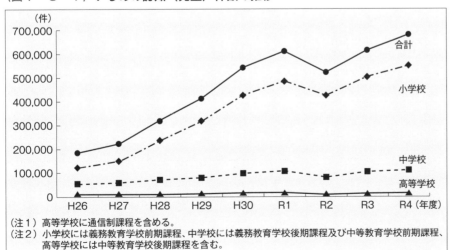

（注１）高等学校に通信制課程を含める。
（注２）小学校には義務教育学校前期課程、中学校には義務教育学校後期課程及び中等教育学校前期課程、
　　　　高等学校には中等教育学校後期課程を含む。

（出典）文部科学省初等中等教育局児童生徒課「令和４年度 児童生徒の問題行動・不登校等生徒指導上の諸課題に関す
　　　　る調査結果について」22頁をもとに一部改変

＊5
本書第2部第3章第1
節3図2-3-2参照。

学校は19万3,936人で、平成25（2013）年度から9年連続で増加している。[5]

　不登校の主たる要因として、小学生は「無気力・不安」が50.9％と最も多く、次いで「生活リズムの乱れ、あそび、非行」が12.6％である。中学生も同様に「無気力・不安」が52.2％と最も多く、次いで「生活リズムの乱れ、あそび、非行」が10.7％となっている。小学生・中学生ともに「無気力・不安」が最も多いが、それが何によってもたらされているのか、児童・生徒の声に耳を傾けることが求められよう。

第2節　児童・家庭を取り巻く社会環境

1 少子化と家族の変容

（1）少子化の推移と現状

　日本の年間の出生数は、第一次ベビーブーム期（昭和22〔1947〕年〜昭和24〔1949〕年）には約270万人、第二次ベビーブーム期（昭和46〔1971〕年〜昭和49〔1974〕年）には約210万人であったが、昭和59（1984）年には150万人を割り込み、その後も緩やかな減少傾向が続き、平成28（2016）年から100万人を下回っている。令和4（2022）年は明治32（1899）年の調査開始以来過去最少の77万747人となっている（**図1-3-8**）。

　その結果、**合計特殊出生率**[*6]も第一次ベビーブーム期は4.3を超えていたが、昭和25（1950）年以降急激に低下した。昭和50年代から人口の

> ＊6
> 人口統計上の指標で、1年間の出生状況に着目し、その年における出産可能とされる15歳から49歳までの女性の年齢別出生率を合計したものである。一人の女性がその年齢別出生率で一生の間に生むとしたときの子どもの数を表している。

〈図1-3-8〉出生数及び合計特殊出生率の年次推移

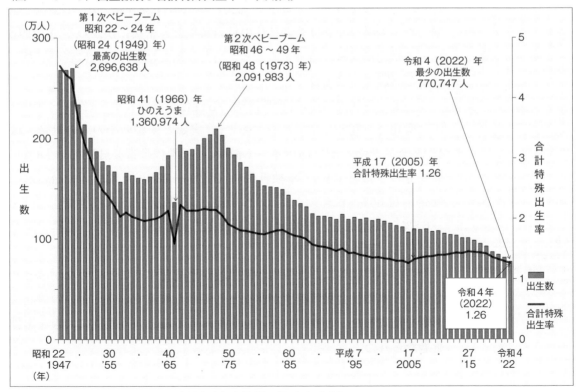

（出典）厚生労働省「令和4（2022）年 人口動態統計月報年計（概数）の概況」を一部改変

維持が可能な水準（人口置換水準）2.07を下回っており、平成元（1989）年にはそれまで最低であった昭和41（1966）年、丙午の年の1.58を下回る1.57となり、「**1.57ショック**」とよばれ、少子化が社会問題として大きく取り上げられるようになった。

それにより1990年代以降、少子化対策として子育て支援が展開されてきた。しかし、令和4（2022）年の合計特殊出生率は1.26と低水準にとどまっている（**図1-3-8**）。

（2）ライフコースの多様化と家族の小規模化

昭和20年代後半から昭和の終わり（1980年代）にかけては、50歳時の未婚割合[7]は5％に満たず、結婚している、あるいは結婚することを望んでいる人が大半を占める「皆婚社会」とよばれていた。この時代は男女雇用機会均等法（昭和61〔1986〕年施行）が施行される前であり、女性が自ら働いて経済的自立を果たすことが困難であったという時代背景もあり、昭和45（1970）年には20歳代後半（25〜29歳）の男性の過半数、女性の8割弱が既婚であった。しかし、令和2（2020）年には、同年齢層の男性の7割強、女性の6割強は未婚である。

平成2（1990）年の50歳時の未婚割合は男性5.6％、女性4.3％であったが、その後上昇し、令和2（2020）年は男性28.3％、女性17.8％と急増した。未婚や非婚は若者世代の経済環境とも密接にかかわるが、晩婚化・未婚化が進み、結婚することが当たり前ではない社会に変わったといえる（**図1-3-9**）。

このような状況に伴い、世帯構造にも変化がみられる。昭和61（1986）年と令和4（2022）年で比較すると、「夫婦と未婚の子のみの世帯」は41.4％から25.8％と約16ポイント減少、「三世代世帯」（15.3％→3.8％）も4分の1に減少し、「単独世帯」（18.2％→32.9％）及び「夫婦のみの世帯」（14.4％→24.5％）、「ひとり親と未婚の子のみの世帯」（5.1％→6.8％）が増加し、平均世帯人員は2.25人となり世帯の小規模化が進んでいる[8]（**図1-3-10**）。

世帯の小規模化は、世帯内の関係性が単純化することにつながるとともに、日本の社会保障制度が前提としてきた家族での支え合いの機能に影響を及ぼした。とりわけ子どもを生み育てるという機能に大きな影響をもたらした。

*7
50歳時点で一度も結婚したことのない人の割合。

*8
厚生労働省「2022年国民生活基礎調査の概況」。

〈図１−３−９〉50歳時の未婚割合の推移

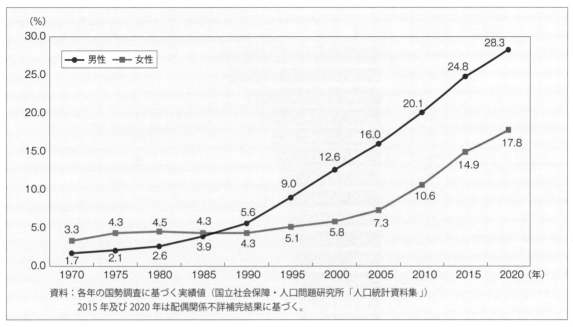

資料：各年の国勢調査に基づく実績値（国立社会保障・人口問題研究所「人口統計資料集」）
　　　2015年及び2020年は配偶関係不詳補完結果に基づく。

（出典）内閣府『令和４年版 少子化社会対策白書』2022年、12頁

〈図１−３−10〉世帯類型の変化

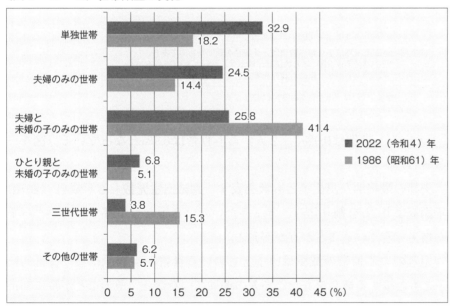

（出典）厚生労働省「2022年 国民生活基礎調査の概況」をもとに筆者作成

（3）児童のいる世帯及びきょうだいのいる子どもの減少

　さらに、少子化は児童のいる世帯を減少させた。令和４（2022）年で
は児童のいる世帯は全世帯の５分の１弱（18.3%）にすぎず、昭和61
（1986）年の46.3%からの減少が著しい。また、その内訳として児童が

〈図1－3－11〉児童の有（児童数）無の年次推移

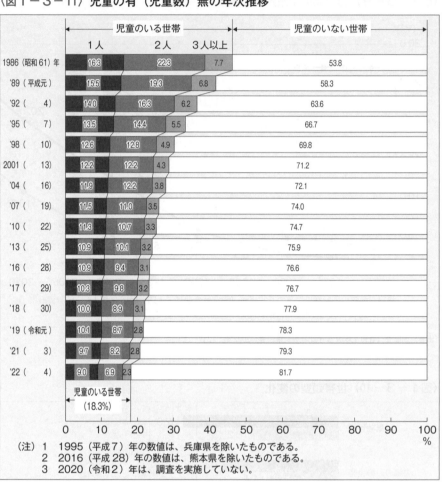

（出典）厚生労働省「2022年 国民生活基礎調査の概況」7頁

＊9
国立社会保障・人口問題研究所「第16回出生動向基本調査結果の概要」43頁。

「1人いる」世帯は9.0%、「2人いる」世帯は6.9%となっている[＊9]（**図1－3－11**）。

　夫婦の最終的な出生子ども数を表す「**完結出生児数**」も平成22（2010）年調査より2.0を割り込み、きょうだいのいる子どもが減少し、一人っ子が増えてきていることがうかがえる。

　児童のいる世帯の減少は、子どものいる世帯が少数派になり日常的に子どもと接する機会をもたない人の増加につながる。そのことが特に都市部を中心とした子育てへの不寛容につながっているとみることもできる。

　また、第1節で母親と遊ぶ幼児の増加について言及したが、少子化やきょうだいのいる子どもの減少は、子ども同士の育ち合いの機会の喪失につながっている。さらに、親の子どもに対する過干渉を招き、子どもの主体性を損なう状況が生じやすくなっていることにも注意が必要である。

2 子育て世代の働き方・働く環境

（1）働き方の二極化

　政府は、人々の働き方に関する意識や環境が社会経済状況の変化に必ずしも適応し切れず、仕事と生活が両立しにくい現実に直面しているとし、平成19（2007）年、「仕事と生活の調和（**ワーク・ライフ・バランス**）憲章」及び「仕事と生活の調和推進のための行動指針」を策定した。

　しかし、いまだ現実の社会では仕事と生活のバランスがとれているとは言い難く、安定した仕事に就けず経済的に自立することができない、仕事に追われ心身の疲労から健康を害しかねない、仕事と子育てや老親の介護との両立に悩む、などの仕事と生活の間で問題を抱える人は多くみられる。

　その背景としては、経済のグローバル化や国際競争の激化、長期的な経済の低迷や産業構造の変化を背景とした生活に不安を抱える非正規雇用者の増加とともに、新型コロナウイルス感染症の感染拡大以降、業種・職種間で働き方や労働時間の長さに格差が生じていることなどがあげられる。

　雇用形態の違いは収入格差につながりやすく、特に男性の有配偶率に関連しており、男性非正規雇用者の有配偶率は正規雇用者の半分以下になっている（**図１－３－12**）。これは、晩婚化・未婚化ひいては少子化の要因になっていることが指摘されている。

〈図１－３－12〉**男性の従業上の地位・雇用形態別有配偶率**

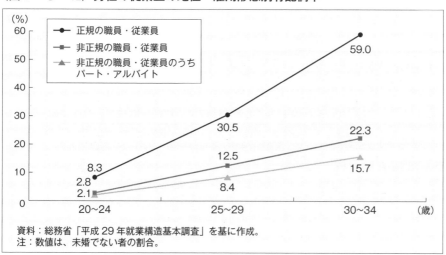

資料：総務省「平成29年就業構造基本調査」を基に作成。
注：数値は、未婚でない者の割合。

（出典）内閣府『令和４年版 少子化社会対策白書』2022年、20頁

（2）仕事と子育ての両立のしづらさ

第1節で見たとおり、共働き世帯が増加しているにもかかわらず、働き方や子育て支援などの社会的基盤はこのような変化に十分対応できていない。職場や家庭、地域においては、かつての夫が働き、妻が専業主婦として家庭や地域の役割を担うという形を前提とした男女の固定的な性別役割分業意識が根強く残っている。

特に、職場などにおける固定的な性別役割分業意識は男性の育児休業取得に直接的に影響を与え、男性の育児休業取得意向は8割を超えているにもかかわらず、実際の取得率は国の後押しもあり年々増加傾向ではあるが、17.13％（令和4〔2022〕年度）と低い水準にとどまっている（表1-3-1）。

育児休業取得率の低迷や長時間労働による父親不在の状況は、母子密着につながりがちであるとともに、母親のストレスを高めることにつながり、子どもにとっても母親にとってもマイナスの影響をもたらす可能性が高く、改善が求められている。*10

*10
令和3（2021）年6月に育児・介護休業法が改正され、男性の育児休業取得促進のため、育児休業の制度等の個別の周知や、育児休業取得の意向確認の義務付け等の措置が講じられた。
また、「産後パパ育休（出生時育児休業）」制度が創設された。子の出生後8週間以内に4週間を限度として2回に分けて取得できる休業で、1歳までの育児休業とは別に取得可能になった。

〈表1-3-1〉育児休業取得率の推移

(%)

	平成8年度	平成11年度	平成14年度	平成16年度	平成17年度	平成19年度	平成20年度	平成21年度	平成22年度	平成23年度
女性	49.1	56.4	64.0	70.6	72.3	89.7	90.6	85.6	83.7	[87.8]
男性	0.12	0.42	0.33	0.56	0.50	1.56	1.23	1.72	1.38	[2.63]

	平成24年度	平成25年度	平成26年度	平成27年度	平成28年度	平成29年度	平成30年度	令和元年度	令和2年度	令和3年度	令和4年度
女性	83.6	83.0	86.6	81.5	81.8	83.2	82.2	83.0	81.6	85.1	80.2
男性	1.89	2.03	2.30	2.65	3.16	5.14	6.16	7.48	12.65	13.97	17.13

注：平成23年度の［　］内の割合は、岩手県、宮城県及び福島県を除く全国の結果。

$$育児休業取得率 = \frac{出産者のうち、調査時点までに育児休業を開始した者（開始予定の申出をしている者を含む）の数}{調査前年度1年間（※）の出産者（男性の場合は配偶者が出産した者）の数}$$

（※）平成23年度以降調査においては、調査前々年10月1日から翌年9月30日までの1年間。

（出典）厚生労働省「令和4年度 雇用均等基本調査」を一部改変

❸ 地域社会をめぐる状況の変化と 子育て・子育ち

（1）地域のつながりの希薄化と子育ての変化

❶小規模化した家族に閉じこめられた子育て

　かつて日本の子育ては家ぐるみ・地域ぐるみで担われていた。第1節で共働き世帯が増加していることを確認したが、専業主婦が最も多かったのは1970年代で、その後は減少し続けている。[*11]

　サラリーマンの夫と専業主婦の妻、子どもは2〜3人。いわゆる「普通の家族」（標準世帯）[*12] として描かれがちな家族像であるが、この家族像は普遍的なものではなく、ある時代に出現した歴史的現象であり、経済領域における自助原則と精神領域における愛情原則が相互に依存し合いながら実現される「近代家族」とよばれている。

　日本でこのような家族が一般的になったのは、1950年代なかば、つまり、産業構造が大きく転換した高度経済成長期以降のことである。「女性が家事・育児を第一の仕事にすべきだ」という規範が大衆化したのもこのころのことにすぎない。

　それ以前は、大多数の日本人にとって、女性も子どもも農家や自営業の重要な働き手であり、乳幼児の世話は現役を退いた高齢者などにより担われていた。また、「名付け親」や「乳付け親」など擬制的な親子関係を取り結び子どもの成長を見守る工夫もあった。子どもたちも農作業や年下のきょうだいの子守などを担い、遊ぶときには異年齢集団の中で過ごし、年長の子どもたちが年下の子どもたちの面倒をみるのが一般的であった。生産性の低い村落共同体において、共同体が一体となって暮らしを守る知恵の一つであったと考えられるが、子育てが親子関係に閉じこめられることなくなされていたことの現れである。

　しかし、高度経済成長期になると、地方の跡取り以外の若者は労働力として都会に吸収され、若者たちが生まれ育った地域社会を離れて都会で就職、結婚することにより、伝統的地域社会の崩壊と核家族化が進んだ。地域社会による子育ての仕組みや規範は急速に忘れ去られ、家族は小規模化し、「現在ほど母親が一人で子育てを担っている時代はない」といわれる状況になっていった。現在のような母親中心の子育てのほうこそが、歴史的には特殊な形態といえるのである。

*11
経済企画庁『平成9年国民生活白書』1997年。

*12
夫と専業主婦の妻と子ども2人で構成されている世帯を意味し、税や社会保障の給付・負担などを計算する上でのモデルケースとして扱われてきた。

❷必要不可欠な子育ての手

　そもそも人間本来の子育ての形は「共同養育」であり、「一人の子ど
もを育てるには村中みんなの力が必要」というアフリカのことわざのと
おり、小規模化した家族で母親が一人で担うには過重負担といわざるを
得ない。

　かつて子育ては、世代を超えてあるいは身近なコミュニティの人々の
間で共有されていた「経験の知」であった。しかし、少子化によりきょ
うだい数が減少し身近で営まれる子育てを知らないまま親になる人が増
え、子どものいる世帯の割合が減少し、地域のつながりが形骸化する中
で、経験の知に代わる「情報の知」を手がかりにせざるを得なくなって
いる。

　今日ではインターネットやSNSの普及をはじめとし、子育ての情報は
あふれている。現代の子育てにおいて、そのような情報を有効に活用し
ていくことは重要であろう。しかしながら、現実の子どもを目の前にし
たときに、情報のみならず実際の子育ての手が必要なことは少なくない。

　そのようなときに父親の存在が求められる。父親の育児への関心や関
与はかつてより高まっており、積極的に育児にかかわりたいという父親
が増えてきてはいるが、現実には母親中心の子育てとなり、母親が家
事・育児・仕事に孤軍奮闘という子育て家庭は少なくない。このような
状況の中での母親のストレスや育児不安は当然といえよう。

（2）家庭・社会環境の変化と子育ちの変容

　これまで見てきたとおり、少子化により子どものいる世帯が減少し、
近所に同年代の子どもが少ない、きょうだいも少ないという状況は、子
どもたちがお互いに育ち合う環境が減少したことを意味する。屋外で自
由に安全に遊ぶことのできる場所の減少に伴い、インターネットを利用
した遊びやコミュニケーションが中心になることにより、目の前にいる
相手のことを考える機会も少なくなっている。また、現代の子どもたち
は習いごとなどで忙しく、思い切り自由に遊ぶという経験も減り、子ど
もの主体性が十分に発揮される場が減少しているとの指摘もある。

　地域に目を向けてみれば、かつてのような地域の教育力は失われ、地
域社会のつながりの希薄化は、近隣住民とのあいさつをはじめとする家
族以外の他者とのコミュニケーションの機会を減らした。子どもにとっ
ては、身近な生活の場で親以外の信頼できる大人と出会う機会や社会性
を育む機会が失われているのである。

　また、１人か２人の少ない子どもを育てる現代の子育てでは、親の子どもへのまなざしやはたらきかけが過剰になっている一方で、孤立した子育てや厳しい労働環境などにより、子どもに十分な配慮がなされていない場合もある。

　1990年代後半から、小学校に入学した１年生が新しい環境に馴染めずに集団行動ができない、授業中に立ち歩く、先生の話を聞かない、などという状態が継続するとして、「小１プロブレム」とよばれる問題が教育現場から発せられてきた。このような問題や第１節で確認した学校における暴力行為[*13]や不登校の増加は、これまで見てきたような児童・家庭を取り巻く社会環境の変化とその影響を受けた子どもの変質に学校が追い付いていないといえる部分もあるように思われる。

　また、新型コロナウイルス感染症の感染が拡大した令和２（2020）年度以降の社会環境の変化が、子どもや家庭の生活に与えた影響は極めて大きい。

　こうしたことから、児童・家庭を取り巻く社会環境の変化に伴う子どもや家庭の変質を理解し、子どもの社会化を担保するための方策や家庭支援を検討することは重要な課題である。

*13
本章第１節2＊3参照。

第１部
第3章

第3節 児童・家庭の福祉ニーズの実際

1 児童・家庭の福祉ニーズ

　子どもがその生命と生活を保障され、成長・発達し自立を遂げるにあたっては、子どもの第一の生活基盤である家庭のありよう、そして、家庭を包含する地域のありようは非常に重要な意味をもつ。第1節、第2節で見たように、社会経済環境の変容に伴い家庭及び地域のありようは変化しており、児童・家庭の福祉ニーズは拡大してきている。このような状況のなかで、今日、特に対応が求められる児童・家庭の福祉ニーズについて、以下で概観する。

　第1に、すべての子どもたちが健やかに生まれ育成され、その成長・発達が保障され、自己実現を遂げることのできる環境づくりが求められている。次世代育成支援施策や子ども・子育て支援制度、子育ての経済的負担感への対応としての児童手当法などは、ニーズへの対応として重要である。さらに生活環境の整備や特に都市圏を中心とし、ゆとりをもって子どもを産み育てることができる住宅の供給等も課題である。「子どもは未来への希望」という意識を広く醸成していくことが極めて重要である。

　第2に、子育て家庭における保護者（特に母親）の家事・育児への負担感・拘束感、孤立感・孤独感、子育ての悩みや不安などのニーズへの対応は大きな課題である。育児休業制度の充実や労働時間短縮の推進をはじめ、父親も母親も仕事と子育ての両立がかなう雇用環境の整備が求められる。また、子育て支援ニーズに対応する身近な地域における取り組みを活性化するとともに支えていくことが求められている。

　第3に、共働き世帯の増加に伴う子育て家庭の保育ニーズである。特に都市部における放課後児童クラブ（学童保育）の待機児童の対応は急務である。これまで、保育所等の待機児童問題を解消するために量的な拡大が進められてきたが、急激な少子化による保育需要の縮小と、保育士不足で定員まで子どもを受け入れられないという理由により、拡充が主眼だった保育施設は転換期を迎えているとともに、保育の質の担保についての課題も多い。子どもたちが安全に日々を過ごし健やかに成長・発達を遂げるための人員配置や環境整備、そして保育者の専門性の向上が重要である。

　第4に、母子保健にかかわる福祉ニーズである。妊娠・出産・子育てに関する正しい知識を得ることや、中学生や高校生が乳幼児とふれあう機会をもつことなどは、子どもを健やかに産み育てる環境づくりの一環として極めて重要である。

　第5に、心身に障害のある子どもの福祉ニーズである。今日では発達障害のある子どもの保護者や家庭のニーズへの対応が重要になってきており、ノーマライゼーション、インクルージョンの視点に基づいた、よりていねいな家族支援が必要である。

　第6に、ひとり親家庭（母子家庭・父子家庭）の福祉ニーズである。ひとり親家庭の福祉ニーズを的確に把握し対応することは、非常に重要な課題となっている。ひとり親家庭は、家計の維持も家事も子育ても一人で負うことによる困難が積み重なっている。性別役割分業がいまだ根強い日本社会において、ひとり親による2人分の働きが求められ無理が生じやすい状況があり、経済的、社会的、心理的対応が求められている。

　第7に、要保護児童の福祉ニーズである。保護者との離別や死別、入院等により誰からも養育を受けられない子どもの養護や、児童虐待に代表される保護者に監護させることが不適当であると認められる子どもの養護、非行や心理治療を要する行動上の問題のみられる子どもへの特別な保護や指導・治療などが含まれる。保護を要する子どもの家族への専門的な支援や治療的な対応も大きな課題となっている。

　以下、近年特に児童・家庭のニーズをふまえた対応が求められているひとり親家庭と、要保護児童、とりわけ児童虐待に関して詳述する。

2 ひとり親家庭の実態と福祉ニーズ

　ひとり親家庭とは、父親または母親のいずれかとその子どもから成る家庭をいう。令和4（2022）年の国民生活基礎調査によると「ひとり親と未婚の子のみ」の世帯が「児童のいる世帯」に占める割合は、6.3%で約62万9,000世帯となっている。

　日本のひとり親家庭福祉施策は、戦争によって夫や家族や家を失った多くの死別母子世帯に対して対策を講じたことにより始まった。昭和56（1981）年には、20歳未満の子のいる母子家庭だけでなく、かつて母子家庭の母であった「寡婦」も対象とされ、「母子福祉法」は「母子及び寡婦福祉法」となった。

　父子家庭は、ヘルパー派遣等の子育て・生活支援の一部について支援

の対象とし、稼得能力があり母子世帯と比較して平均収入が高いことなどを理由に施策対象としては限定的に位置付けられてきた。しかし、父子家庭の中にも、就業と子育ての両立困難や経済的に厳しい状況に置かれ支援を必要としている家庭があることが認識されるようになり、児童扶養手当の支給等の対象が父子家庭の父にも拡大されていった。そして平成26（2014）年には「母子及び父子並びに寡婦福祉法」となった。

今日、ひとり親世帯になった理由は、ひとり親家庭福祉施策が始まったころとは異なり、母子世帯は生別が93.5％、死別が5.3％、父子世帯では生別が77.2％、死別が21.3％であり、生別がほとんどを占めている[*14]。

就業状況は、就業している母子世帯の母は86.3％、そのうち正規の職員・従業員48.8％、パート・アルバイト・派遣社員38.8％と正規の職員・従業員が半数近くまで増加している。父子世帯について見てみると、就業している父子世帯の父は88.1％、そのうち正規の職員・従業員69.9％、パート・アルバイト・派遣社員4.9％、自営業14.8％となっている。

母子世帯の平均年間収入272万円のうちの就労収入は236万円、父子世帯の平均年間収入518万円のうちの就労収入は496万円であり、母子世帯の就労収入の低さが際立つ（令和2〔2020〕年）。特に母子世帯の場合、経済的自立を支援する施策に重きが置かれるが、先に見たとおり母子世帯の8割以上の母は働いている。働いているのに貧困、いわゆるワーキングプアとよばれる状況であり、これは一般に女性の賃金が男性よりも低いことや正規雇用者と非正規雇用者の賃金格差の問題が背景にある。その結果として、ひとり親世帯の貧困率の高さは長きにわたり深刻な状況にあり、早急な対応が求められている（**図1-3-13**）。

さらに、ひとり親世帯の悩みの内容では、母子・父子世帯ともに「教育・進学」が最も多く、次いで「しつけ」となっている。「教育・進学」の悩みの割合は、「10〜14歳」をピークに子どもの年齢が高まるにつれ増加している。逆に「しつけ」は子どもの年齢が低いほど多い。また、父子世帯に特徴的な内容として子どもの乳幼児期に「食事・栄養」が多くなっている。

また、特に母子家庭においては、ひとり親家庭になった背景としてDVの存在がうかがえる。「司法統計年報」には、全国の家庭裁判所が扱った離婚調停など家事事件のデータがまとめられている。日本では協議離婚が圧倒的に多いため、データは全体の一部であるかもしれないが、妻の離婚理由として、「精神的に虐待する」「暴力を振るう」「生活費を渡さない」などのDVにつながる理由が多くあげられている。

*14
厚生労働省「令和3年度全国ひとり親世帯等調査結果報告」。

〈図１－３－13〉貧困率の年次推移

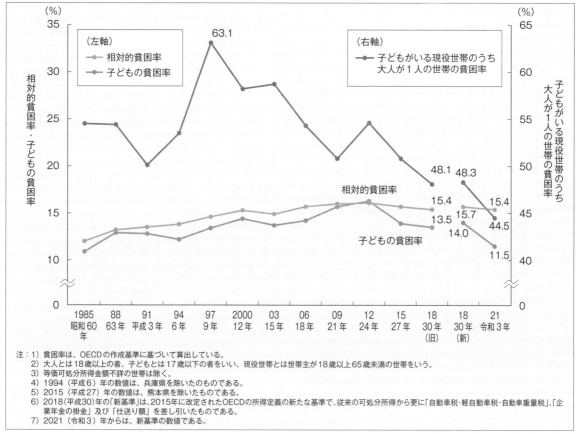

注：1) 貧困率は、OECDの作成基準に基づいて算出している。
　　2) 大人とは18歳以上の者、子どもとは17歳以下の者をいい、現役世帯とは世帯主が18歳以上65歳未満の世帯をいう。
　　3) 等価可処分所得金額不詳の世帯は除く。
　　4) 1994（平成6）年の数値は、兵庫県を除いたものである。
　　5) 2015（平成27）年の数値は、熊本県を除いたものである。
　　6) 2018（平成30）年の「新基準」は、2015年に改定されたOECDの所得定義の新たな基準で、従来の可処分所得から更に「自動車税・軽自動車税・自動車重量税」、「企業年金の掛金」及び「仕送り額」を差し引いたものである。
　　7) 2021（令和3）年からは、新基準の数値である。

（出典）厚生労働省「2022年 国民生活基礎調査の概況」14頁

　このように、ひとり親家庭には、就労と育児の両方の負担が重くのしかかり、経済的対応のみならず子育てのきめ細かい対応や心理面でのサポート等、生活面全般にわたる対応が求められる。

3 児童虐待の実態と福祉ニーズ

　児童虐待[*15]に関する統計が初めて取られたのは平成2（1990）年であるが、年々児童虐待相談対応件数は増加し、平成12（2000）年に児童虐待の防止等に関する法律（児童虐待防止法）が公布され、わが国では2回目の児童虐待防止法の制定となった。[*16]

　平成2（1990）年の児童相談所における児童虐待相談対応件数は1,101件であったが、令和4（2022）年度の児童相談所による児童虐待相談対応件数は約21万9千件で過去最多を更新している（図１－３－14）。

　さらに、児童虐待の相談種別対応件数では、身体的虐待、ネグレク

*15
本書第2部第6章第2節参照。

*16
昭和8（1933）年、日本で初めて児童虐待防止法が制定された。経済恐慌や凶作のなか、児童が家計を助けるための「道具」のように扱われたことなどを背景として制定されたが、昭和22（1947）年に児童福祉法が制定されたことで廃止された。法律の対象は14歳未満の者であった。

〈図1－3－14〉児童相談所での児童虐待相談対応件数の年次推移

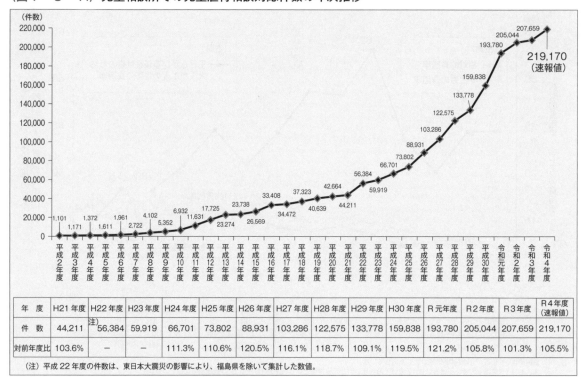

年　　度	H21年度	H22年度	H23年度	H24年度	H25年度	H26年度	H27年度	H28年度	H29年度	H30年度	R元年度	R2年度	R3年度	R4年度（速報値）
件　　数	44,211	56,384(注)	59,919	66,701	73,802	88,931	103,286	122,575	133,778	159,838	193,780	205,044	207,659	219,170
対前年度比	103.6%	－	－	111.3%	110.6%	120.5%	116.1%	118.7%	109.1%	119.5%	121.2%	105.8%	101.3%	105.5%

（注）平成22年度の件数は、東日本大震災の影響により、福島県を除いて集計した数値。

（出典）こども家庭庁「令和4年度 児童相談所での児童虐待相談対応件数」

ト、性的虐待、心理的虐待のうち、心理的虐待が最も多い（**図1－3－15**）。児童虐待の主な虐待者は、日常的に養育の中心となっている実母が最も多いが、近年、実父の割合が漸増傾向にある（**図1－3－16**）。

　児童虐待相談対応件数の急増の理由としては、4つのことが考えられる。一つは、市民の意識の変化である。子どもの権利条約の批准や児童虐待防止法の制定、さらには悲惨な児童虐待の事件報道がなされるなかで、市民意識が変化し虐待相談件数の増加をもたらしたと考えられる。

　次に、通告対象の拡大がある。平成16（2004）年の児童虐待防止法の改正において、「児童虐待を受けた児童」から「児童虐待を受けたと思われる児童」に拡大されたことによる。さらに、同改正時に面前DV（児童の目前で配偶者に対する暴力が行われること）の積極的位置付けがなされたことによる。DVを目撃することは子どもにとって心理的虐待にあたると明示された。また令和4（2022）年には少年警察活動規則の改正により、警察から児童相談所への通告義務が課せられた。

　もう一つは、虐待の発生件数が実質的に増加していると推測されるということである。その要因としては、前節で見てきた家庭の養育力の低下をあげることができる。西澤　哲は家庭の養育力の低下を示唆する社会統

〈図1-3-15〉児童相談所における児童虐待の相談種別対応件数の年次推移

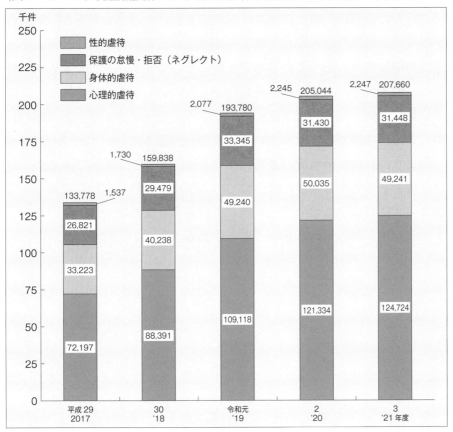

（出典）厚生労働省「令和3年度 福祉行政報告例の概況」を一部改変

〈図1-3-16〉児童相談所での児童虐待相談における主な虐待者別構成割合の年次推移

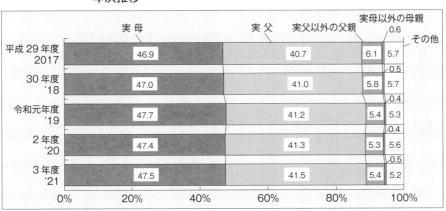

（出典）厚生労働省「令和3年度 福祉行政報告例の概況」を一部改変

計指標として、「妊娠先行結婚の増加とその離婚率の高さ」「10代の母親の出産数の微増傾向」「全般的な離婚率の上昇」「若い母親と幼児からなる若年母子家庭の増加」「母子家庭の貧困率の高さ」の5つの項目をあげてい

¹⁾
る。

　これらの項目は、第2節で見た家族の変容の一端といえるが、家族の小規模化や地域社会の変容と相まって家族の養育機能が著しく低下し、虐待の増加につながっていると考えることもできる。また、家族が多様化し、個人のライフコースも多様になるなかで、日本では依然として標準世帯を前提とした家族単位の制度が多く、セーフティネットの網の目からこぼれ支援が届かないといった事態も想定される。[17]

　つまり、社会経済環境の変容に伴い多様化してきた家族であるが、特に支援を必要とする家族の置かれている状況を理解し実情を把握し、支援ニーズに対応するソーシャルワークの充実と保護者や児童とのパートナーシップが求められるということである。

*17
*12と同じ。

📖BOOK 学びの参考図書

●落合恵美子『21世紀家族へ－家族の戦後体制の見かた・超えかた　第4版』有斐閣、2019年。

　本書では、変わらないと思われがちな家族のあり方も歴史的に変容するということが、家族史・歴史人口学を用いて証明されている。家族の変化を見据え、欧米や東アジア諸国との国際比較もふまえ、現在の日本にどのような社会制度が必要なのかが示されている。

●寮　美千子『あふれでたのはやさしさだった－奈良少年刑務所 絵本と詩の教室』西日本出版社、2018年。

　本書は、すべての子どもたちにどのような環境が必要なのか、どのようなかかわりが必要なのかを深く考えさせられる。家庭を密室にせず孤立させない、適切なサポートの重要性が実感できる一冊である。

引用文献

1）西澤　哲「急増する児童虐待―その社会的な背景を探る」nippon.com（2017年1月10日）https://www.nippon.com/ja/currents/d00260/

参考文献

● 大日向雅美『子育てと出会うとき』NHK出版、1999年

第**4**章

児童家庭福祉制度における 関係機関と専門職の役割

学習のねらい

　児童家庭福祉制度の推進においては、国、都道府県、市町村の行政機関が、それぞれ法律等に定められた役割や責任を果たしつつ、個々の事業を展開していくことが必要である。また、個々の事業展開においては、児童相談所、家庭裁判所、児童福祉施設などの公的機関及び各関係機関に配置されている専門職、さらには児童委員・主任児童委員、NPOなど、住民の主体的活動及び民間活動団体の果たす役割も大きい。とりわけ、地域福祉の推進という視点からは、住民の主体的活動を含めた実施体制（サービス提供に限らず、ソーシャルアクションや公的制度と市民生活のつなぎ役など）の構築が求められる。

　本章では、行政、主たる公的機関及び専門職、主たる民間活動の果たす役割と、それぞれが協働関係を結びながら、子どもとその保護者の権利擁護、福祉の維持、向上などを図ることの重要性について明らかにする。

第1節 国、都道府県、市町村の役割

1 国及び地方公共団体の責務

　児童福祉法第2条第2項は、「児童の保護者は、児童を心身ともに健やかに育成することについて第一義的責任を負う」とし、第2条第3項では「国及び地方公共団体は、児童の保護者とともに、児童を心身ともに健やかに育成する責任を負う」としている。

　さらに、第3条の2では「国及び地方公共団体は、児童が家庭において心身ともに健やかに養育されるよう、児童の保護者を支援しなければならない」としており、これにより国及び地方公共団体は、まずは保護者が子どもの育成の第一義的責任が負えるように支援すること、そして保護者と同様に児童一人ひとりを健全に育成する責務があるとしている。

　また、第3条の2には「ただし、児童及びその保護者の心身の状況、これらの者の置かれている環境その他の状況を勘案し、児童を家庭において養育することが困難であり又は適当でない場合にあっては児童が家庭における養育環境と同様の養育環境において継続的に養育されるよう、児童を家庭及び当該養育環境において養育することが適当でない場合にあっては児童ができる限り良好な家庭的環境において養育されるよう、必要な措置を講じなければならない」としている。

　図1-4-1は、これら児童福祉法第3条の2で規定された内容をまとめたもので、養育環境の決定に関する考え方を表したものである。

　さらに、児童福祉法第3条の3第3項において、「国は、市町村及び都道府県の行うこの法律に基づく児童の福祉に関する業務が適正かつ円滑に行われるよう、児童が適切に養育される体制の確保に関する施策、市町村及び都道府県に対する助言及び情報の提供その他の必要な各般の措置を講じなければならない」とし、国の都道府県及び市町村に対する責務を示している。

2 国（こども家庭庁）の役割

　近年の児童福祉法の改正により、国、都道府県、市町村の責任や役割が明確化され、国の役割として、児童が適切に養育されるための体制の確保に関する施策、市町村及び都道府県に対する助言、情報提供等の各

〈図1-4-1〉社会的養護における養育環境の決定に関する考え方

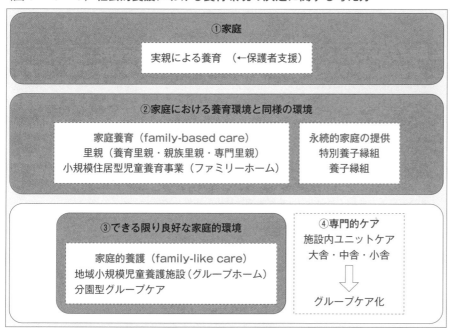

（出典）大竹　智・山田利子 編『保育と社会的養護Ⅰ』みらい、2020年、22頁

般の措置を講じている。

　令和4（2022）年に「こども家庭庁設置法」が成立した。子どもが自立した個人としてひとしく健やかに成長することのできる社会の実現に向け、子育てにおける家庭の役割の重要性をふまえつつ、子どもの年齢及び発達の程度に応じている。その意見を尊重し、その最善の利益を優先して考慮することを基本とし、子ども及び子どものある家庭の福祉の増進及び保健の向上その他の子どもの健やかな成長及び子どものある家庭における子育てに対する支援並びに子どもの権利利益の擁護に関する事務等を行う新たな司令塔として、内閣府の外局に「**こども家庭庁**」が創設された。そして、こども家庭庁が自ら実施する事務として、主に以下のものがあげられている。

①小学校就学前の子どもの健やかな成長のための環境の確保及び小学校就学前の子どものある家庭における子育て支援に関する基本的な政策の企画及び立案並びに推進

②子ども・子育て支援給付その他の子ども及び子どもを養育している者に必要な支援

③子どもの保育及び養護

④子どものある家庭における子育て支援体制の整備

⑤地域における子どもの適切な遊び及び生活の場の確保

〈表1−4−1〉児童家庭福祉行政事務分担表

項　目	国	都道府県（指定都市）	市町村
○児童相談業務、子ども・子育て支援事業	●児童が適切に養育される体制の確保に関する施策 ●市町村・都道府県に対する助言及び情報提供	●児童相談所の設置運営（指定都市：義務設置、中核市及び特別区等政令で定める市区に設置可） ●市町村の児童福祉業務への助言及び援助 ●要保護児童対策地域協議会の設置運営（努力義務）	●児童福祉に関する実情の把握・情報の提供、相談業務、調査、指導及び必要な支援 ●子ども・子育て支援事業の実施 ●子ども家庭総合支援拠点の整備（努力義務） ●要保護児童対策地域協議会の設置運営（努力義務）
○児童福祉施設の設置・運営等	●都道府県が条例で基準を定めるにあたって従う、児童福祉施設の設備・運営に関する基準の策定 ●児童福祉施設の運営等についての一般的指導監督	●児童福祉施設の設備・運営に関する条例の制定 ●児童福祉施設の認可指導監督 ●児童福祉施設の設備及び運営の基準に関する条例の制定 ●乳児院、児童養護施設、児童心理治療施設または児童自立支援施設等への入所の措置	●保育の実施 ●児童福祉施設の設備及び運営の基準に関する条例の制定（政令市） ●助産施設、母子生活支援施設、保育所の設備及び運営の基準に関する条例の制定（中核市）
	●里親の行う養育に関する基準の設定 ●国立児童自立支援施設等の設置運営	●里親への委託及び支援 ●助産の実施及び母子保護の実施 ●児童福祉施設の設置運営（児童自立支援施設以外は任意）	●助産の実施及び母子保護の実施（市及び福祉事務所をもつ町村のみ） ●児童福祉施設の設置運営（任意）
○福祉事務所業務	●福祉事務所の児童福祉業務についての一般的指導助言	●福祉事務所の設置運営	●福祉事務所の設置運営（市は必置・町村は任意）
○保健業務	●保健所の母子保健業務についての一般的指導助言	●保健所の設置運営	●保健所の設置運営（中核市と地域保健施行令で定められた市と東京都の特別区のみ） ●市町村保健センターの設置運営
○障害児の療育等	●障害児の療育関係業務についての一般的指導助言 ●指定自立支援医療機関の指定	●療育の指導等 ●指定自立支援医療機関の指定 ●障害児入所給付費の支給	●療育の指導等（保健所設置市及び特別区のみ） ●障害児通所給付費の支給 ●障害福祉サービスの提供 ●介護給付費等の支給 ●日常生活用具給付等事業の実施
	●指定療育機関の指定（国立医療機関のみ）	●療育の給付 ●指定療育機関の指定 ●指定障害福祉サービス事業者の指定	●自立支援医療（育成医療）費の支給

項　　目	国	都道府県（指定都市）	市町村
○妊産婦・乳幼児の保健業務	●妊産婦・乳幼児の保健業務についての一般的指導助言	●市町村相互間の連絡調整、技術的援助	●妊産婦・乳幼児の保健指導 ●乳児家庭全戸訪問事業の実施（努力義務） ●養育支援訪問事業の実施（努力義務） ●3歳児の健康診査 ●1歳6か月児の健康診査 ●母子健康手帳の交付 ●母子健康包括支援センターの設置運営（努力義務）
○未熟児の養育医療	●未熟児の養育医療に関する一般的指導助言 ●指定養育医療機関の指定（国立医療機関のみ）	●指定養育医療機関の指定	●養育医療の給付
○母子・父子・寡婦福祉業務	●母子・父子・寡婦福祉業務についての一般的指導助言	●母子福祉資金・父子福祉資金・寡婦福祉資金の貸付決定 ●母子・父子自立支援員の設置 ●母子・父子福祉施設の設置運営（任意）	●母子福祉資金・父子福祉資金・寡婦福祉資金の貸付申請書の進達 ●母子・父子福祉施設の設置運営（任意）
○児童委員	●児童委員の委嘱	●児童委員の指揮監督 ●児童委員の研修計画の作成・実施	
○主任児童委員	●主任児童委員の指名	●主任児童委員の指揮監督	
○保育士		●保育士試験の実施 ●指定試験機関の指定 ●保育士の登録 ●保育士養成学校・施設の指定 ●保育士養成学校・施設の指導監督	
○児童扶養手当・特別児童扶養手当・障害児福祉手当・特別障害者手当の支給	●手当の支給についての指導助言	●手当の支給についての市町村への指導助言	●障害児福祉手当及び特別障害者手当の支給決定（市及び福祉事務所のある町村のみ） ●児童扶養手当の支給の申請の受理・支給決定
○児童手当の支給	●児童手当の認定、支給についての一般的指導助言	●児童手当の認定、支給事務についての市町村への指導助言	●児童手当の認定支給

（出典）『社会福祉学習双書』編集委員会 編『社会福祉学習双書2020 第5巻 児童家庭福祉論』全国社会福祉協議会、2020年、176〜177頁をもとに一部改変

第1部

4

第4章

〈図1-4-2〉児童家庭福祉の実施体制の概要

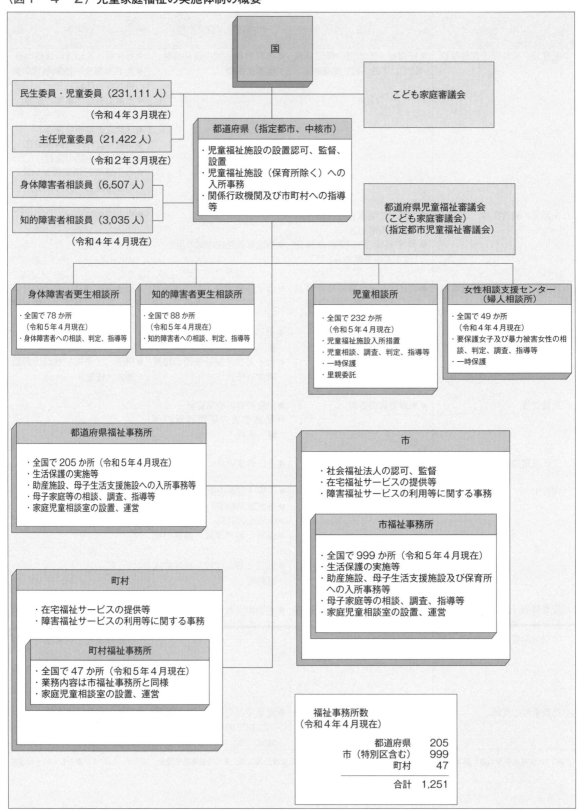

（出典）厚生労働省『令和5年版 厚生労働白書』2023年、資料編194頁をもとに一部改変

⑥子ども、子どものある家庭及び妊産婦その他母性の福祉の増進

⑦子どもの安全で安心な生活環境の整備に関する基本的な政策の企画
　及び立案並びに推進

⑧子どもの保健の向上

⑨子どもの虐待の防止

⑩いじめの防止等に関する相談の体制など地域における体制の整備

⑪子どもの権利利益の擁護（他省の所掌に属するものを除く）

⑫子ども大綱の策定及び推進

　このこども家庭庁の設置に伴い、「子ども・子育て本部」及び「子ども・子育て会議」は廃止され、子ども政策に関する重要事項等を調査審議する審議会（「こども家庭審議会」）が新たに設置された。また、こども家庭庁は児童家庭に関する福祉行政全般についての企画調整、監査指導、事業に要する費用の予算措置等、中枢的機能を担う機構として厚生労働省から移管された。同時に内閣府に置かれていた関係審議会やその機能も移管された。

　表1-4-1は、国（こども家庭庁）の具体的な業務及び都道府県、市町村との役割分担を、**図1-4-2**は、国及び都道府県、市町村の社会福祉の実施体制の概要を示したものである。

　子ども家庭福祉に関する審議は、従来社会保障審議会は、児童部会で行われていたが、こども家庭庁の発足に伴い、こども家庭審議会に移管された。こども家庭審議会では3つの分科会（①子ども・子育て支援等分科会、②児童福祉文化分科会、③成育医療等分科会）と8つの部会（①基本政策部会、②幼児期までのこどもの育ち部会、③こどもの居場所部会、④科学技術部会、⑤社会的養育・家庭支援部会、⑥児童虐待防止対策部会、⑦障害児支援部会、⑧こどもの貧困対策・ひとり親家庭支援部会）が置かれ、内閣総理大臣、関係各大臣または長官の諮問に応じること、意見を述べること、調査審議を行うことなどの事務をつかさどることになっている。

3 児童家庭福祉の財源

　児童家庭福祉に関する施策に必要な費用は、公費（これに準じる公的資金を含む）と民間の資金に分けることができる。公的資金の主たる対象の事業は、法令に基づき公の職務とされている分野の児童家庭福祉事業、及び国や地方公共団体が児童家庭福祉増進のために独自に行う事業

である。また、国の事業では施策の性格や内容に応じて、国、地方公共団体の財政負担区分が定められている。国庫が支出する費用は地方交付税交付金等の一般補助金と国庫支出金（特定補助金）に分かれている。特に国庫支出金については、各補助事業の目的達成のために効果的に使用する必要があるため、法令によってその取り扱いが規定されている。

参考までに、NPO法人などの民間の非営利組織の財源は、会員の会費、寄付、事業収益、補助金・助成金、委託事業による収入によって運営されている。

4 都道府県の役割

（1）役割の概要

都道府県の役割は、市町村を包括する広域の地方公共団体として、広域にわたるもの、統一的に処理を必要とするもの、市町村に関する連絡調整に関するものなどを処理することとされている。児童家庭福祉関係では、都道府県内の児童福祉事業の企画に関すること、予算措置に関することのほか、市町村への必要な援助、**児童福祉施設の設備及び運営に関する基準**を条例で定めること、児童福祉施設の認可ならびに指導監督、児童相談所、福祉事務所、保健所の設置運営などを行っている。

（2）児童福祉法に規定されている役割

児童福祉法第11条における、都道府県の役割のポイントは次のとおりである。

①市町村における業務（本節５参照）の実施に関し、市町村相互間の連絡調整、市町村に対する情報の提供、市町村職員の研修その他必要な援助を行うこと、及びこれらに付随する業務を行うこと
②児童及び妊産婦の福祉に関して各市町村の区域を超えた広域的な見地から、実情の把握に努めること
③児童に関する家庭その他からの相談のうち、専門的な知識及び技術を必要とするものに応じること
④児童及びその家庭につき、必要な調査ならびに医学的、心理学的、教育学的、社会学的及び精神保健上の判定を行うこと
⑤児童及びその保護者につき④の調査または判定に基づいて心理または児童の健康及び心身の発達に関する専門的な知識及び技術を必要とする指導そ

　　の他必要な指導を行うこと
⑩児童の一時保護を行うこと
⑪児童の権利の保護の観点から、一時保護の解除後の家庭等の環境の調整、当該児童の状況把握その他の措置により安全を確保すること
⑫里親に関する普及啓発を行い、その相談に応じ、必要な情報の提供、助言、研修その他の援助を行うこと
⑬養子縁組により養子となる（となった）児童と、児童の父母、養親となる（となった）者、特別養子縁組により親族関係が終了した者などについて、相談に応じ、必要な情報の提供、助言その他の援助を行うこと
⑭市町村における業務の適切な実施を確保するため必要があると認める場合は、市町村に対し必要な助言を行うことができること
⑮児童及び妊産婦の福祉に関し、広域的な対応が必要な業務並びに家庭その他につき専門的な知識及び技術を必要とする支援を行うこと
※なお、これらの業務の全部または一部をその管理に属する行政庁または内閣府令で定める者に委任できることとされている。

　また、指定都市においては都道府県とほぼ同様の権限をもち、中核市においては児童福祉施設（保育所など）の設置認可等、一部の児童福祉行政において都道府県と同様の事務を行っている。
　平成27（2015）年4月に新しい子ども・子育て支援制度が施行され、幼児期の学校教育・保育・子育て支援における各種給付・事業はすべて基礎自治体である市町村において実施されることになった。一方、都道府県は、広域自治体として市町村の業務に関する広域調整や都道府県子ども・子育て支援事業支援計画に基づく支援など、市町村が制度を円滑に運営できるよう必要な支援を行うこととされている。

（3）福祉事務所及び保健所

　社会福祉法に規定されている福祉事務所は、都道府県、市、特別区に設置が義務付けられている。一方、町村については任意設置となっており、設置していない町村については都道府県の福祉事務所が管轄している。都道府県の福祉事務所の組織や業務は、基本的には市の福祉事務所と同様である。
　地域保健法に規定されている保健所は、都道府県、指定都市、中核市、そのほか政令で定める市及び特別区に設置が義務付けられている。保健所は地域における公衆衛生の中核的な機関である。

（4）審議機関

国と同様、都道府県・指定都市には児童福祉審議会（こども家庭審議会）等の審議機関の設置が義務付けられている。ただし、社会福祉法に基づく地方社会福祉審議会を設置して、児童福祉に関する事項を調査審議させる都道府県・指定都市にあってはこの限りではない。

組織、職務については、国の審議機関であるこども家庭審議会とおおむね同様である。

なお、都道府県児童福祉審議会は、特に必要があると認めるときは、児童、妊産婦、知的障害者、これらの家族や関係者に対し、調査審議するために必要な報告・資料の提出を求め、またはその出席を求め、その意見を聴くことができる。

5 市町村の役割

（1）役割の概要

市町村は住民の最も身近な自治体であり、地域の実情に応じて、細やかな福祉サービスの実施が可能である。また近年は基礎自治体としてその役割は重要かつ大きいものになっている。特に児童家庭福祉においては、地域や家庭における子育て機能が弱体化する中で、地域に密着した、多様できめ細かな子育て支援サービス提供体制の整備が重要な課題となっている。このため、さまざまな子育て支援サービス等が、市町村事務として法定化されている。

さらに、平成16（2004）年の児童福祉法の改正では、従前の児童相談における児童相談所一極集中の体制が改められ、市町村が相談の第一義的窓口として位置付けられるとともに、虐待の通告先として位置付けられた。そして、児童相談所の業務はより高度な専門的対応や法的対応が必要なケースに重点化されることとなった。

平成22（2010）年には、障害者自立支援法（現 障害者総合支援法）の改正に伴い児童福祉法が改正され、障害種別等で分かれていた障害児施設については、通所施設と入所施設に一元化された。通所による支援を行う施設は「児童発達支援センター（医療型、福祉型）」に、入所による支援を行う施設は「障害児入所施設（医療型、福祉型）」になり、通所サービスについては、市町村が実施主体とされた。また、総合的な相談支援を行うとともに、障害児が受けるサービスの利用計画を作成する「障害児相談支援事業」が創設された。

　また、平成27（2015）年4月に施行された子ども・子育て支援制度は、認定こども園、幼稚園、保育所を通じた共通の給付である「施設型給付」に加え、小規模保育や家庭的保育などの「地域型保育給付」、地域子ども・子育て支援事業について、すべて基礎自治体である市町村を実施主体として位置付けている。なお、地域子ども・子育て支援事業は、乳児家庭全戸訪問事業や養育支援訪問事業（「子どもを守る地域ネットワーク機能強化事業」を含む）、地域子育て支援拠点事業、放課後児童健全育成事業、子育て短期支援事業、病児保育事業など、13の事業から成り立っている[*1]が、地域の実情に合わせて柔軟に実施できるよう、地域子ども・子育て支援事業関連予算として一括して市町村に給付されることになっている。

　また、これら給付（施設型給付及び地域型保育給付）及び地域子ども・子育て支援事業が地域のニーズを十分にふまえながら計画的に実施できるよう、「市町村子ども・子育て支援事業計画」の策定が市町村に義務付けられている。

　なお、児童福祉法第10条では市町村の具体的な業務として次の事項を規定している。

*1
令和6（2024）年4月より子育て世帯訪問支援事業、児童育成支援拠点事業、親子関係形成支援事業の3つが加わる。本書第2部第2章第1節参照。

第1部

第4章

①児童及び妊産婦の福祉に関し、必要な情報の把握に努めること
②児童及び妊産婦の福祉に関し、必要な情報の提供を行うこと
③児童及び妊産婦の福祉に関し、家庭その他から相談に応じ、必要な調査及び指導を行うことならびにこれらに付随する業務を行うこと
④児童及び妊産婦の福祉に関し、心身の状況に照らし包括的な支援を必要とすると認められる要支援児童等に対して、支援の種類及び内容その他の内閣府令で定める事項を記載した計画の作成その他の包括的かつ計画的な支援を行うこと
⑤①～④に掲げるもののほか、児童及び妊産婦の福祉に関し、家庭その他につき、必要な支援を行うこと
⑥③の業務のうち、専門的な知識及び技術を必要とするものについて、児童相談所への技術的援助及び助言の依頼
⑦③の業務を行うにあたって、医学的、心理学的、教育学的、社会学的、精神保健上の判定が必要な場合における児童相談所への判定の依頼
⑧児童及び妊産婦の福祉に関する包括的な支援を行うことを目的とするこども家庭センターの設置に努めなければならないこと
⑨地理的条件、人口、交通事情その他の社会的条件、子育てに関する施設の整備の状況等を総合的に勘案して定める区域ごとに、その住民からの子育

> てに関する相談に応じ、必要な助言を行うことができる地域子育て相談機
> 関の整備に努めなければならないこと

　さらに、平成28（2016）年の児童福祉法改正により、市町村は、児童及び妊産婦の福祉に関し、実情の把握、情報の提供、相談、調査、指導、関係機関との連絡調整等の支援を行うための拠点の整備に努めることとされた。また、同時に母子保健法が改正され、「母子健康包括支援センター」（子育て世代包括支援センター）が法定化され、市町村においては同センターを設置するよう努めなければならないとされた。同センターは、地域のつながりの希薄化等により、妊産婦や母親の孤立感や負担感が高まっているなか、妊娠期から子育て期にわたるまでの切れ目のない支援を行うものである。昨今では、このような支援に先駆的に取り組んでいる国（フィンランド）の実践を参考に、地域によっては「○○版ネウボラ」[*2]と称し、実施しているところがみられるようになった。また、令和4（2022）年の児童福祉法の改正（令和6〔2024〕年度施行）では、市区町村において、子育て家庭総合支援拠点と子育て世代包括支援センターの設立の意義や機能は維持した上で組織を見直し（連携からより一歩前に進めるため）、すべての妊産婦、子育て世帯、子どもへ一体的に相談支援を行う機能を有する機関として「こども家庭センター」の設置に努めることとした。この相談機関で、できる限り妊産婦、子どもや保護者の意見や希望を確認または汲み取りつつ、関係機関のコーディネートを行い、地域のリソースや必要なサービスと有機的につないでいくソーシャルワークの中心的な役割を担うなど、妊娠届から妊産婦支援、子育てや子どもに関する相談を受けて支援をつなぐためのマネジメントや支援計画（サポートプラン）の作成等を担うこととされた。

　さらに、地域子ども・子育て支援事業において、子育て世帯訪問支援事業[*3]、児童育成支援拠点事業[*4]、親子関係形成支援事業[*5]が新たに位置付けられた。また、これまでの子育て短期支援事業では保護者が子どもと共に入所・利用可能とすることや一時預かり事業では子育て負担を軽減する目的（レスパイト利用など）での利用が可能であることを明確化するなど、市区町村における子育て家庭への支援の種類・量・質の充実が図られた。

*2
ネウボラとは、フィンランドの母子支援制度のことで、「助言の場」という意味がある。各家庭に専属の保健師が付いて、妊娠期から就学前までの健康診断・相談支援を行う子育て支援拠点のこと。

*3
本書第2部第2章第1節5参照。

*4
*3と同じ。

*5
*3と同じ。

（2）福祉事務所（家庭児童相談室を含む）

❶福祉事務所（家庭児童相談室）の概要

　市町村のうち、市（特別区を含む）については福祉事務所の設置が義務付けられており、児童相談や子育て支援サービスなど、児童福祉法に規定されている市町村の業務を主として実施している。市町村によっては組織上、福祉部などが福祉事務所として位置付けられている。なお、町村においては福祉事務所が任意設置であることから、現状では福祉事務所を設置している町村はほとんどなく、福祉事務所としての機能は都道府県の福祉事務所が担っている。

　福祉事務所の職員は、所長（市町村によっては部長が兼務）及び一般事務を担う職員のほか、現業事務を行う職員として査察指導員（現業員の指導監督を行う職員）、現業員（社会福祉主事）、身体障害者福祉司、知的障害者福祉司、老人福祉指導主事が置かれている。

　また、福祉事務所における児童家庭福祉に関する相談機能を充実させるため、「**家庭児童相談室**」を設置することができるとされており、多くの福祉事務所に設置されている。家庭児童相談室は、福祉事務所が行う児童家庭福祉に関する業務のうち、専門的技術を必要とする業務を行う。家庭児童相談室には、社会福祉主事及び家庭相談員が配置されている。なお、家庭児童相談室は法定の機関ではなく、昭和39（1964）年の厚生事務次官通知により創設されたものである。

❷児童家庭福祉に関する業務

　①児童及び妊産婦の福祉に関する事項について必要な実情の把握、②住民に身近な窓口機関として児童や妊産婦等に関する各種の相談対応、及び児童虐待に関する住民や関係機関からの通告を受け、必要な調査や指導、③助産施設、母子生活支援施設の利用・入所を希望する者から申し込みを受けた場合の助産もしくは母子保護の実施、④被虐待児に関する通告の受理及び必要な対応、⑤母子・父子・寡婦福祉資金の貸付申請受理や、子ども会・母親クラブなどの地域組織活動の支援、などの業務を行っている。

　また、市町村における児童家庭相談の流れについては、厚生労働省が作成した市町村子ども家庭支援指針に示されている。指針では、①相談・通告の受理、②受理会議（緊急受理会議）、③調査、④ケース検討会議（支援方針会議）、支援方針の決定、支援計画の作成、支援の実行、⑤継続支援ケースの進行管理及び支援の終結、との流れになっている。

（3）市町村保健センター

　平成9（1997）年4月、母子保健法の改正により、都道府県等が設置する保健所において実施していた母子保健サービスは、市町村の保健センターが一元的に担うことになった。

　児童家庭福祉に関する市町村保健センターの業務は次のようなものである。

①児童及び妊産婦の保健に関する正しい衛生知識の普及、児童福祉施設への栄養改善や衛生上の問題についての必要な助言指導

②妊娠届出の受理及び母子健康手帳の交付

③児童及び妊産婦の健康相談、健康診査、必要に応じて母子の保健指導

④保健師による新生児への訪問指導や必要に応じて低出生体重児（2,500グラム未満）への医師や保健師等の訪問指導

⑤身体に障害のある児童、疾病により長期にわたり療養を必要とする児童への診査、相談、必要な療育指導

⑥必要に応じ子育て世代包括支援センターまたは、こども家庭センターの設置及び運営など

（4）こども家庭センター（子育て世代包括支援センターと子ども家庭総合支援拠点の見直し）

　平成28（2016）年の母子保健法の改正により、妊娠期から子育て期にわたる切れめない支援を行う「子育て世代包括支援センター」（法律上は母子健康包括支援センター）が規定され、市町村の設置が努力義務となった。

　また、平成28（2016）年の児童福祉法改正により、市区町村はソーシャルワークの機能を担い、すべての子どもとその家庭及び妊産婦等を対象に、福祉に関する支援業務などを行う「子ども家庭総合支援拠点」の整備に努めなければならないことが規定された。

　なお、令和4（2022）年の児童福祉法改正により、市区町村において両機関の設立の意義や機能は維持した上ですべての妊産婦、子育て世帯、子どもについて一体的に相談を行う機能を有する機関（**こども家庭センター**）の設置に努めることとされた（令和6〔2024〕年度施行）。

　市区町村子ども家庭総合支援拠点は、管内に所在するすべての子どもとその家庭及び妊産婦等を対象とし、その福祉に関し、必要な支援にかかる業務を行い、特に要支援児童及び要保護児童等への支援業務の強化を図るものである。このため、子育て世代包括支援センターにおいて把

握した要支援児童及び要保護児童等に対して、切れめない支援を提供し、かつ子育て支援施策と母子保健施策との連携、調整を同一の主担当機関が図り、より効果的な支援につなげる。そのために、子ども家庭総合支援拠点と子育て世代包括支援センターの2つの機能を担い、一体的に支援を実施することが求められる。ただし、大規模市部等では、それぞれ別の主担当機関が機能を担い、適切に情報を共有しながら、子どもの発達段階や家庭の状況等に応じて支援を継続して実施することも可能であるとしている。

これらの関係を示したのが**図1−4−3**である。

こども家庭センターは、できる限り妊産婦、子どもや保護者の意見や希望を確認またはくみ取りつつ、関係機関のコーディネートを行い、地域のリソースや必要なサービスと有機的につないでいくソーシャルワークの中心的な役割を担うこととなっている。業務内容として、保健師等が中心になって行う各種相談等（母子保健機能）を行うとともに、子ども家庭支援員等が中心になって行う子ども等に関する相談等（児童福祉機能）を一体的に行う。具体的には、①児童及び妊産婦の福祉や母子保健の相談等、②把握・情報提供、必要な調査・指導等、③支援を要する子ども・妊産婦等へのサポートプランの作成、連絡調整、④保健指導、健康診査等である。

（5）要保護児童対策地域協議会

図1−4−4は**要保護児童対策地域協議会**の概要を示したものである。要保護児童対策地域協議会の目的は、地域の要保護児童等に関する関係者間の情報交換と支援に関する協議を行うことである。また、児童福祉法に規定された機関であり、すべての構成機関（構成員）等に守秘義務が課せられている。具体的な運営は、調整機関が中心となって、個別の事例について担当者レベルで検討する会議（個別ケース検討会議）、具体的な援助を行っている実務担当者による会議（実務者会議）、構成員の代表者による会議（代表者会議）の三層構造の会議によって展開される。なお、この協議会の事務は厚生労働省からこども家庭庁に移管される。

平成30（2018）年の新プランでは、要保護児童対策調整機関に配置される常勤の調整担当者について、令和4（2022）年度までに全市区町村に配置するなどの強化策があげられている。

〈図１－４－３〉こども家庭センターの設置とサポートプランの作成

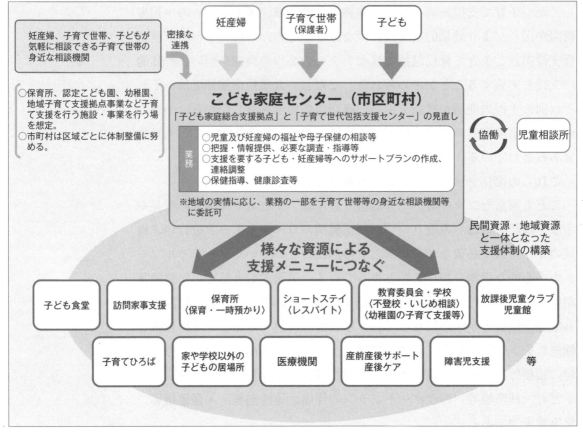

（出典）内閣官房こども家庭庁設立準備室「参考資料集」（幼児教育・保育、子育て家庭を対象とした支援関係）令和５年２月20日　25頁

〈図１－４－４〉要保護児童対策地域協議会の概要

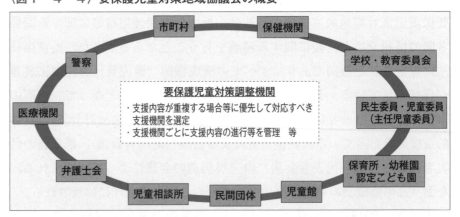

（出典）大竹　智・山田利子 編『保育と社会的養護Ⅰ』みらい、2020年、102頁をもとに一部改変

第2節　児童相談所の役割

1　設置目的及び業務の概要

（1）設置目的

　児童相談所は、児童福祉法に基づき、各都道府県及び指定都市に設置が義務付けられている児童福祉の第一線の専門機関であり、行政機関である。なお、特別区や中核市等にも設置することが可能とされている。国の通知である「児童相談所運営指針」により、人口おおむね50万人に1か所設置することとされているが、令和5（2023）年4月現在の設置数は全国で232か所である。

　その目的は、市町村と適切な役割分担・連携を図りつつ、子どもに関する家庭その他からの相談に応じ、子どもが有する問題または子どもの真のニーズ、子どもの置かれた環境の状況等を的確にとらえ、個々の子どもや家庭に最も効果的な援助を行い、もって子どもの福祉を図るとともに、その権利を擁護するという「相談援助活動」を主たる目的としている。

　また、児童相談所における相談援助活動は、すべての子どもが心身ともに健やかに育ち、そのもてる力を最大限に発揮することができるよう子ども及びその家庭等を援助することを目的とし、児童福祉の理念及び児童育成の責任の原理に基づき行われる。このため、常に子どもの最善の利益を考慮し、援助活動を展開していくことが求められている。

（2）業務の概要

　児童相談所は、18歳未満の子どもに関するあらゆる相談に応じているが、平成16（2004）年の児童福祉法改正により市町村が相談の第一義的な窓口として位置付けられ、児童相談所の相談業務はより高度で専門的な対応が求められるようになった。児童相談所の主な業務は次のようなものである。

①児童に関する各般の問題のうち、専門的な知識及び技術を必要とする相談
　に応ずること
②必要な調査ならびに医学的、心理学的、教育学的、社会学的、精神保健上
　の判定を行うこと
③調査、判定に基づき必要な指導・援助を行うこと
④児童の一時保護を行うこと
⑤里親について、普及啓発、相談、情報提供、研修等を行うとともに、里親
　の選定、里親と児童間調整、養親や養子となる者等への相談・情報提供・
　助言等の援助を行うこと
⑥施設入所等の措置を行うこと
⑦市町村が行う相談等の業務について、市町村相互の調整、市町村への情報
　提供等を行うこと
⑧市町村に対する必要な助言を行うこと

　その後、平成28（2016）年の児童福祉法及び、児童虐待の防止等に
関する法律の改正により、下記の業務が追加された。

①通告等を受けた児童や保護者に対し、通所や訪問により児童福祉司等に指
　導させたり、市町村等に委託して指導を行うこと
②通告を受けた児童等について、専門的な知識等を要しない支援が必要な場
　合、これを市町村に送致すること
③通告を受けた児童等のうち、児童の健全育成に資する事業等の実施が適当
　であると認める者について市町村の長に通知すること
④施設入所等の措置や一時保護を解除する際における親子の再統合の促進等
　を支援するための保護者への必要な助言（民間機関等への委託可）
⑤施設入所等の措置を解除したり一時帰宅する際における児童の安全確認、
　保護者からの相談に応ずること

　さらに、令和4（2022）年の児童福祉法改正により、次の業務が追加
となった。

> ①入所措置や一時保護の決定時における児童の意見聴取等の手続を整備すること
> ②児童自立生活援助事業の対象者等の年齢要件等の弾力化をすること
> ③一時保護開始時の判断に関する司法審査の導入時の措置を講ずること
> ※①及び②は令和６（2024）年４月１日、③は公布の日（令和４〔2022〕年６月15日）から起算して、３年を超えない範囲内において政令で定める日から施行

　また、業務遂行上の配慮として、宗教の信仰のみを理由として消極的な対応をとらないこと、満18歳以上の者から、親の宗教等の信仰を背景とする課題に関して相談がなされたときにも18歳以上であることをもって消極的な対応をとらないこと等が示された。

２ 児童相談所の機能

　表１−４−２に示すように、児童相談所の機能には、①相談援助機能、②一時保護機能、③措置機能、④市町村援助機能、⑤ネットワーク

〈表１−４−２〉児童相談所の機能

相談援助機能	子どもに関する家庭その他からの相談のうち、専門的な知識及び技術を必要とするものについて、必要に応じて子どもの家庭、地域状況、生活歴や発達、性格、行動等について専門的な角度から総合的に調査、診断、判定（総合診断）し、それに基づいて援助指針を定め、自ら又は関係機関等を活用し一貫した子どもの援助を行う機能（法第12条第２項）
一時保護機能	必要に応じて子どもを家庭から離して一時保護する機能（法第12条第２項、第12条の４、第33条）
措置機能	子ども又はその保護者を児童福祉司、児童委員（主任児童委員を含む。以下同じ）、児童家庭支援センター等に指導させ、又は子どもを児童福祉施設、指定医療機関に入所させ、又は里親等に委託する等の機能（法第26条、第27条〔法第32条による都道府県知事（指定都市又は児童相談所設置市の市長を含む）の権限の委任））
市町村援助機能	市町村による児童家庭相談への対応について、市町村相互間の連絡調査、市町村に対する情報の提供その他必要な援助を行う機能（法第12条第２項）
ネットワーク機能	①子どもと家庭に関わる地域の各関係機関のネットワーク化を推進する。 ②地域における子どもと家庭に対する相談援助活動の総合的企画およびその実施を行う。
その他の機能（民法上の権限）	親権者の親権喪失宣言の請求、未成年後見人選任及び解任の請求を家庭裁判所に対して行うことができる。（法第33条の７、第33条の８第１項、第33条の９）

（出典）大竹　智・山田利子 編『保育と社会的養護Ⅰ』みらい、2020年、99頁をもとに一部改変

〈図1－4－5〉市町村・児童相談所における相談援助活動系統図

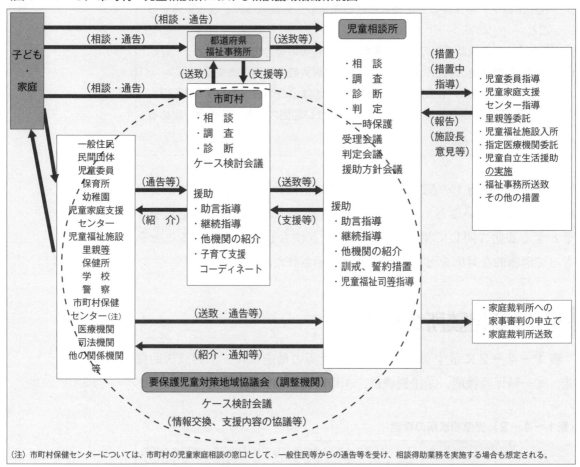

（注）市町村保健センターについては、市町村の児童家庭相談の窓口として、一般住民等からの通告等を受け、相談得助業務を実施する場合も想定される。

（出典）厚生労働省「児童相談所運営指針について」（令和5年3月29日）

機能、⑥その他の機能（民法上の権限）がある。また、**図1－4－5**は子ども家庭支援の系統図であるが、要保護児童を発見した者に関する援助活動の展開が示されている。

3 職員の概要

　児童相談所には、所長等の管理職のほか、指導・教育を行う児童福祉司（児童福祉司スーパーバイザー）、児童福祉司、相談員、医師（精神科医、小児科医、嘱託でも可）または保健師、指導・教育を行う児童心理司（児童心理司スーパーバイザー）、心理療法担当職員、弁護士（これに準ずる措置も可）[6]等の専門職を配置することとされている。

　児童福祉司は、児童福祉法第13条第3項各号により任用資格が規定されている。その内容は、例えば社会福祉士、精神保健福祉士、公認心理

*6
弁護士の「これに準ずる措置」とは、児童相談所運営指針によれば、「例えば、都道府県ごとに、区域内の人口を勘案して中央児童相談所等に適切な数の弁護士を配置し、弁護士が配置されていない児童相談所との間における連携・協力を図ることが考えられる」とされている。

師の資格を有する者、児童福祉司を養成する学校やその他の施設を卒業した者、大学において心理学、教育学または社会学を専攻し、1年以上の相談援助業務の経験を有する者などとなっている。

　児童福祉司は、担当区域内の保護者や子ども、そのほかの者からの相談に応じるとともに、必要な調査、社会診断を行い、必要な指導を行う。児童福祉司が行う指導には、措置による指導（児童福祉法第27条第1項第2号に基づく行政処分としての指導）と措置によらない指導がある。

　なお、平成30（2018）年の児童虐待防止対策総合強化プラン（新プラン）では、①児童福祉司の数は、各児童相談所の所管区域の人口3万人に1人以上配置に見直し、②里親養育支援児童福祉司（里親養育支援体制の構築及び里親委託の推進を図るため各児童相談所に配置）・市町村支援児童福祉司（市町村における相談支援体制・専門性の強化を図るため都道府県の管内30市町村につき1人、指定都市は1人を配置）というような児童福祉司の増員と同時に、市町村の専門性強化が図られた。

　相談員は、保護者や子ども、そのほかの者からの相談に応じるとともに、児童福祉司と協力して調査、社会診断を行い、措置によらない指導を行う。

　さらに、令和元（2019）年の児童福祉法改正により、他の児童福祉司への指導・教育を行う児童福祉司は、厚生労働省令で定める基準に適合する研修の課程を修了した者でなければならないとされた。

　また、同年の児童虐待防止法の改正により、児童相談所における介入機能と支援機能の分離を行うことになった。その内容は、保護者への指導を効果的に行うため、一時保護などの介入機能を担う児童福祉司以外の者に保護者への指導を行わせるなど必要な措置を取ることとされた。

　児童心理司は、保護者や子ども、そのほかの者からの相談に応じ、診断面接、心理検査、観察等によって心理診断を行い、心理療法、カウンセリング、助言指導等の指導を行う。児童心理司は、児童福祉司（里親養育支援児童福祉司及び市町村支援児童福祉司を除く）2人につき1人以上配置することを標準とする。なお、令和元（2019）年の児童福祉法改正により、児童心理司の配置基準が明確化された。

　また、同改正により、児童の健康及び心身の発達に関する専門的な知識及び技術を必要とする指導をつかさどる所員の中に、医師及び保健師の配置が義務付けられ、またそれぞれ1人以上含まれなければならないこととされた。特に、精神科医、小児科医等の医師は、診察、医学的検査等による子どもの診断を行うほか、保護者や子どもなどに対する医学的見地か

第1部
第4章

らの指示、指導を行うとともに、医学的治療を行う。また、児童心理司等が行う心理療法等への必要な指導や一時保護児童の健康管理等を行う。

　一時保護所には、児童指導員、保育士が配置され、子どもの生活指導、学習指導、行動観察、行動診断等を行うとともに、児童福祉司や児童心理司等と連携して、保護者や子どもなどへの指導を行う。

　弁護士は、児童福祉法第28条の措置や親権喪失または停止の審判の申立て等の手続、法的知識を前提に当該措置等に反対している保護者の説得を行うなど、法的知識を要する業務を行う。なお、新プランでは任期付き職員の活用を含めた弁護士の常勤配置などにより、児童相談所における法的対応体制を強化するとされた。

4 相談援助活動の概要

（1）相談内容及び体系・展開と援助内容

　表１−４−３は相談内容を示したものであり、①養護相談、②保健相談、③障害相談、④非行相談、⑤育成相談、⑥その他の相談がある。また、**表１−４−４**は相談の種類別対応件数の年次推移である。

　図１−４−６は児童相談所における相談援助活動の体系と展開及び援助内容を示したものである。また児童相談所が児童、保護者に対して行う援助は、原則として援助方針会議により決定される。児童相談所の業務は、相談、調査・判定、指導、措置、一時保護などを主として行っている。[*7]　なお、令和４（2022）年の児童福祉法の改正により、入所措置や一時保護の際に児童の意見・意向を勘案して措置を行うことになった。[*8]

（2）相談の受付、調査、診断、判定

　児童相談所は、児童の福祉に関するさまざまな問題のうち専門的な知識、技術を要するものについて家庭そのほかから相談を受け付けるほか、地域住民や関係機関からの通告、都道府県の設置する福祉事務所や市町村、家庭裁判所からの送致を受け、援助活動を展開する。また、児童相談所では、効果的な相談援助を行うため、受け付けた相談について、定期的に開催される受理会議において、主たる担当者、調査、診断、一時保護の要否など[*9]を検討することになっている。しかし、虐待等で緊急な対応を必要とするものは臨時の受理会議を開催するなど、柔軟な対応を行うこととされている。

　児童相談所では、受け付けた相談について、主に児童福祉司、相談員等による社会診断、児童心理司等による心理診断、医師（精神科医、小

＊7
「措置による指導」「児童福祉施設入所措置」「指定発達支援医療機関委託」「里親等」について、児童相談所が取ろうとしている措置と保護者もしくは児童の意向が異なる場合及び児童相談所長が必要と認めた場合には、都道府県児童福祉審議会の意見を聴くこととされている。

＊8
意見聴取措置については本書第２部第５章第２節を参照。

＊9
調査は、子どもや家庭の状況などを知り、それによってどのような援助が必要であるかを判断するために行われるものであり、来所または訪問による面接、電話、文書による照会等の方法がある。虐待事例において調査に関し保護者の協力が得られないなど、必要があると認められる場合は、都道府県知事は児童相談所職員等に児童の居所などへの立入調査や裁判所の許可状に基づき都道府県知事が児童相談所職員などに対し職権によって児童の住居等に立ち入らせること（臨検）及び児童を探し出させること（捜索）を行わせることができる。

〈表1-4-3〉受け付ける相談の種類及び主な内容

養護相談	1．児童虐待相談	児童虐待の防止等に関する法律の第2条に規定する次の行為に関する相談。 （1）身体的虐待 　　生命・健康に危険のある身体的な暴行 （2）性的虐待 　　性交、性的暴行、性的行為の強要 （3）心理的虐待 　　暴言や差別など心理的外傷を与える行為、児童が同居する家庭における配偶者、家族に対する暴力 （4）保護の怠慢、拒否（ネグレクト） 　　保護の怠慢や拒否により健康状態や安全を損なう行為及び棄児
	2．その他の相談	父又は母等保護者の家出、失踪、死亡、離婚、入院、稼働及び服役等による養育困難児、迷子、親権を喪失・停止した親の子、後見人を持たぬ児童等環境的問題を有する子ども、養子縁組に関する相談。
保健相談	3．保健相談	未熟児、虚弱児、ツベルクリン反応陽転児、内部機能障害、小児喘息、その他の疾患（精神疾患を含む）等を有する子どもに関する相談。
障害相談	4．肢体不自由相談	肢体不自由児、運動発達の遅れに関する相談。
	5．視聴覚障害相談	盲（弱視を含む）、ろう（難聴を含む）等視聴覚障害児に関する相談。
	6．言語発達障害等相談	構音障害、吃音、失語等音声や言語の機能障害をもつ子ども、言語発達遅滞を有する子ども等に関する相談。ことばの遅れの原因が知的障害、自閉症、しつけ上の問題等他の相談種別に分類される場合は該当の種別として取り扱う。
	7．重症心身障害相談	重症心身障害児（者）に関する相談。
	8．知的障害相談	知的障害児に関する相談。
	9．発達障害相談	自閉症、アスペルガー症候群、その他広汎性発達障害、学習障害、注意欠陥多動性障害等の子どもに関する相談。
非行相談	10．ぐ犯等相談	虚言癖、浪費癖、家出、浮浪、乱暴、性的逸脱等のぐ犯行為若しくは飲酒、喫煙等の問題行動のある子ども、警察署からぐ犯少年として通告のあった子ども、又は触法行為があったと思料されても警察署から法第25条による通告のない子どもに関する相談。
	11．触法行為等相談	触法行為があったとして警察署から法第25条による通告のあった子ども、犯罪少年に関して家庭裁判所から送致のあった子どもに関する相談。受け付けた時には通告がなくとも調査の結果、通告が予定されている子どもに関する相談についてもこれに該当する。
育成相談	12．性格行動相談	子どもの人格の発達上問題となる反抗、友達と遊べない、落ち着きがない、内気、緘黙、不活発、家庭内暴力、生活習慣の著しい逸脱等性格もしくは行動上の問題を有する子どもに関する相談。
	13．不登校相談	学校及び幼稚園並びに保育所に在籍中で、登校（園）していない状態にある子どもに関する相談。非行や精神疾患、養護問題が主である場合等には該当の種別として取り扱う。
	14．適性相談	進学適性、職業適性、学業不振等に関する相談。
	15．育児・しつけ相談	家庭内における幼児の育児・しつけ、子どもの性教育、遊び等に関する相談。
	16．その他の相談	1～15のいずれにも該当しない相談。

（出典）厚生労働省「児童相談所運営指針について」（令和5年3月29日）

〈表1−4−4〉児童相談所における相談の種類別対応件数の年次推移

(単位：件)

	平成29年度	構成割合(%)	平成30年度	構成割合(%)	令和元年度	構成割合(%)	令和2年度	構成割合(%)	令和3年度	構成割合(%)	対前年度 増減数	対前年度 増減率(%)
総数	466,880	100.0	504,856	100.0	544,698	100.0	527,272	100.0	570,243	100.0	42,971	8.1
養護相談	195,786	41.9	228,719	45.3	267,955	49.2	280,985	53.3	283,202	49.7	2,217	0.8
障害相談	185,032	39.6	188,702	37.4	189,714	34.8	162,351	30.8	203,312	35.7	40,961	25.2
育成相談	43,446	9.3	43,594	8.6	42,441	7.8	38,908	7.4	39,647	7.0	739	1.9
非行相談	14,110	3.0	13,333	2.6	12,410	2.3	10,615	2.0	10,904	1.9	289	2.7
保健相談	1,842	0.4	1,644	0.3	1,435	0.3	1,269	0.2	1,332	0.2	63	5.0
その他の相談	26,664	5.7	28,864	5.7	30,743	5.6	33,144	6.3	31,846	5.6	△1,298	△3.9

(出典）厚生労働省「福祉行政報告例の概況」(各年度)

児科医）による医学診断、一時保護部門の児童指導員や保育士等による行動診断、理学療法士等によるそのほかの診断をもとに、援助方針会議においてこれらの各専門職の協議により判定（総合診断）を行い、個々の子どもへの援助方針を作成する。

（3）在宅指導と児童福祉施設入所措置等

　在宅指導には、専門的な助言指導及びカウンセリング、心理療法、ソーシャルワークなどを継続して行う継続指導や、ほかの機関へのあっせんといった措置（行政処分）によらない指導と、児童福祉司指導[*10]、児童委員指導[*11]、市町村指導[*12]、児童家庭支援センター指導[*13]などの措置（行政処分）による指導がある。

　一方、在宅での指導では児童と保護者等を十分に保護・援助できないと判断される場合には、①乳児院、児童養護施設、障害児入所施設、児童心理治療施設、児童自立支援施設に入所させること、②里親または小規模住居型児童養育事業者に児童を委託すること、③家庭裁判所の審判に付すことが適当であると認める児童を家庭裁判所に送致すること、④肢体不自由児または重度の知的障害及び重度の肢体不自由が重複している児童について、①の措置に代えて、厚生労働大臣が指定する医療機関への委託措置をとることになる。これらの措置は都道府県知事、指定都市の長の権限であるが、この権限は児童相談所長に委任することができることになっている。

（4）一時保護

　児童相談所長または都道府県知事が必要と認める場合には、児童を児

---

*10
複雑困難な家庭環境に起因する問題を有する児童等、援助に専門的な知識・技術を要する事例に対して行うもので、児童福祉司が児童、保護者等の家庭を訪問したり、保護者を児童相談所等に通所させるなどの方法により、継続的な指導を行うもの。

*11
問題が家庭環境にあり、児童委員による家庭内の人間関係の調整、生活保護等の経済的援助などにより解決すると考えられる事例や、虐待などで地域における見守りが必要な事例などに対し、児童相談所が指導を委託するもの。

*12
子どもや保護者の置かれた状況、地理的要件や過去の相談経緯などから、子どもの身近な場所において、子育て支援事業を活用するなどして、継続的に寄り添った支援が適当と考えられる事例に対し、訪問あるいは必要に応じ通所させる等の方法により行うもの。

*13
地理的要件や過去の相談の経緯などから適当と判断した事例について、児童相談所が児童家庭支援センターに指導を委託すること。

〈図１－４－６〉児童相談所における相談援助活動の体系・展開

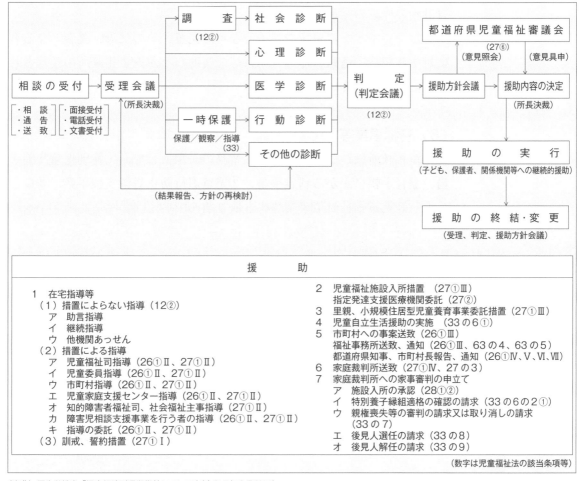

（出典）厚生労働省「児童相談所運営指針について」（令和５年３月29日）

童相談所付設の一時保護所において**一時保護**[*14]し、または児童福祉施設や里親、医療機関そのほか児童家庭福祉に深い理解と経験を有する者（機関、法人、私人）に一時保護を委託することができる。また、一時保護の目的として、①児童の安全を迅速に確保し、適切な保護を図る、②児童の状況を把握することが新たに規定された。一時保護は原則として児童、保護者の同意を得て行う必要があるが、児童相談所運営指針により、保護者や児童の同意がなくとも、子どもの安全の確保等が必要な場面であれば、一時保護を躊躇なく行うべきであるとされている。

（5）里親等への支援

　児童相談所の里親支援には、①里親に関する普及啓発、②里親に関する相談、里親への情報提供・助言・研修・その他の援助、③里親と施設入所児童及び里親相互の交流の場の提供、④里親委託における里親の選

[*14]
一時保護の期間は２か月を超えることはできないが、必要があると認めるときは引き続き一時保護を行うことができる。また、親権者等の意に反して２か月を超えて一時保護を行う場合には、家庭裁判所による承認を得なければならない。
また、児童相談所は一時保護を開始する際に、親権者等が同意した場合を除き、事前または保護開始から７日以内に裁判官に一時保護状を請求する等の手続が設けられた。

101

定、里親と児童との間の調整、⑤里親委託しようとする児童に関する養育計画の作成の業務などがある。

　また、養子となる児童や養子となった児童、その父母、養親となる者に対する相談、情報の提供、助言等の援助などが児童相談所の業務として位置付けられている。

（6）各種事業等

　児童相談所は、これまで示した業務の一環として、①特別児童扶養手当、療育手帳にかかる判定事務、②児童虐待防止対策支援事業、③ひきこもり等児童福祉対策事業等にも取り組んでいる。

第3節 その他の支援にかかわる組織・団体の役割

1 児童福祉法に規定されている児童福祉施設

　児童福祉法には、施設の目的及び対象者に応じて13種別の施設（①助産施設、②乳児院、③母子生活支援施設、④保育所、⑤幼保連携型認定こども園、⑥児童厚生施設〔児童館、児童遊園〕、⑦児童養護施設、⑧障害児入所施設〔福祉型、医療型〕、⑨児童発達支援センター、⑩児童心理治療施設、⑪児童自立支援施設、⑫児童家庭支援センター、⑬里親支援センター）が規定されている。なお、児童福祉法において都道府県及び指定都市に設置が義務付けられている施設は児童自立支援施設のみである。

　生活形態別で見ると、入所施設、通所施設、利用施設に分けることができ、また利用形態別で見ると、行政機関による措置（行政処分）施設と利用者（児童や保護者）の自由意思による利用施設（利用できる基準の有無あり）に分けることができる。

2 売春防止法に規定されている婦人相談所

　婦人相談所は都道府県に設置が義務付けられている施設である。なお、指定都市は任意設置となっている。この施設は、家族の問題や妊娠、出産、配偶者からの暴力など女性が抱える問題全般について、婦人相談員など専門の相談員が、電話や面接での相談に応じている。必要に応じて一時保護を行う機能もある。また、平成14（2002）年4月1日から、「配偶者からの暴力の防止及び被害者の保護に関する法律」（DV防止法。現「配偶者からの暴力の防止及び被害者の保護等に関する法律」）に規定されている配偶者暴力相談支援センターの機能も担っている。さらに、「DV防止法」及び「ストーカー行為等の規制等に関する法律」の改正により、ストーカー被害者の支援を婦人相談所が行うことになった。一方、一時保護などを行っても生活が立ちゆかない要保護女子には婦人保護施設への入所措置が採られることがある。[*15]

*15
令和6（2024）年4月1日より施行される「困難な問題を抱える女性への支援に関する法律」により、婦人相談所は女性相談支援センター、婦人相談員は女性相談支援員、婦人保護施設は女性自立支援施設にそれぞれ名称が改められる。

3 地域における子ども・若者育成支援ネットワーク

（1）子ども・若者総合相談センター

　図1−4−7に示したように、背景として有害情報の氾濫等、子ども・若者をめぐる環境の悪化やニート・ひきこもり・不登校・発達障害等の子ども・若者の抱える問題の深刻化などにより、従来の個別分野における縦割り的な対応では限界があった。そこで、子ども・若者育成支援施策の総合的推進のための枠組みの整備（国の本部組織や大綱、地域における計画やワンストップ相談窓口等の枠組み整備、及び学校教育法、児童福祉法、雇用対策法等関係分野の法律と相まって子ども・若者育成支援施策を推進）や社会生活を円滑に営む上での困難を有する子ども・若者を支援するためのネットワーク整備が求められていた。このことを受けて、**子ども・若者育成支援推進法**が成立している（平成28〔2016〕年4月1日施行）。第1条では「この法律は、子ども・若者が次代の社会を担い、その健やかな成長が我が国社会の発展の基礎をなすも

〈図1−4−7〉子ども・若者育成支援推進法について

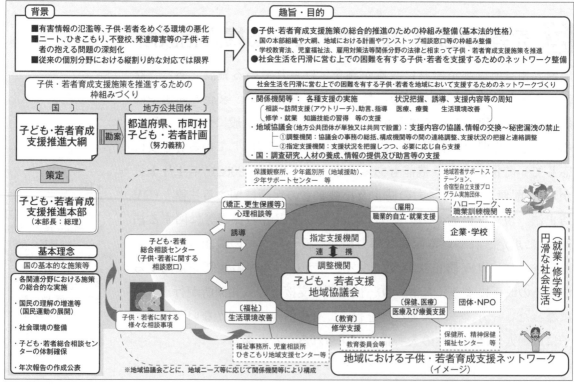

（出典）内閣府資料

のであることにかんがみ、日本国憲法及び児童の権利に関する条約の理念にのっとり、子ども・若者をめぐる環境が悪化し、社会生活を円滑に営む上での困難を有する子ども・若者の問題が深刻な状況にあることを踏まえ、子ども・若者の健やかな育成、子ども・若者が社会生活を円滑に営むことができるようにするための支援その他の取組について、その基本理念、国及び地方公共団体の責務並びに施策の基本となる事項を定めるとともに、子ども・若者育成支援推進本部を設置すること等により、他の関係法律による施策と相まって、総合的な子ども・若者育成支援のための施策を推進することを目的とする」としている。

　また、第13条では「地方公共団体は、子ども・若者育成支援に関する相談に応じ、関係機関の紹介その他の必要な情報の提供及び助言を行う拠点としての機能を担う体制を、単独で又は共同して、確保するよう努めるものとする」と規定し、この拠点のことを「子ども・若者総合相談センター」としている。

（2）地域若者サポートステーション

　地域若者サポートステーション（愛称「**サポステ**」）は、働くことに悩みを抱えている15〜49歳の人に対し、キャリアコンサルタントなどによる専門的な相談、コミュニケーション訓練などによるステップアップ、協力企業への就労体験などにより、就労に向けた支援を行っている。サポステは、厚生労働省が委託した全国の若者支援の実績やノウハウがあるNPO法人、株式会社などが実施している。

④ 司法福祉とのかかわり（家庭裁判所及び警察）

　家庭裁判所[*16]は、裁判所法に基づき設置されている司法機関である。家庭裁判所には、家事部と少年部の2つの部が設けられており、それぞれ家事事件、少年事件を扱っている。

　司法福祉とのかかわりでは、児童福祉法第25条において「罪を犯した満14歳以上の児童（犯罪少年）を発見した場合は、家庭裁判所に通告しなければならない」と規定されている。少年事件の保護処分には、保護観察所の保護観察、児童自立支援施設または児童養護施設への送致、少年院送致がある。

　また、DV防止法では、配偶者からの「身体に対する暴力又は生命等に対する脅迫」により、生命または身体に重大な危害を受ける恐れが大

*16
本双書第13巻第2部第4章第1節参照。

第1部
第4章

きいとき、裁判所は被害者の申立てにより、配偶者に対して保護命令を出すことができるとされている。また、児童福祉法や児童虐待防止法では、強制力を伴う調査（立入調査等）の権限が与えられているが、居住者が調査を拒んでも鍵を壊して住居内に踏み込むことは想定されていない。このような対応が必要な場合には裁判所の許可を得て、初めて強制力をもって住居内に立ち入り、子どもの捜索や安全確認ができる。

　警察は警察法に基づいて設置されている。第1条では、「個人の権利と自由を保護し、公共の安全と秩序を維持するため、民主的理念を基調とする警察の管理と運営を保障し、且つ、能率的にその任務を遂行するに足る警察の組織を定めること」を目的とすると規定している。ここでは、児童家庭福祉分野における警察とのかかわりについてふれる。例えば、DV防止法では、警察官による被害の防止（第8条）や警察本部長等の援助（第8条の2）などが定められている。また、強制力を伴う調査（立入調査等）を実行するときに、居住者が調査を拒んだ場合には裁判所の許可を得て実行することがあるが、保護者と職員との間で緊張したやりとりが予想されることから、児童相談所から警察署長に援助を求めなければならないとされている。さらに平成30（2018）年の児童虐待防止法の改正では、都道府県警察との連携強化（協定の締結）が明記された。また、犯罪少年[17]（特定少年含む）や触法少年、虞犯少年の補導・保護及び家庭裁判所、児童相談所への送致なども行われている。

＊17
犯罪行為をした18歳以上の少年。本書第2部第5章第2節4参照。

5 公民の役割関係

　公的機関の利点は法令に基づく運営のため、活動の安定性や普遍性に優れていることである。しかし、その反面、法令の拘束を受けるため、活動が硬直化しやすいという面もある。一方、民間団体の課題は、安定した財源の確保と団体によるサービスの質の差であるが、民間団体は、自主性、先駆性、機動性、柔軟性、親和性（親しみやすさ）等において利点を有しており、これまで公的サービスでは充足しきれない身近できめ細かなサービスニーズに応えて発展してきたものが多い。公的機関と民間団体はそれぞれ相補的な関係を築いていくことが、利用者のニーズにもかなうことになる。

第4節　関連する専門職等の役割

1 児童福祉施設及び行政機関に配置される専門職

（1）児童福祉施設の主な専門職

　表1−4−5は、「児童福祉施設の設備及び運営に関する基準」に示された職員（職種）の一覧である。これを見てもわかるように、各施設にはその設置目的にそって、必要な職員が配置されている。その中には保育士などの福祉専門職だけではなく、医師、看護師、理学療法士・作業療法士・言語聴覚士、栄養士等の専門職も配置されている。

　また、児童福祉関連の任用資格として、児童指導員、児童自立支援専門員、児童生活支援員、母子支援員、母子自立支援員、児童の遊びを指導する者（児童厚生員）、少年を指導する職員（少年指導員）、家庭相談員、女性相談支援員などがある。これらの任用資格[*18]は、社会福祉領域の職名（職種）に配属される場合に必要とされる資格である。

（2）行政機関の主な専門職

　一方、児童家庭福祉分野の行政機関として、児童相談所、福祉事務所、保健所等がある。例えば、児童相談所には所長、児童福祉司、児童心理司、医師（精神科医・小児科医）、保健師、弁護士、児童指導員、保育士、心理療法担当職員等が、福祉事務所には所長、社会福祉主事、母子・父子自立支援員、家庭相談員等[*19]が、保健所には所長、医師、保健師、栄養士、精神保健福祉相談員等が配置されている。

2 関連する専門職

（1）医師

　表1−4−5に示したように、児童福祉施設の種別によって医師の専門領域が指定されている。例えば、助産施設では産婦人科の診療に相当の経験を有する者、乳児院では小児科診療に相当の経験を有する者、障害児入所施設においてはその障害特性に合致する医師として、主として知的障害児を入所させる施設では精神科または小児科の診療に相当の経験のある者、主として自閉症児を入所させる施設では児童を対象とする精

*18
社会福祉に関する任用資格は、国が認めた一定の条件を満たすことによって与えられ、行政機関などにおいて特定の職種に就いていかされる資格である。また、その職種に就いて初めてその資格を名乗ることができる。社会福祉の分野では、法律に基づく任用資格として「社会福祉主事」「身体障害者福祉司」「知的障害者福祉司」「児童福祉司」などがある。

*19
社会福祉法第18条に規定されている任用資格。福祉事務所の職員（現業員・ケースワーカー）として配置されるために必要な資格である。主な業務は、福祉6法に定める援護や更生の措置に関する事務である。

〈表1－4－5〉児童福祉施設に配置される主な職員

〈施設名〉		〈職種（職名）〉
助産施設		（第二種助産施設）医療法に規定する職員、助産師
乳児院		小児科の診療に相当の経験を有する医師（嘱託可）、看護師（保育士又は児童指導員に代えることができる）、心理療法担当職員（心理療法を必要とする子または保護者が10人以上の場合）、個別対応職員、家庭支援専門相談員、栄養士、調理員（委託可）、保育士（乳幼児20人以下の入所施設）、里親支援専門相談員（里親支援を行う施設）
母子生活支援施設		母子支援員、嘱託医、少年を指導する職員（少年指導員）、心理療法担当職員（心理療法を必要とする母子が10人以上の場合）、個別対応職員（DV被害母子に支援を行う場合）、調理員
保育所		保育士、嘱託医、調理員（委託可）
幼保連携型認定こども園		主幹保育教諭、指導保育教諭または保育教諭、調理員（委託可） 努力義務：副園長または教頭、主幹養護教諭、養護教諭等、事務職員
児童厚生施設		児童の遊びを指導する者
児童養護施設		児童指導員、嘱託医、保育士、個別対応職員、家庭支援専門相談員、栄養士（入所児童41人以上の場合）、調理員（委託可）、看護師（乳児が入所している施設の場合）、心理療法担当職員（心理療法を行う必要があると認められる児童10人以上の場合）、職業指導員（実習設備を設けて職業指導を行う場合）、里親支援専門相談員（里親支援を行う地域）
障害児入所施設	福祉型	①主として知的障害のある児童を入所させる施設 　嘱託医（精神科又は小児科診療に相当の経験を有する者）、児童指導員、保育士、栄養士（入所児童41人以上の場合）、調理員（委託可）、児童発達支援管理責任者、心理療法担当職員（心理療法を行う必要があると認められる児童5人以上の場合）、職業指導員（職業指導を行う場合） ②主として自閉症児を入所させる施設 　①に加え、医師（児童を対象とする精神科の診療に相当の経験を有する者）、看護職員 ③主として盲ろうあ児を入所させる施設 　①と同じ。ただし、嘱託医は眼科又は耳鼻咽喉科の診療に相当の経験を有する者 ④主として肢体不自由のある児童を入所させる施設 　①に加え、看護職員
	医療型	①主として自閉症児を入所させる施設 　医療法に規定する病院として必要な職員、児童指導員、保育士、児童発達支援管理責任者 ②主として肢体不自由のある児童を入所させる施設 　①に加え、理学療法士または作業療法士 ③主として重症心身障害児を入所させる施設 　②に加え、心理指導担当職員
児童発達支援センター		①主として難聴児・重症心身障害児以外の場合 　嘱託医、児童指導員、保育士、栄養士（入所児童41人以上の場合）、調理員（委託可）、児童発達支援管理責任者、機能訓練担当職員（機能訓練を行う場合） ②主として難聴児が通う場合 　①に加え、言語聴覚士 ③主として重症心身障害児が通う場合 　①に加え、看護職員 医療法に規定する診療所として必要な職員、児童指導員、保育士、看護師、理学療法士または作業療法士、児童発達支援管理責任者
児童心理治療施設		医師（精神科または小児科の診療に相当の経験を有する者）、心理療法担当職員、児童指導員、保育士、看護師、個別対応職員、家庭支援専門相談員、栄養士、調理員（委託可）
児童自立支援施設		児童自立支援専門員、児童生活支援員、嘱託医及び精神科の診療に相当の経験を有する医師（嘱託可）、個別対応職員、家庭支援専門相談員、栄養士（入所児童41人以上の場合）、調理員（委託可）、心理療法担当職員（心理療法を行う必要があると認められる児童10人以上の場合）
児童家庭支援センター		支援を担当する職員
里親支援センター		里親等支援員、里親研修等担当者、里親制度等普及促進担当者

（出典）「児童福祉施設の設備及び運営に関する基準」（令和6年4月1日）をもとに筆者作成

神科の診療に相当の経験がある者、主として盲ろうあ児を入所させる施設では眼科または耳鼻咽喉科の診療に相当の経験のある者となっている。

　一方、行政機関である児童相談所に配置される医師は、精神科医あるいは小児科医とされ、また児童相談所運営指針には「医師又は保健師（児童の健康及び心身の発達に関する専門的な知識及び技術を必要とする指導をつかさどる所員）については、児童虐待、発達障害、非行など心身の発達等に課題を持つ子どもに対する医学的判断等から、子どもと保護者に対する心の治療に至る連続的な関わりが必要であることから、各児童相談所に１人以上配置すること」とされている。

　また、児童相談所運営指針では、①診察、医学的検査等による子どもの診断（虐待が子どもの心身に及ぼした影響に関する医学的判断）、②子ども、保護者等に対する医学的見地からの指示、指導、③医学的治療、④脳波測定、理学療法等の指示及び監督、⑤児童心理司、心理療法担当職員等が行う心理療法等への必要な指導、⑥一時保護している子どもの健康管理、⑦医療機関や保健機関との情報交換や連絡調整とされている。

　ちなみに歯科医師については、児童福祉施設や児童相談所に配置基準はないが、日本小児歯科学会では子どもの虐待における歯科的特徴を記したガイドラインを作成するなど、今日では乳幼児健診や学校の歯科検診等において、歯の状態からネグレクト家庭の子どもを発見し、市町村や児童相談所への情報提供も行われている。

（2）弁護士

　令和元（2019）年の児童福祉法改正において、第28条「保護者の児童虐待等の場合の措置」の第１項（保護者等の不同意による家庭裁判所の承認を得て施設措置等を採る）を必要とするものについて、常時弁護士による助言または指導の下で適切かつ円滑に行うため、児童相談所における弁護士の配置またはこれに準ずる措置を行うこととされた。

　また、児童相談所運営指針では、「児童福祉法第28条の措置、親権喪失または停止の審判や、法第33条第５項の引き続いての一時保護の承認の申立て等の手続や、法的知識を前提に当該措置等に反対している保護者に説明を行うなど、法的知識を要する業務を行うこと」とされている。

（3）保健師

　保健師は、「保健師助産師看護師法」に「保健指導に従事することを業とする者」と規定され、主として予防医療にかかわることが多い。また、母子保健法では市町村保健センターが母子保健サービスを一元的に担うことになっており、保健師は、その中心的な専門職である。

　一方、児童相談所運営指針では、①公衆衛生及び予防医学的知識の普及、②育児相談、1歳6か月児及び3歳児の精神発達面における精密健康診査における保健指導等、障害児や虐待を受けた子ども及びその家族等に対する在宅支援、③子どもの健康・発達面に関するアセスメントとケア及び一時保護している子どもの健康管理、④市町村保健センター、子育て世代包括支援センターや医療機関との情報交換や連絡調整及び関係機関との協働による子どもや家族への支援を行うとされている。

3 地域住民との連携・協働と専門職等の役割

（1）民生委員・児童委員、主任児童委員、里親
❶民生委員・児童委員、主任児童委員

　民生委員は、民生委員法に規定され、都道府県知事から推薦された者を厚生労働大臣が委嘱するもので、非常勤の地方公務員である。その任務は、「社会奉仕の精神をもって、常に住民の立場に立って相談に応じ、及び必要な援助を行い、もって社会福祉の増進に努めるものとする」（第1条）とされている。なお、児童委員を所管するこども家庭庁と民生委員を所管する厚生労働省が相互に連携を図りながら、協力することとする連携規定を設けることになった。

　また、民生委員は児童福祉法に規定されている「児童委員」も兼ねており、児童や妊産婦の見守り・相談・支援等も行う。

　主任児童委員は、民生委員・児童委員の中から厚生労働大臣が指名する。その職務は、児童委員の活動のほか、児童福祉関係機関や他の児童委員との連絡調整等を行うとともに、児童委員の活動に対する援助及び協力を行う。

❷里親

　里親は、児童福祉法第6条の4に規定されており、要保護児童を養育することを希望する者で、省令で定める研修等を修了し、都道府県知事の認定を受け、名簿に登録された者である。その職務は、都道府県知事

の委託により、虐待や保護者の疾病などにより家庭での養育が困難になった子ども（要保護児童）を、里親家庭で養育することである。家庭養護優先の原則のなかで、今後いっそうの充実強化が期待されている。

（2）地域全体で支援する体制

　図１−４−８に示したように、私たちの住む地域社会には、福祉、医療、保健、心理、教育等、専門的な機関・施設とその中で働く専門職がおり、それぞれの役割を担っている。その一方で、地域住民が福祉ボランティアとして活動し、要支援家庭などをサポートしている。

　また、近年では社会福祉協議会に、コミュニティソーシャルワーカー（CSW）を配置し、地域の福祉ニーズを発掘し、福祉問題・福祉課題の解決に向けて、支援ネットワークづくりを行っている。さらに今日では、地域の子ども家庭福祉課題を解決（例えば、子ども食堂、無料の学習塾、食糧支援等）するためにNPO法人を立ち上げ、活動している民間団体も多く存在している。これらの動向は、地域住民（団体）等が今日の複雑・多様化した福祉課題を解決するために必要不可欠な存在（きめ細かな支援、寄り添う支援）であることや、専門機関（専門職）だけでは解決できないことを物語っている。

〈図１−４−８〉地域社会の社会資源と専門職

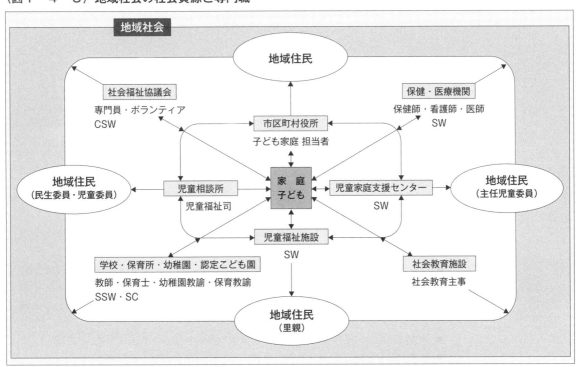

（出典）松原康雄・圷　洋一・金子　充 編『新・基本保育シリーズ４　社会福祉』中央法規出版、2019年、63頁に一部加筆

　　今後は専門機関（専門職）と地域住民（団体）等が、それぞれの機能や特性を活かした役割を担い、連携・協働して、地域の児童家庭福祉の課題を解決していくことが求められている。

参考文献
- 厚生労働省子ども家庭局長通知「児童相談所運営指針の改正について」（令和5年3月29日）
- 厚生労働省雇用均等・児童家庭局長通知「要保護児童対策地域協議会設置・運営指針について」（令和2年3月31日）
- 厚生労働省雇用均等・児童家庭局長通知「子育て世代包括支援センターの設置運営について」（平成29年3月31日）
- 厚生労働省雇用均等・児童家庭局長通知「市区町村子ども家庭総合支援拠点の設置運営等について」（平成29年3月31日）
- 厚生労働省子ども家庭局長通知「『市町村子ども家庭支援指針』（ガイドライン）の一部改正について」（令和2年3月31日）
- 社会福祉の動向編集委員会 編『社会福祉の動向2023』中央法規出版、2023年
- 日本子どもを守る会 編『子ども白書2023』かもがわ出版、2023年
- 大竹　智・山田利子 編『保育と社会的養護Ⅰ』みらい、2020年

第2部　児童家庭福祉の支援の実際

第1章

母子保健

母子保健サービスとは

学習のねらい

　本章は、人の誕生と成長、生命の尊厳、健康生活の向上、疾病の予防など、子どもと保護者の両者を視野に入れた保健活動の原点を学ぶことをねらいとしている。

　次世代を担う子どもが心身ともに健やかに育つよう、主に思春期から妊娠・出産・育児期における一連の保健サービスを学習する。

　人の健康や生活習慣は、生涯にわたり連続するものである。母子保健は一生の健康の基礎を築く出発点であり、保護者、家族、社会環境、文化などを含めた包括的な理解が求められる。

　母子保健においては、母子にとどまらず、家族やコミュニティ、社会環境など、保健福祉システムとしての取り組みが期待される。

第1節　母子保健サービス

1　母子保健サービスとは

　母子保健サービスの基本的な理念は、医療、福祉、教育などの関連分野と密接な連携を取りながら、人生の健康の基礎形成の時期に、子どもとその関係する成人や、環境に対する一貫性、連続性のある保健活動を提供することである。すなわち、子ども、保護者、地域のもっている力を最大限に引き出す環境を整備するという、エンパワメントの理念に基づいている。

　日本の母子保健サービスは、乳幼児や妊産婦の疾病の予防を通じ死亡率の減少をめざした時代から、少子化とともにすべての子どもの健全育成をめざすよう、時代の流れとともに大きく転換してきた。地域保健法の制定に見るように、あくまでも利用者を中心とし、保健と福祉の各種サービスの連携から統合化が叫ばれている。それに伴い、各地で新しい母子保健福祉システム構築の試みが展開されつつある。

　母子保健サービスの対象は広範にわたる。すなわち、胎児、**新生児**（出生後4週間未満）、乳児（出生後1年未満）、幼児（1歳から就学前）、学齢期の小児、思春期の男女児、妊娠中・育児中・更年期の女性、成人男性（父親等）等を含み、これらの人々に対する健康の維持増進のためのすべてのサービスの総称である。したがって、母子保健に関連する法律はさまざまな分野に及ぶものである。

　母子保健全般にかかわる「母子保健法」を中心に、児童福祉施設、育成医療、療育、助産施設への入所措置にかかわる「児童福祉法」、乳幼児の予防接種にかかわる「予防接種法」、就学時及び定期健康診断にかかわる「学校保健安全法」、障害発生予防にかかわる「障害者基本法」、精神障害者の保健福祉にかかわる「精神保健及び精神障害者福祉に関する法律」、感染症予防と医療にかかわる「感染症の予防及び感染症の患者に対する医療に関する法律」、不妊手術、人工妊娠中絶にかかわる「母体保護法」、低所得者の分べん費（助産費）、出産手当金、育児手当金の支給にかかわる「生活保護法」、特殊栄養食品、集団給食にかかわる「健康増進法」、戸籍に関する法律として、婚姻届、出生届にかかわる「戸籍法」、死産にかかわる「死産の届出に関する規程」、労働に関する法律として、産前産後の休業、育児時間、生理休暇等にかかわる「労

働基準法」、妊娠中及び出産後の健康管理に関する配慮及び措置等にかかわる「男女雇用機会均等法」、関連施設機関に関する法律として、母子保健についての地域保健の業務を定めた「地域保健法」、病院、診療所、助産所の業務を定めた「医療法」等がある。

　一方、平成12（2000）年には「児童虐待の防止等に関する法律」、平成15（2003）年には「少子化社会対策基本法」「次世代育成支援対策推進法」、平成16（2004）年には「発達障害者支援法」、平成17（2005）年には「食育基本法」「障害者自立支援法」（現　障害者総合支援法）が整備された。21世紀初頭（平成13〔2001〕年〜平成26〔2014〕年）における総合的な母子保健の国民運動計画として「健やか親子21」、平成16（2004）年には子どもの育ちや子育てを社会全体でしっかりと応援する環境づくりをめざして「子ども・子育て応援プラン」などが策定されている。

　平成27（2015）年より、妊娠期から子育て期までにわたるさまざまなニーズに対して総合的相談支援を提供する「子育て世代包括支援センター」[*1]が設置された。妊娠の届出等の機会に得た情報をもとに、妊娠・出産・子育てに関する相談に応じ、必要に応じて個別に支援プランを策定し、地域の関係機関による切れめのない支援を行う。主な業務は①妊産婦や乳幼児らの状況の継続的な把握、②保健師らによる相談・情報提供・助言、③課題やニーズに的確に対応する「支援プラン」の作成、④保健・医療・福祉・教育など関係機関との連絡調整、である。

　子育て世代包括支援センターは、市町村保健センター等においてすでに実施されている母子保健法で定められた各種母子保健事業と密接な連携を取る必要がある。事業は、市区町村から委託を受けた民間団体やNPO法人など多様な主体の参画により実施されている。地域の実情をふまえ、各地域子育て支援拠点事業[*2]や利用者支援事業[*3]の実施機関との密接な連携・協働が求められる。また、妊婦健康診査や乳児家庭全戸訪問事業など母子保健法関連の事業が、子ども・子育て支援法の「地域子ども・子育て支援事業」に位置付けられた。しかし、各市区町村に設置されている母子保健法に基づく「子育て世代包括支援センター」と、児童福祉法に基づく「子ども家庭総合支援拠点」（主に虐待や貧困など養育困難な保護者を対象とした相談対応等）の連携が不十分であり、令和6（2024）年4月より「こども家庭センター」として一本化される。[*4]「こども家庭センター」は、児童福祉法において「すべての妊産婦、子育て世帯、子どもへ一体的に相談支援を行う機能を有する機関」と位置付けら

*1
本書第1部第4章第1節5（1）及び同（4）参照。

*2
地域で子育てを支えるため、当事者相互の交流を図り、子育ての不安や悩みを相談し、助言や援助を受けられる場所を設置する事業。詳しくは本書第2部第2章第1節5参照。

*3
子育て家庭や妊産婦が、教育・保育施設や地域子ども・子育て支援事業、保健・医療・福祉等の関係機関を円滑に利用できるように、身近な場所での相談や情報提供、助言等必要な支援を行うとともに、関係機関との連絡調整、連携・協働の体制づくり等を行う事業。詳しくは本書第2部第2章第1節5参照。

*4
本書第1部第4章第1節5（4）参照。

れており、令和5（2023）年4月に創設された「こども家庭庁」が所管する。

最近の母子保健法改正について、主に母子保健法の一部を改正する法律が令和元（2019）年に公布（令和3〔2021〕年4月施行）され、市町村は、家族等から十分な育児等の支援が得られず、心身の不調や育児不安等を抱える出産後1年以内の母親とその子を対象に、助産師等の看護職が中心となり、母親の身体的回復や心理的な安定を促進するとともに、母子の愛着形成を促し、母子とその家族が健やかに生活できるよう支援するための「産後ケア事業」を行うよう努めることとなった。

母子保健サービスを大きく分けると、妊産婦のためのサービス、子どものためのサービス、思春期等のサービスの3領域となる。母子保健サービスの内容を**図2−1−1**、**図2−1−2**に示す。

2 妊産婦のためのサービス

妊産婦のためのサービスには、妊産婦と胎児を含む子どもの健康を守るため、身体、精神、社会的な健康問題をもつ妊産婦を可能な限り早期に発見し、支援するサービスが含まれる。

昭和40（1965）年に定められた**母子保健法**では、妊娠をした場合、速やかに「妊娠届」を出すことを義務付けている。届出により、「**母子健康手帳**」が交付される。母子健康手帳には、妊娠・出産・育児に関する注意事項、妊娠中から子どもが6歳になるまでの健康状態を記録する欄等が設けられている。現在では国際化時代に対応して、英語、韓国語、中国語、スペイン語等、各国の言葉で書かれた母子健康手帳が用意されている。

妊婦に対し、保健所や産科の医療機関では「妊婦健康診査」を実施している。その主たる目的は、母親の健康状態と胎児の発育状態の確認、特に流産、早産、妊娠高血圧症候群[*5]、未熟児出生の防止である。必要な場合には、精密健康診査を受診することも可能である。

また、「母子保健相談指導事業」は、病院・診療所・助産所等で、「婚前学級」「新婚学級」「両親学級」「育児学級」とした形で実施される。保健師の「家庭訪問」等は、市町村の保健センターまたは保健所で実施されている。

特に若年、経済的な問題、妊娠への葛藤、母子健康手帳の未発行、妊娠後期での妊娠届、妊婦健康診査の未受診、多胎、妊婦の心身の不調

〈図２−１−１〉母子保健対策の体系

（令和４〔2022〕年４月現在）

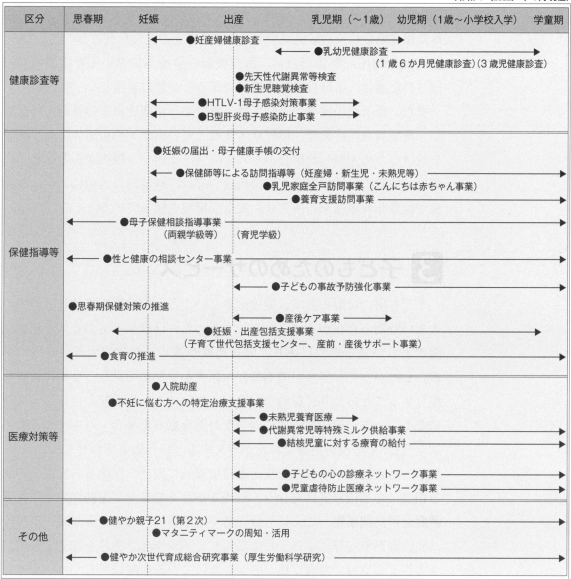

（出典）厚生労働省『令和５年版 厚生労働白書』2023年、資料編192頁をもとに一部改変

〈図２−１−２〉母子保健事業の推進体制

	市町村（市町村保健センター）	都道府県等（保健所）
	○基本的母子保健サービス	○専門的母子保健サービス
健康診査等	・妊産婦、乳幼児（1歳6か月児、3歳児）の健康診査	・先天性代謝異常等検査
保健指導等	・母子健康手帳の交付 ・両親学級、産後ケア等の妊産婦への支援	・不妊専門相談、女性の健康教育等
訪問指導	・妊産婦、新生児訪問指導、未熟児訪問指導	
療養援護等	・未熟児養育医療	

技術的援助

（出典）厚生労働省『令和５年版 厚生労働白書』2023年、資料編193頁

等、出産後の養育について出産前において支援を行うことが特に必要と認められる妊婦を「**特定妊婦**」という。特定妊婦は、養育支援訪問事業や要保護児童対策地域協議会を通じて養育上の支援を受けることとなる。平成28（2016）年10月以降、医療機関や学校等において特定妊婦が把握された場合、市町村に情報提供することが努力義務となっている。

また、経済面の支援策としては、所得が一定限度以下の世帯の妊産婦が、妊娠高血圧症候群・糖尿病・貧血・産科出血・心疾患等により医療を受けるため入院した場合、その医療費を支給する制度がある。また児童福祉施設の一種である「助産施設」では、経済的な理由により入院助産が困難な妊産婦を入所させ、安全な出産を図っている。

3 子どものためのサービス

子ども期の特徴として、発達が著しいこと、敏感期とよばれる影響の大きい時期の存在があげられる。すなわち、ほぼすべての身体・精神機能が著しい発達過程にあり、成長速度が速く、変化の大きい時期である。したがって、何らかの不都合な状況を早期に発見し、早期に治療し療育することにより、劇的な回復、あるいは高い生活能力の獲得が可能になる。一方、適切な時期に適切な対処を怠った場合、対応すべき敏感期を逸し、その後の困難な状況が増大するという面をあわせもっている。

子どもの健やかな育ちを支える環境整備に向け、保護者の育児に関する相談に応じ情報提供を行う、生後4か月までに全戸を訪問する「**乳児家庭全戸訪問事業**（こんにちは赤ちゃん事業）」、育児ストレス、産後うつ病、育児不安等により子育てに対して不安や孤立感等を抱える家庭、さまざまな原因で養育支援が必要となっている家庭に対して、子育て経験者等による育児・家事の援助または保健師等による具体的な養育に関する指導助言等を訪問により実施し、個々の家庭の抱える養育上の諸問題の解決、軽減を図る「**養育支援訪問事業**」がある。なお、これらは子ども・子育て支援交付金を財源としている。

子どもを対象とした健康診査には、乳幼児健康診査として「1歳6か月児健康診査」「3歳児健康診査」などがある。乳幼児健康診査では、主に先天異常など疾病の早期発見、及び健全な発達のための養護、栄養指導が行われる。「1歳6か月児健康診査」では、心身障害の早期発見、むし歯予防、栄養指導、育児指導等が主となる。「3歳児健康診査」では、心身障害の早期発見に加えて、発育、栄養、疾病の有無、歯科、精

神発達等が専門職によりチェックされる。いずれも疾病・障害の疑いがある場合には、精密健康診査が実施される。対応する機関は、身体面については専門の医療機関、精神発達面については児童相談所等である。

　これらの「健康診査」、または「新生児・未熟児・妊産婦の訪問指導」等の結果、必要が認められる母子には、医師、保健師あるいは助産師等が適切な「保健指導」を行う。これらリスクのある母子の地域におけるフォローアップは、保健サービスの重要な役割の一つである。母子保健事業の実施に際して要支援児童等と思われる者を把握したときは、市町村長への情報提供が求められている。

　一方、乳幼児期の「感染症の予防」「先天性代謝異常等の早期発見」は疾患の早期発見と早期支援を展開する。

　「B型肝炎母子感染防止事業」は、免疫グロブリンとワクチンを用いて、B型肝炎ウイルスに感染している母親から生まれてくる子どもを分べん時の感染から防ぐためのサービスである。B型肝炎はウイルス性の肝炎で、多くは症状の出ない不顕性感染[*6]であるが、一部は慢性肝炎[*7]や劇症肝炎[*8]となる。母親が感染していると、新生児に感染することがある。

　また、「先天性代謝異常等検査」は、生後5～7日めの新生児の、かかとから採血し、20種類の先天性代謝異常症等を検査[*9]するものである。検査結果が陽性であれば、18歳になるまで「小児慢性特定疾病医療費助成制度」で医療援護が行われる。

　一方、乳幼児突然死症候群（Sudden Infant Death Syndrome：SIDS）対策としての知識の普及や啓発、情報提供を実施するとともに、平成17（2005）年の食育基本法の制定を経て、食を通じた子どもの健全育成として「食育」の推進を図っている。

　未熟児や疾病をもつ子どもに対する対策としては、「未熟児養育医療」がある。これは、未熟児等により医師が入院養育の必要を認めた新生児に対し、指定された医療機関での医療の給付またはその費用の支給が行われるものである。

　身体障害児及び今は障害がなくとも医療を行わないと将来障害の発生が予測され、施術等で確実な治療効果が期待できる子どもに対し、**自立支援医療（育成医療）**が支給される。

　対象は、①視覚障害、②聴覚・平衡機能障害、③音声機能、言語機能、そしゃく機能障害、④肢体不自由、⑤心臓、腎臓、呼吸器、ぼうこう、直腸、小腸または肝機能障害、⑥先天性内臓機能障害（⑤を除く）、⑦HIVによる免疫機能障害、である。

第2部　第1章

*6
細菌やウイルスなどの病原体が身体の中に侵入して増えるものの、病気の症状を示すことなく、知らない間に免疫ができてしまうような感染のしかた。

*7
肝臓の炎症が、6か月以上続いている状態であり、症状は、だるい、疲れやすい、食欲不振などの目立たない軽い症状で、無症状の場合も少なくない。しかし、採血して肝臓の機能検査をすると肝機能に障害があり、この状態が数年から数十年と長い間続くと、肝硬変に進み、さらに肝臓がんになる可能性がある。

*8
肝臓のはたらきをする細胞（肝細胞）が急激に大量に壊れることにより、その機能が低下していく病気。肝臓の機能が低下すると、血液を固めるために必要な凝固因子の産生が失われ、また、老廃物の蓄積により意識障害（肝性脳症）が出現する。適切な治療を行わないと高頻度で死に至る。

*9
この検査を新生児マススクリーニングといい、昭和52（1977）年よりアミノ酸代謝異常症とガラクトース血症を対象として開始された。平成26（2014）年より、新しい検査法（タンデムマス法）が導入され、現在20疾患を対象としたスクリーニングが行われている。

「**小児慢性特定疾病医療費助成制度**」は、医療費の一部を公費で助成するサービスである。子どもの慢性疾患治療の確立、及びその家族の経済的な負担の軽減を目的としている。①悪性新生物、②慢性腎疾患、③慢性呼吸器疾患、④慢性心疾患、⑤内分泌疾患、⑥膠原病、⑦糖尿病、⑧先天性代謝異常、⑨血友病等血液疾患、⑩免疫疾患、⑪神経・筋疾患、⑫慢性消化器疾患、⑬染色体または遺伝子に変化を伴う症候群、⑭皮ふ疾患など、計704疾患が対象となる。また小児慢性特定疾病児童等自立支援事業として、都道府県等は相談支援など小児慢性特定疾病児童に対する自立のための支援が義務付けられている。さらに、子どもの心の診療ネットワーク事業として、さまざまな子どもの心の問題や被虐待児のケア、発達障害に対する支援体制の構築を図っている。

一方、児童虐待の相談対応件数の増加など、子育てに困難を抱える世帯がこれまで以上に顕在化してきている状況をふまえて、児童福祉法改正（令和6〔2024〕年4月施行）における家庭支援事業として、子育て世帯訪問支援事業（子育ての情報提供や家事・養育の援助など）、親子関係形成支援事業（支援対象者が自身の取り組みを通して学べるよう、学んだことを家庭で実践し、後に続くプログラムにおいて振り返るような機会を設ける等）、児童育成支援拠点事業（学校や自宅以外で子どもの居場所となる拠点の開設）など支援の充実が図られる。また、児童発達支援センターが地域における障害児支援の中核的役割を担うことの明確化、障害種別にかかわらず障害児を支援できるよう児童発達支援の類型（福祉型、医療型）の一本化を進めるとしている。

＊10
本書第2部第2章第1節5⑦参照。

4 思春期等のサービス

母子保健サービスは、これから母親、父親となる可能性のある思春期の学童も対象とする。これを思春期保健とよぶ。思春期保健の主たる目的は、①成人に向けての健康増進、②親になるための準備、③自らの責任における性行動等に関する教育である。

昨今は、さまざまな心の悩みを訴える思春期の子どもが増加し、それとともに10代の中絶が大きく減少する状況にはない。また、HIV等、感染症に関する正確な知識の普及が必ずしも十分ではないという現実がある。これらへの対応のため、「思春期保健相談等事業（思春期クリニック等）」や「健全母性育成事業」が実施されている。そこでは、専門の医師や助産師が面接や電話相談で思春期特有の性の悩みに対応する

ほか、思春期の子どもとその保護者を対象にした集団指導を行っている。

　自治体によっては、「市町村母子保健事業」として、思春期における体験学習を実施している。これは、日ごろ乳児に接することの少ない中高生に、実際に乳幼児を抱く機会などを提供するものである。

　生涯を通じた女性の健康づくりとして、「生涯を通じた女性の健康支援事業」に基づき、女性センター（男女共同参画センター）や保健所など、地域に密着した機関において、女性が的確に自己の健康管理を行うための健康教育、更年期障害や不妊症等に関する相談を実施している。

　また不妊治療に対する経済的な支援として、「不妊に悩む方への特定治療支援事業」を実施している。さらに周産期医療対策として、周産期救急体制の向上のため、周産期医療ネットワークや総合周産期母子医療センター等の整備が進められている。令和4（2022）年4月からは不妊治療への保険適用も始まった。[*11]

＊11
保険適用については、治療法、回数、年齢など、要件が決まっている。

5　母子保健サービスの今後の方向性

　平成13（2001）年にスタートした「**健やか親子21**」は、21世紀の母子保健における取り組みの課題について、国民をはじめ、関係機関・団体が一体となって行う国民運動計画と位置付けている。

　平成27（2015）年には「**健やか親子21（第2次）**」が開始し、10年後にめざす姿を「すべての子どもが健やかに育つ社会」とし、すべての国民が地域や家庭環境等の違いにかかわらず、同じ水準の母子保健サービスが受けられることをめざしている（**図2－1－3**）。達成すべき3つの基盤課題「切れ目のない妊産婦・乳幼児への保健対策」「学童期・思春期から成人期に向けた保健対策」「子どもの健やかな成長を見守り育む地域づくり」と、2つの重点課題「『育てにくさ』を感じる親に寄り添う支援」と「妊娠期からの児童虐待防止対策」を掲げている。

　母子保健サービスは、福祉、医療、教育、職業などさまざまな領域と深くかかわっている。今後さらに、当事者を含め、地域ぐるみで母子保健を支えていくエンパワメントの仕掛けづくりが極めて重要であるといえよう。

〈図2−1−3〉「健やか親子21（第2次）」イメージ図

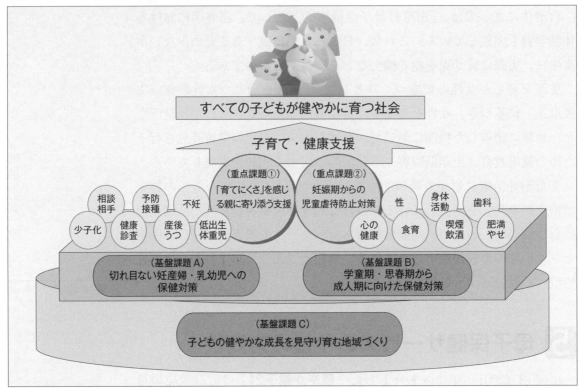

すべての子どもが健やかに育つ社会

子育て・健康支援

（重点課題①）
「育てにくさ」を感じる親に寄り添う支援

（重点課題②）
妊娠期からの児童虐待防止対策

相談相手　予防接種　不妊

少子化　健康診査　産後うつ　低出生体重児

性　身体活動　歯科

心の健康　食育　喫煙飲酒　肥満やせ

（基盤課題A）
切れ目ない妊産婦・乳幼児への保健対策

（基盤課題B）
学童期・思春期から成人期に向けた保健対策

（基盤課題C）
子どもの健やかな成長を見守り育む地域づくり

（出典）厚生労働省資料

📖**BOOK 学びの参考図書**

● 厚生労働省ホームページ「母子保健及び子どもの慢性的な疾病についての対策」
　厚生労働省の母子保健に関するWEBサイト。最新情報を把握することができる。

参考文献
● 高野　陽・柳川　陽・中林正雄・加藤忠明 編『改訂7版 母子保健マニュアル』南山堂、2010年
● 安梅勅江『子どもの未来をひらくエンパワメント科学』日本評論社、2019年
● 安梅勅江『根拠に基づく子育ち・子育てエンパワメント：子育ち環境評価と虐待予防』日本小児医事出版社、2009年
● 厚生労働省『令和4年版 厚生労働白書』2022年

第2章

子育て支援・保育・児童健全育成

学習のねらい

　子どもの育ちと子育てを取り巻く環境の変化に伴い、児童家庭福祉のニーズは多様化し、複雑になっている。そうしたニーズに応えるためには、子どもへの支援とともに、子どもが育つ家庭に対して広く支援を届けるサービスが重要となる。

　本章では、3つの領域の基本的な考え方や制度の枠組みを理解する。

　第1節では、子育て支援のとらえ方や根拠等の原理、子育て支援施策推進の経緯や計画、子ども・子育て支援制度の全体像を学ぶ。

　第2節では、施設型給付と地域型保育給付としての保育、地域子ども・子育て支援事業における主な保育関連事業、認可外保育サービス、幼児教育・保育の無償化を学ぶ。

　第3節では、児童厚生施設における健全育成、放課後保障のための施策、児童福祉文化財、児童手当等と児童健全育成の課題を学ぶ。

第1節　子育て支援

1　子育て支援とは何か

（1）子育て支援のとらえ方

　子育て支援とは、「簡潔にいえば、子どもが生まれ、育ち、生活する基盤である親及び家庭、地域における子育ての機能に対し、家庭以外の私的、公的、社会的機能が支援的にかかわることをいう」[1]。また、山縣文治の整理を参考にすると、子育て支援は大きく2つに大別できる。一つは保育所や幼保連携型認定こども園をはじめとする児童福祉施設等の拠点型の福祉サービスを継続的に利用している保護者に対して行われる利用者支援であり、もう一つは特定の拠点を継続的には利用していない保護者に対する地域子育て支援である[2]。

（2）子育て支援の根拠

　公的責任としての子育て支援の理念は**表2-2-1**にみられる。子育て支援は、保護者の第一義的責任を基本とし、公的責任と社会連帯の理念に基づき、私的・公的・社会的な側面から実施することが求められる。

〈表2-2-1〉子育て支援の法的根拠

児童福祉法	
第2条第2項	児童の保護者は、児童を心身ともに健やかに育成することについて第一義的責任を負う。
第2条第3項	国及び地方公共団体は、児童の保護者とともに、児童を心身ともに健やかに育成する責任を負う。
第3条の2	国及び地方公共団体は、児童が家庭において心身ともに健やかに養育されるよう、児童の保護者を支援しなければならない。
子ども・子育て支援法	
第2条第1項	子ども・子育て支援は、父母その他の保護者が子育てについての第一義的責任を有するという基本的認識の下に、家庭、学校、地域、職域その他の社会のあらゆる分野における全ての構成員が、各々の役割を果たすとともに、相互に協力して行われなければならない。

（3）子どもの立場と子育て支援の意義

　児童福祉法第2条第1項では「全て国民は、児童が良好な環境において生まれ、かつ、社会のあらゆる分野において、児童の年齢及び発達の程度に応じて、その意見が尊重され、その最善の利益が優先して考慮され、心身ともに健やかに育成されるよう努めなければならない」と国民

の義務を謳（うた）っている。

　子どもの立場からこの条文の意味を考えれば、示されている内容を保障される権利があるといえる。その意味で、福祉サービスや児童福祉施設等の継続的利用の有無にかかわらず保護者に子育て支援を提供することは、困りごとや課題への表層的な対応だけではなく、子どもの意見やその最善の利益が保障される「育ちの環境」である保護者や生活の場となる家庭の状態を整えることが重要である。そのことが子どもの権利と最善の利益を守ることにつながるとあらためてとらえ直すことができる。ここに、子育て支援の意義がある。

（4）子育て支援の新たな展開

　令和4（2022）年の児童福祉法改正は、市町村における切れめのない支援を提供する体制を整備する内容が含まれており、一部を除き令和6（2024）年に施行される。市町村では、これまで母子保健分野による妊娠期から子育て支援にわたり切れめなく支援を提供する子育て世代包括支援センターと、児童福祉分野によるソーシャルワークの機能を担いすべての子どもとその家庭及び妊産婦等を対象に福祉に関する支援業務などを行う市区町村子ども家庭総合支援拠点の設置が進められてきた。今般の法改正により、両方の機関の設立の意義や機能は維持した上で組織を見直し、すべての妊産婦、子育て世帯、子どもについて一体的に相談を行う機能を有する**こども家庭センター**の設置に努めることとされた。こども家庭センターは、要保護児童対策地域協議会の調整機関を担い、密接な連携が求められるほか、法改正により創設される身近な地域子育て相談機関（保育所、幼稚園、幼保連携型認定こども園や地域子育て支援拠点事業の実施場所等）との密接な連携を図ることが必要となる。

　このように、在宅子育て家庭や一時保護解除後・施設入所等措置解除後等の子どもと家庭に対する支援は、子どもの育ちと子育てが困難な状況に至る前につながり、提供されることが予防的な観点からより重視されている。子ども・子育て支援事業の拡充と家庭支援事業の創設とも相まって、すべての子どもと家庭への包括的・継続的支援を提供する資源の確保と体制整備が進められている。

2 子育て支援施策の経緯

　子ども・子育てを取り巻く社会状況の変化により、少子化や子育ての

〈図2-2-1〉少子化対策のこれまでの取り組み

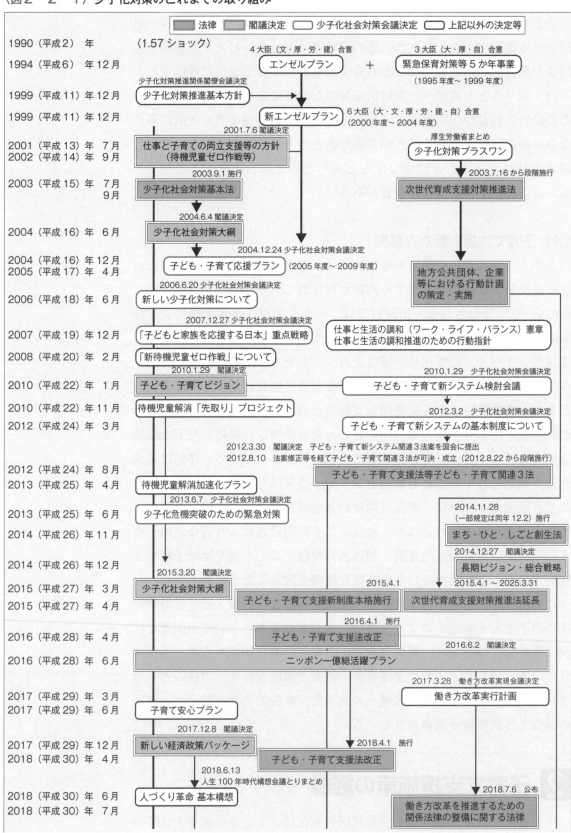

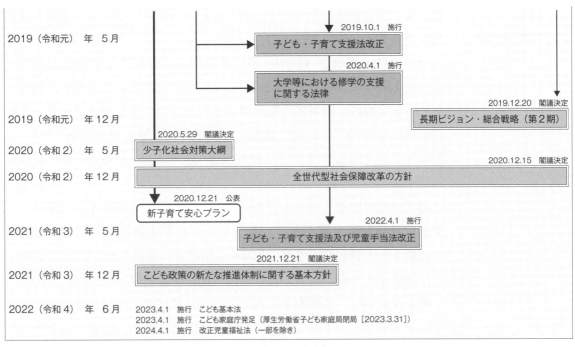

（出典）内閣府『令和4年版 少子化社会対策白書』2022年、48～49頁をもとに一部改変

〈図2－2－2〉少子化社会対策大綱（概要）～新しい令和の時代にふさわしい少子化対策へ～

<背景>
・少子化の進行は、人口（特に生産年齢人口）の減少と高齢化を通じて、社会経済に多大な影響
・少子化の主な原因は、未婚化・晩婚化、有配偶出生率の低下　・背景には、個々人の結婚や出産、子育ての希望の実現を阻む様々な要因
・希望の実現を阻む隘路を打破するため、長期的な展望に立ち、必要な安定財源を確保しながら、総合的な少子化対策を大胆に進める必要
・新型コロナウイルス感染症の流行は、安心して子供を生み育てられる環境整備の重要性を改めて浮き彫りにした
　学校の臨時休業等により影響を受ける子育て世帯に対する支援等の対策と併せて、非常時の対応にも留意しながら総合的な少子化
　対策を進める

<基本的な目標>
・「希望出生率1.8」の実現に向け、令和の時代にふさわしい環境を整備し、国民が結婚、妊娠・出産、子育てに希望を見出せるとともに、
　男女が互いの生き方を尊重しつつ、主体的な選択により、希望する時期に結婚でき、かつ、希望するタイミングで希望する数の子
　供を持てる社会をつくる（結婚、妊娠・出産、子育ては個人の自由な意思決定に基づくものであり、個々人の決定に特定の価値観を押し付けたり、
　プレッシャーを与えたりすることがあってはならないことに十分留意）

<基本的な考え方>

1結婚・子育て世代が将来にわたる展望を描ける環境をつくる
・若い世代が将来に展望を持てる雇用環境等の整備
・結婚を希望する者への支援
・男女共に仕事と子育てを両立できる環境の整備
・子育て等により離職した女性の再就職支援、地域活動への参画支援
・男性の家事・育児参画の促進　　・働き方改革と暮らし方改革

2多様化する子育て家庭の様々なニーズに応える
・子育てに関する支援（経済的支援・心理的・肉体的負担の軽減等）
・在宅子育て家庭に対する支援
・多子世帯、多胎児を育てる家庭に対する支援
・妊娠期から子育て期にわたる切れ目のない支援
・子育ての担い手の多様化と世代間での助け合い

3地域の実情に応じたきめ細かな取組を進める
・結婚、子育てに関する地方公共団体の取組に対する支援
・地方創生と連携した取組の推進

4結婚、妊娠・出産、子供・子育てに温かい社会をつくる
・結婚を希望する人を応援し、子育て世帯をやさしく包み込む社会的機運の醸成
・妊娠中の方や子供連れに優しい施設や外出しやすい環境の整備
・結婚、妊娠・出産、子供・子育てに関する効果的な情報発信

5科学技術の成果など新たなリソースを積極的に活用する
・結婚支援・子育て分野におけるICTやAI等の科学技術の成果の活用促進

このほか、ライフステージ（結婚前、結婚、妊娠・出産、子育て）ごとに
施策の方向性を整理

<施策の推進体制等>
・有識者の意見を聞きつつ、施策の進捗状況等を検証・評価する体制を構築し、PDCAサイクルを適切に回す
・施策について数値目標を設定するとともに、その進捗を定期的にフォローアップ※
・更に強力に少子化対策を推し進めるために必要な安定財源の確保について、国民各層の理解を得ながら、社会全体での費用
　負担の在り方を含め、幅広く検討

※　本大綱については、施策の進捗状況とその効果、社会情勢の変化等を踏まえ、おおむね5年後を目処に見直しを行うこととする。

（出典）内閣府「少子化社会対策大綱（概要）」

孤立化、児童虐待、子育てと就労の両立の困難等、子どもと家庭を取り巻くさまざまな課題が生じた。[*1]

日本では、平成2（1990）年に前年の合計特殊出生率が史上最低となった1.57ショックを契機として、エンゼルプラン（平成6〔1994〕年）の策定以降、計画的な取り組みが推進されてきた（**図2－2－1**）。代表的な総合的プランは、新エンゼルプラン（平成11〔1999〕年）、子ども・子育て応援プラン（平成16〔2004〕年）、子ども・子育てビジョン（平成22〔2010〕年）である。

現在の計画的取り組みの背景には、少子化社会対策基本法に基づく、**少子化社会対策大綱**がある。少子化社会対策大綱は、平成16（2004）年に第1次大綱が発表されて以降、5年ごとに見直され、令和2（2020）年には第4次大綱が明らかにされた（**図2－2－2**）。

第4次大綱は、子ども・子育て支援法に基づき、国に義務が課せられている「子ども・子育て支援のための施策を総合的に推進するための基本的な指針」（平成25〔2013〕年）を反映したものである。令和5（2023）年に施行されたこども基本法第9条第1項により、政府は、こども施策を総合的に推進するため、こども施策に関する大綱（こども大綱）を定めなければならないとされている。これにより、従来の「少子化社会対策大綱」「子供・若者育成支援推進大綱」及び「子供の貧困対策に関する大綱」の3大綱を一元化し、さらに必要なこども施策を盛り込むことで、これまで以上に総合的かつ一体的にこども施策を進めていくこととなっている。

特定分野や対象に対する計画もある。保育分野では、緊急保育対策等5か年事業（平成6〔1994〕年）、待機児童ゼロ作戦（平成13〔2001〕年）、新待機児童ゼロ作戦（平成20〔2008〕年）、待機児童解消加速化プラン（平成25〔2013〕年）、子育て安心プラン（平成29〔2017〕年）、新子育て安心プラン（令和2〔2020〕年）などが策定されている。さらに、保健分野では「健やか親子21」、子ども・若者期には、「子ども・若者計画」がある。

なお、こども家庭庁設置法等に基づき、令和5（2023）年度には内閣府の外局としてこども家庭庁が創設された。これまで内閣府、厚生労働省、文部科学省に分かれて担われていた施策に対する司令塔機能を果たしている。[*2]こども家庭庁は、就学前のこどもの健やかな成長のための環境の確保及び子育て支援を所掌し、総合調整、勧告権等の行使、保育所を所管、認定こども園を共管する。教育・保育給付など子ども・子育て

支援の事務についても所掌する。内閣府に置かれていた子ども・子育て会議は、移管により、こども家庭審議会に機能統合された。こども家庭審議会では、内閣総理大臣の諮問に基づき、こども施策の基本的な方針や重要事項等の検討とあわせて、「幼児期までのこどもの育ちに係る基本的なヴィジョン（仮称）」と「こどもの居場所づくりに関する指針（仮称）」の案の策定に向け、具体的な事項の検討を行っている。

3 少子化対策から次世代育成支援、子ども・子育て支援へ

（1）次世代育成支援対策推進法

　少子化対策から次世代育成支援対策への本格的転換は、平成15（2003）年に制定された**次世代育成支援対策推進法**を契機とする。

　この法律では、都道府県、市町村の次世代育成支援地域行動計画の策定は任意であるが、策定にあたっては5年を1期として策定され、地域の子育て支援サービスの整備目標を盛り込むことになっている。平成26（2014）年度末までの時限立法であったが、次世代育成支援対策の推進・強化を図る必要性から、令和7（2025）年度まで延長された。

（2）少子化社会対策基本法

　少子化社会対策基本法は、「少子化に対処するための施策を総合的に推進し、もって国民が豊かで安心して暮らすことのできる社会の実現に寄与すること」（第1条）を目的として平成15（2003）年に制定された。

　この法律では、内閣総理大臣を会長とする少子化社会対策会議を設置することとされている。少子化に対処するための施策の指針として、総合的かつ長期的な少子化に対処するための施策の大綱の策定を政府に義務付け、少子化社会対策大綱が策定されており、子ども・子育て応援プランやビジョン等の国による計画の策定に結び付いてきた。これらの法律は、子育て支援・次世代育成支援推進のための基本法といえる。

（3）育児・介護休業法

　この法律は、平成4（1992）年に成立したもので、平成22（2010）年の「育児休業、介護休業等育児又は家族介護を行う労働者の福祉に関する法律」（育児・介護休業法）の改正により、父母の両方が育児休業を取得した場合、休業できる期間を2か月延長する「パパ・ママ育休プ

ラス」が実施された。これと併行して、雇用保険法の改正により育児休業の給付率が50％から67％へ引き上げられ、育児休業は必要な場合子どもが2歳になるまで延長を認められるようになった。

　また、令和元（2019）年の改正では、令和3（2021）年1月から子の看護休暇が時間単位で取得可能になり、すべての労働者が取得できるようになった。令和3（2021）年6月の改正により、出産・育児等による労働者の離職を防ぎ、希望に応じて男女ともに仕事と育児等を両立できるようにするため、子の出生後8週間以内に4週間まで取得できる「産後パパ育休（出生時育児休業）」が創設されたほか、育児休業の2回までの分割取得が可能になった（令和4〔2022〕年10月施行）。有期雇用労働者の育児・介護休業取得要件の緩和、育児休業を取得しやすい雇用環境整備及び妊娠・出産の申出をした労働者に対する個別の周知・意向確認の措置を義務付けた（令和4〔2022〕年4月施行）。加えて、育児休業の取得状況の公表を常時雇用する労働者数が1,000人超の事業者に対し義務付けた（令和5〔2023〕年4月施行）。

（4）子ども・子育て支援法

　子ども・子育て支援法は、子ども・子育て支援制度の給付内容等を示す法律で、平成24（2012）年に制定された（平成27〔2015〕年4月施行）。目的として、子育てが社会連帯の理念のもとに、社会全体で行われるものであることが示されている。

　子ども・子育てにおける一元化された財源の確保のため、年金特別会計に子ども・子育て支援勘定を用意し、市町村の子ども・子育て支援事業計画、都道府県の子ども・子育て支援事業支援計画に基づき、子ども・子育て支援給付と地域子ども・子育て支援事業が実施されている。

（5）就学前の子どもに関する教育、保育等の総合的な提供の推進に関する法律

　就学前の子どもに関する教育、保育等の総合的な提供の推進に関する法律は、一般的には認定こども園法とよばれる。「幼児期の教育及び保育が生涯にわたる人格形成の基礎を培う重要なものであること並びに我が国における急速な少子化の進行並びに家庭及び地域を取り巻く環境の変化に伴い小学校就学前の子どもの教育及び保育に対する需要が多様なものとなっていることに鑑み、地域における創意工夫を生かしつつ、小学校就学前の子どもに対する教育及び保育並びに保護者に対する子育て

支援の総合的な提供を推進するための措置を講じ、もって地域において子どもが健やかに育成される環境の整備に資すること」を目的とする（第1条）。

4 子ども・子育て支援制度の概要

（1）子ども・子育て支援制度の目的

　子ども・子育て支援制度は、子育てにかかわる保護者の第一義的な責任を念頭に置き、幼児期の学校教育・保育、地域の子ども・子育て支援を総合的に推進することを目的とする。その背景には、子ども・子育てを社会全体で支え合うという社会連帯の理念がある。

　これを推進するため、内閣府の外局であるこども家庭庁にこども家庭審議会（内閣府子ども・子育て会議は令和4〔2022〕年度をもって廃止）、都道府県・市区町村には努力義務として地方版の子ども・子育て会議を設置している。この会議を通じて、市区町村は子ども・子育て支援事業計画を、都道府県は子ども・子育て支援事業支援計画を策定する。

（2）子ども・子育て支援制度の要点

　子ども・子育て支援制度の全体像は、**図2－2－3**に示すとおりである。以下、そのポイントをいくつか示す。

　第1は、制度を総合的に推進するため、内閣府の外局であるこども家庭庁により取り組まれている。

　第2は、子ども・子育て支援給付の創設である。子ども・子育て支援給付は、「子どものための現金給付」（児童手当）と、「子どものための教育・保育給付」の2つで構成される。教育・保育給付は、さらに認定こども園、幼稚園、保育所を通じた共通の給付である「**施設型給付**」と、小規模保育や家庭的保育、居宅訪問型保育や事業所内保育への給付である「**地域型保育給付**」の2つに分かれ、利用料は保護者の所得に応じた応能負担となっている。

　第3は、認定こども園制度の改善である。幼保連携型認定こども園の認可・指導監督を一本化し、学校及び児童福祉施設として法的に位置付けたこと、認定こども園の財政措置を「施設型給付」に一本化したことである。

　第4は、地域子ども・子育て支援事業の創設である。これには、利用

〈図２－２－３〉子ども・子育て支援制度の概要

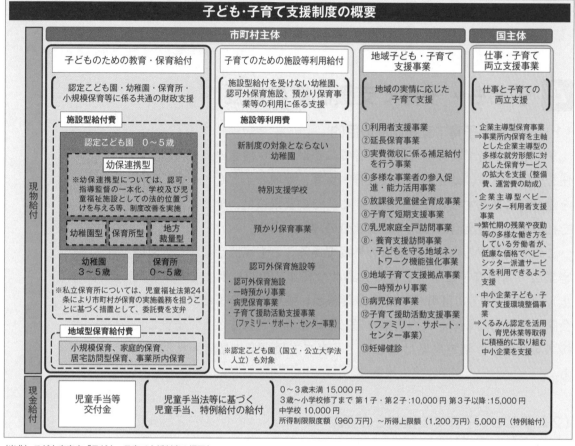

（出典）こども家庭庁「子ども・子育て支援制度の概要」

者支援事業、地域子育て支援拠点事業、放課後児童クラブなど、13事業が含まれる。令和4（2022）年の児童福祉法改正により、子育て世帯訪問支援事業、児童育成支援拠点事業、親子関係形成支援事業が創設された。この3事業は、今後地域子ども・子育て支援事業に位置付けられることになっている。[*3]

＊3
本節5参照。

第5は、子ども・子育て支援法の改正により、仕事・子育て両立支援事業として、企業主導型保育事業と企業主導型ベビーシッター利用者支援事業が創設（平成28〔2016〕年4月）されたほか、中小企業子ども・子育て支援環境整備事業が創設（令和3〔2021〕年）された。

（3）市町村における実施体制

施設型給付及び地域型保育給付の利用手続きは、**図２－２－４**のとおりである。利用を希望する者は、まず、居住地の市町村において、客観的基準に基づき教育・保育の必要性の認定を受ける。認定区分には、**1**

〈図２－２－４〉子ども・子育て支援制度における行政が関与した利用手続き

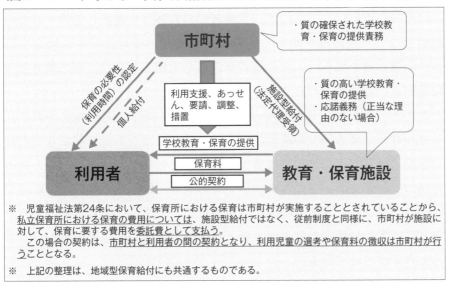

（出典）内閣府「子ども・子育て支援新制度について（令和４年７月）」8頁をもとに一部改変

〈表２－２－２〉施設型給付費等の支給を受ける子どもの認定区分

認定区分		給付の内容	利用定員を設定し、給付を受けることとなる施設・事業
1号認定子ども	満3歳以上の小学校就学前の子どもであって、2号認定子ども以外のもの （第19条第1項第1号）	教育標準時間※	幼稚園 認定こども園
2号認定子ども	満3歳以上の小学校就学前の子どもであって、保護者の労働又は疾病その他の内閣府令で定める事由により家庭において必要な保育を受けることが困難であるもの （第19条第1項第2号）	保育短時間 保育標準時間	保育所 認定こども園
3号認定子ども	満3歳未満の小学校就学前の子どもであって、保護者の労働又は疾病その他の内閣府令で定める事由により家庭において必要な保育を受けることが困難であるもの （第19条第1項第3号）	保育短時間 保育標準時間	保育所 認定こども園 小規模保育等

※教育標準時間外の利用については、一時預かり事業（幼稚園型）等の対象となる。
（出典）内閣府「子ども・子育て支援新制度について（令和４年７月）」7頁をもとに一部改変

号認定（教育標準時間認定・満3歳以上）、**2号認定**（保育認定・満3歳以上）、**3号認定**（保育認定・満3歳未満）の3区分がある（**表2－2－2**）。

　これまで保育所利用の要件は「保育に欠ける」ことであったが、これが、「保育の必要性」の認定に変わり、同居親族による保育の見直し、就労要件の見直し、必要性の事由として、求職活動や就学、虐待やDVの可能性などの明示、などが新たに行われた。

　施設型給付は、保護者に対する個人給付を基本に、居住地の市町村から法定代理受領する仕組みとなる。保育料は保護者の所得に応じた応能

負担で、施設が利用者から徴収することになる。保育の必要性の認定を受けた後、市町村の関与の下、保護者が自ら施設を選択し契約する公的契約となり、施設は利用申し込みに対して正当な理由がある場合を除き、応諾義務を負う。入園希望者が定員を上回る場合は、国の選考基準に基づき、選考が行われる。

　ただし、市町村は児童福祉法第24条により保育の実施義務があり、私立保育所による保育の場合は、施設型給付ではなく従来どおり市町村が施設に対して保育に要する費用を委託費として支払い、市町村と利用者間の契約となる。そのため利用児童の選考と保育料の徴収は市町村が行う。なお、ひとり親家庭、生活保護世帯、失業、子どもに障害があるなど、優先的に保育の利用が必要と判断される場合には優先利用ができるよう配慮されている。

（4）市町村子ども・子育て支援事業計画等

　自治体は、国の「教育・保育及び地域子ども・子育て支援事業の提供体制の整備及び子ども・子育て支援事業の円滑な実施を確保するための基本的な指針」に基づき、各種事業の給付、事業を実施するための5年を1期とする計画を策定する（子ども・子育て支援法第61条第1項、第62条第1項）。子ども・子育て支援法第72条第1項、第4項により、市町村、都道府県は条例で定めるところにより、審議会その他の合議制の機関を置くよう努めるものとされている。この審議会・機関を設置している場合は、市町村子ども・子育て支援事業計画、都道府県子ども・子育て支援事業支援計画を策定・変更する際、意見を聴かなければならない。

5 子ども・子育て支援事業

　厚生労働省の「保育所等関連状況取りまとめ（令和4〔2022〕年4月1日）」によれば、3歳未満児の保育所等利用率は43.4％で、1、2歳児は56.0％と高かったが、0歳児は17.5％と低い。親の育児不安や負担感を軽減し、居場所や仲間づくりをするためには、施設における保育ばかりでなく、多様な子育て支援サービスを活用する必要性がある。

　子ども・子育て支援制度は、子どものための教育・保育給付と並び、在宅の子育て家庭を支援するための地域子ども・子育て支援事業も大きな柱となっている（**図2-2-3**）。市町村が作成する子ども・子育て

〈図２－２－５〉利用者支援事業の概要

（子ども・子育て支援交付金（こども家庭庁）及び重層的支援体制整備事業交付金（厚生労働省））

1．施策の目的

子育て家庭や妊産婦が、教育・保育施設や地域子ども・子育て支援事業、保健・医療・福祉等の関係機関を円滑に利用できるように、身近な場所での相談や情報提供、助言等必要な支援を行うとともに、関係機関との連絡調整、連携・協働の体制づくり等を行う。

2．施策の内容

基本型

○「利用者支援」と「地域連携」の２つの柱で構成。

【利用者支援】

地域子育て支援拠点等の身近な場所で、
○子育て家庭等から日常的に相談を受け、個別のニーズ等を把握
○子育て支援に関する情報の収集・提供
○子育て支援事業や保育所等の利用に当たっての助言・支援
　→当事者の目線に立った、寄り添い型の支援

【地域連携】

○より効果的に利用者が必要とする支援につながるよう、
　地域の関係機関との連絡調整、連携・協働の体制づくり
○地域に展開する子育て支援資源の育成
○地域で必要な社会資源の開発等
　→地域における、子育て支援のネットワークに基づく支援

《職員配置》専任職員（利用者支援専門員）を１名以上配置
※子ども・子育て支援に関する事業（地域子育て支援拠点事業など）の一定の実務経験を有する者で、子育て支援員基本研修及び専門研修（地域子育て支援コース）の「利用者支援事業（基本型）」の研修を修了した者等

特定型（いわゆる「保育コンシェルジュ」）

○主として市町村の窓口で、子育て家庭等から保育サービスに関する相談に応じ、地域における保育所や各種の保育サービスに関する情報提供や利用に向けての支援などを行う

《職員配置》専任職員（利用者支援専門員）を１名以上配置
※子育て支援員基本研修及び専門研修（地域子育て支援コース）の「利用者支援事業（特定型）」の研修を修了している者が望ましい

母子保健型

○主として市町村保健センター等で、保健師等の専門職が、妊娠期から子育て期にわたるまでの母子保健や育児に関する妊産婦等からの様々な相談に応じ、その状況を継続的に把握し、支援を必要とする者が利用できる母子保健サービス等の情報提供を行うとともに、関係機関と協力して支援プランの策定などを行う

《職員配置》母子保健に関する専門知識を有する保健師、助産師等を
１名以上配置　※職員は専任が望ましい

3．実施主体等

○**実施主体**　市町村（特別区を含む）
○**負担割合**　国（2/3）、都道府県（1/6）、市町村（1/6）
○**主な補助単価**（令和５年度予算）

○実施か所数の推移（単位：か所数）

	基本型	特定型	母子保健型	合計
R３年度	981	379	1,675	3,035
R４年度	1,043	378	1,720	3,141

（出典）こども家庭庁「利用者支援事業とは（概要）」１頁

支援事業計画によって推進され、事業にかかる費用は、国、都道府県、市町村が３分の１ずつ負担する。地域子ども・子育て支援事業には13事業がある。

　本項では狭義の子育て支援に限定し、７つの事業について紹介する。

❶利用者支援事業

　利用者支援事業とは、子育て家庭や妊産婦が、教育・保育施設や地域子ども・子育て支援事業、保健・医療・福祉等の関係機関を円滑に利用できるように、身近な場所での相談や情報提供、助言等必要な支援を行うとともに、関係機関との連絡調整、連携・協働の体制づくり等を行うことを目的とする（**図２－２－５**）。この事業には、基本型、特定型、母子保健型[4]（ほぼ母子健康包括支援センターと兼ねている）の３類型がある。このうち、前二者には、専任職員として利用者支援専門員が１人以上配置され、ソーシャルワークに近い業務を行う。

*4
本書第２部第１章参照。

❷地域子育て支援拠点事業

　地域子育て支援拠点事業とは、乳児または幼児及びその保護者が相互の交流を行う場所を開設し、子育てについての相談、情報の提供、助言その他の援助を行うものである。

❸一時預かり事業

　一時預かり事業とは、家庭において保育を受けることが一時的に困難となった乳幼児について、主として昼間において、認定こども園、幼稚園、保育所、地域子育て支援拠点その他の場所において、一時的に預かり、必要な保護を行うものである。一般的に「一時保育」とよんでいる。

❹乳児家庭全戸訪問事業

　乳児家庭全戸訪問事業とは、市町村の区域内における原則として乳児のいるすべての家庭を訪問することにより、子育てに関する情報の提供ならびに乳児及びその保護者の心身の状況及び養育環境の把握を行うほか、養育についての相談に応じ、助言その他の援助を行うものである。生後4か月までの乳児のいるすべての家庭を訪問し、支援が必要な家庭に対して適切なサービス提供につなぐ。

❺養育支援訪問事業等

　養育支援訪問事業とは乳児家庭全戸訪問事業の実施その他により把握した保護者の養育を支援することが特に必要と認められる児童、もしくは保護者に監護させることが不適当であると認められる児童及びその保護者または出産後の養育について出産前において支援を行うことが特に必要と認められる妊婦（特定妊婦）に対し、その養育が適切に行われるよう、当該要支援児童等の居宅において、養育に関する相談、指導、助言その他必要な支援を行うものである。

　また、子どもを守る地域ネットワーク機能強化事業は、要保護児童対策地域協議会の機能強化にあたって、調整機関の職員及びネットワークの関係機関の専門性強化とネットワークの機関間の連携強化を図る取り組みを実施する事業である。

❻子育て短期支援事業

　子育て短期支援事業は、保護者の疾病その他の理由により家庭において養育を受けることが一時的に困難となった児童について、内閣府令で

定めるところにより、児童養護施設その他の内閣府令で定める施設に入所させ、その者につき必要な保護を行うものである。一定期間養育・保護する短期入所生活援助事業（ショートステイ）と平日夜間や休日に食事の提供、身の回りの世話や生活指導等を行う夜間養護等事業（トワイライトステイ）がある。

❼子育て援助活動支援事業（ファミリー・サポート・センター事業）

子育て援助活動支援事業は、乳幼児や小学生等の児童を有する子育て中の労働者や主婦等を会員として、児童の預かりの援助を受けることを希望する者と当該援助を行うことを希望する者との相互援助活動に関する連絡、調整を行うものである。

　なお、2022（令和４）年に児童福祉法が改正され、その多くは2024（令和６）年に施行される。法改正の柱の一つが、子育て世帯に対する包括的な支援のための体制強化及び事業の拡充である。家庭支援の充実が図られることとなり、今後、従来の13事業に加えて、子育て世帯訪問支援事業[*5]、児童育成支援拠点事業[*6]、親子関係形成支援事業[*7]が新たに地域子ども・子育て支援事業へ位置付けられる。新規３事業に、従来の子育て短期支援事業及び一時預かり事業の拡充を合わせて、家庭支援事業とよばれる。市町村は、家庭支援事業の提供が認められる者に対し、必要な家庭支援事業の利用を勧奨したり、措置することができることとなる（児童福祉法第21条の18第１項、第２項）。これらの事業は、ニーズのある子どもや家庭に必要なサービスが届くように、市町村子ども・子育て支援事業計画においても新規の家庭支援事業の適切な目標事業量を設定し、計画的な整備を進めることになる。

*5
子育て世帯訪問支援事業は、「内閣府令で定めるところにより、要支援児童の保護者その他の内閣府令で定める者に対し、その居宅において、子育てに関する情報の提供並びに家事及び養育に係る援助その他の必要な支援を行う事業をいう。」（児童福祉法第6条の3第19項）。要支援児童、要保護児童及びその保護者、特定妊婦等を対象とした訪問による生活支援である。

*6
児童育成支援拠点事業は、「養育環境等に関する課題を抱える児童について、当該児童に生活の場を与えるための場所を開設し、情報の提供、相談及び関係機関との連絡調整を行うとともに、必要に応じて当該児童の保護者に対し、情報の提供、相談及び助言その他の必要な支援を行う事業をいう。」（児童福祉法第6条の3第20項）。虐待のリスクが高い、不登校であるなど養育環境等に課題を抱えている子どものうち、主に学齢期の児童を対象とした学校や家以外の子どもの居場所支援である。

*7
親子関係形成支援事業は、「内閣府令で定めるところにより、親子間における適切な関係性の構築を目的として、児童及びその保護者に対し、当該児童の心身の発達の状況等に応じた情報の提供、相談及び助言その他の必要な支援を行う事業をいう。」（児童福祉法第6条の3第21項）。要支援児童、要保護児童及びその保護者等を対象とした親子関係の構築に向けた支援である。

第2節　保育

1 施設型給付としての保育

（1）保育所

❶保育所の位置付けと役割

　保育所は、児童福祉法第7条に規定される児童福祉施設の一つで、「保育を必要とする乳児・幼児を日々保護者の下から通わせて保育を行うことを目的とする施設（利用定員が20人以上であるものに限り、幼保連携型認定こども園を除く。）」であり、子ども・子育て支援法に定められる教育・保育施設でもある。保育所では、子どもの保育に加え、地域子育て支援の実施が努力義務として課されている。

　設備及び運営は、児童福祉施設の設備及び運営に関する基準による。この基準には、設備、職員配置、保育時間、保育内容等が規定されている。設備は2歳未満と2歳以上で基準が分かれる。職員は、保育士、嘱託医及び原則調理員が必置となっている。保育士の配置基準は、0歳児は3人、1～2歳児は6人、3歳児は幼児20人、4歳以上は幼児30人につき保育士を1人以上配置することとされる。

　令和5（2023）年4月現在、2万3,806か所設置されている[*8]。保育所の利用定員は約216.8万人だが、利用児童数は約191.8万人と漸減傾向にある。

❷保育所保育指針

　保育所における保育は、「**保育所保育指針**」（厚生労働大臣告示）に基づき実施される。保育所保育指針では、保育所は「保育を必要とする子どもの保育を行い、その健全な心身の発達を図ることを目的とする児童福祉施設であり、入所する子どもの最善の利益を考慮し、その福祉を積極的に増進することに最もふさわしい生活の場でなければならない」としている。さらに、「家庭や地域の様々な社会資源との連携を図りながら、入所する子どもの保護者に対する支援及び地域の子育て家庭に対する支援等を行う役割を担う」施設であり、家庭や地域の社会資源との連携を求めている。

　保育所保育指針は、最近はほぼ10年ごとに改定されている。直近の改定は平成29（2017）年である（平成30〔2018〕年4月1日施行）。その

*8
令和5（2023）年4月1日時点での保育所等を利用する児童の数は約272万人となり、減少傾向にある。全国の待機児童数は2,680人となり、前年と比べて漸減している。保育所等の利用ニーズに応じて、各自治体の子ども・子育て支援事業計画により供給量を定め、計画的に整備が進められている。

138

〈図２−２−６〉認定こども園の類型

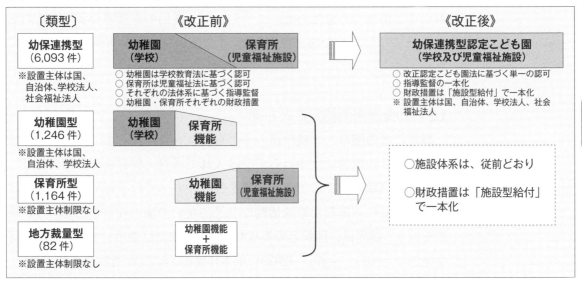

（出典）内閣府「子ども・子育て支援新制度について（令和４年７月）」25頁を一部改変

際、保育所を幼児教育施設として位置付け、幼保連携型認定こども園教育・保育要領、幼稚園教育要領とのさらなる整合性を図り、同時に改定された。

　新たな保育所保育指針では、地域の保護者等に対する子育て支援について、改定前の保育所保育指針において示された関係機関等との連携や協働、要保護児童への対応等とともに、保育所保育の専門性をいかすことや一時預かり事業等における日常の保育との関連への配慮など、保育所がその環境や特性をいかして地域に開かれた子育て支援を行うことをより明示的に記載している。

❸保育士の位置付けと専門職の倫理

　保育士は、平成15（2003）年の児童福祉法改正により国家資格となった。その業務は、「保育士の名称を用いて、専門的知識及び技術をもって、児童の保育及び児童の保護者に対する保育に関する指導を行うこと」であり、子どもの保育と、子どもの保護者に対する保育に関する指導（保育指導）の２つが含まれるということである。なお、保育士の保育の対象となる子どもは、18歳未満の子どもをさすことに留意したい。

　児童福祉法では、保育士について、名称独占、信用失墜行為の禁止、秘密保持義務（保育士でなくなった後も継続）、保育指導に関する自己研さん努力義務などを規定している。

　保育士には、子どもや保護者の多様なニーズに応じて専門性のある質

の高い保育を提供するため、専門職としての責任や役割に関する自覚をもつことが求められている。こうした対人援助の専門職のよりどころとなる倫理として、全国保育士会は、「全国保育士会倫理綱領」を定めている。

（2）幼保連携型認定こども園

認定こども園は、①就学前の子どもに教育及び保育を一体的に提供する（保護者の就労にかかわらず受け入れて教育・保育を一体的に行う）機能、②地域における子育て支援を行う（すべての子育て家庭を対象に子育て不安に対応した相談活動や親子の集いの場の提供などを行う）機能を担う。認定は、国が定める基準に従い、または参酌して各都道府県等が条例で定める。令和5（2023）年4月現在、8,271か所設置されており、そのうち幼保連携型認定こども園は6,794か所である。

認定こども園は、地域の実情や保護者のニーズに応じて選択が可能となるよう**図2-2-6**に示す4類型がある。

4類型のうち幼保連携型認定こども園は、教育基本法第6条に基づく学校であり、かつ児童福祉法第7条第1項に基づく児童福祉施設である。社会福祉法上は第2種社会福祉事業として位置付けられる。なお、幼保連携型認定こども園については、設置主体が国、自治体、学校法人、社会福祉法人のみに限定されている。

幼保連携型認定こども園には、学校教育と保育を担当する職員として保育教諭を配置することになっている。保育教諭に関する独立の養成施設はなく、幼稚園教諭の免許状と保育士資格を併有することを原則としている。改正法施行から5年間（その後5年延長され令和6〔2024〕年度まで）は、いずれかの資格を有していれば保育教諭となることができる経過措置、勤務経験の評価により保有していない免許・資格に必要な単位数等の軽減が受けられるなど特例措置を講じている。

幼保連携型認定こども園の教育・保育は、幼保連携型認定こども園教育・保育要領に基づき行われる。

2 地域型保育給付における保育

（1）家庭的保育事業

家庭的保育事業は、「保育を必要とする満3歳未満の乳児・幼児を家庭的保育者の居宅その他の場所（保育を必要とする乳児・幼児の居宅を

除く）において、家庭的保育者による保育を行う」ものである。必要がある場合、満3歳以上の幼児も保育できる。家庭的保育者及び家庭的保育補助者は研修の修了が求められる。家庭的保育者1人につき子ども3人までを保育でき、家庭的保育補助者とともに保育する場合は5人まで保育することができる。利用定員は5人以下である。

（2）小規模保育事業

　小規模保育事業は、「保育を必要とする満3歳未満の乳児・幼児を、利用定員6人以上19人以下の施設で保育する[*9]」ものである。必要がある場合、満3歳以上の幼児も保育できる。この事業には、A型（保育所分園型）、B型（中間型）、C型（グループ型）の3つの内部類型がある。保育者の配置基準は保育所と同様であり、B型は保育者のうち半数以上が保育士であること、C型は家庭的保育者であることが要件となっている。

（3）居宅訪問型保育事業

　居宅訪問型保育事業は、「保育を必要とする満3歳未満の乳児・幼児に対して、当該乳児・幼児の居宅において家庭的保育者による保育を行う」ものである。必要がある場合、満3歳以上の幼児も保育できる。障害や疾病の程度を勘案し、集団保育が著しく困難な子どもや保護者が夜間就労する場合にも対応しており、子どもの居宅において1対1を基本として行われるきめ細かな保育となる。

（4）事業所内保育事業

　事業所内保育事業は、「保育を必要とする満3歳未満の乳児・幼児を事業主が雇用者の乳児・幼児のために設置した施設等において保育を行う」ものである。必要がある場合、満3歳以上の幼児も保育できる。基準については、利用定員が19人以下の場合は小規模保育事業との、20人以上の場合は保育所との整合性が図られている。主として従業員の子どものほか、定員に対して一定の地域枠を設ける必要がある。また、保育者の半数以上が保育士であることが必要である。

３ 地域子ども・子育て支援事業における主な保育関連事業

　本項では、地域子ども・子育て支援13事業のうち、主な保育関連事

*9
過疎地やへき地などで近くに教育・保育施設（幼稚園、保育所、認定こども園）がない場合や、きょうだいで別々の施設に通園せざるを得ない場合、集団生活を行うことが困難である場合など、保育の体制整備の状況その他の地域の事情を勘案して、3歳以上児の保育が必要な場合には、3歳以上児を受け入れることも可能とされている。子どもの保育の選択肢を広げる観点から、各市町村においてニーズに応じて柔軟に判断できるよう、こうした対応が取られている（こども家庭庁成育局長通知「小規模保育事業における3歳以上児の受入れについて」令和5〔2023〕年4月21日）。

業の3つを取り上げる。

（1）延長保育事業

　延長保育事業は、「保育認定を受けた子どもに対し、通常の利用日及び利用時間以外の日または時間において、保育所や認定こども園等で引き続き保育を行う」ものである。

（2）病児保育事業

　病児保育事業は、「子どもが病気の際に自宅での保育が困難な場合に、病院・保育所等において、病気の児童を一時的に保育することで、安心して子育てができる環境整備を図ること」を目的としている。病児対応型・病後児対応型（地域の病児・病後児）、体調不良児対応型（保育中の体調不良児）、自宅へ訪問する非施設型（訪問型）の3類型がある。

（3）実費徴収に係る補足給付を行う事業

　実費徴収に係る補足給付を行う事業は、「特定教育・保育施設等に対して保護者が支払うべき日用品、文房具その他の教育・保育に必要な物品の購入に要する費用または行事への参加に要する費用等を助成する」ものである。

4 認可外保育サービス

（1）認可外保育施設

　認可外保育施設は、提供されるサービスが弾力的で、認可施設では応えられない保護者の必要性に対応している。認可外保育施設については、指導監督基準が定められており、認可外保育施設の届出制や指導監督の強化等により、基準を満たさず改善もみられない施設を公表する等の対応が取られている。東京都の認証保育所のように、自治体が独自の基準を設けて補助を行う場合もある。

（2）へき地保育所、季節保育所

　へき地保育所は、山間地、開拓地、離島等のへき地における保育を要する子どもに対し、市町村が設置主体となって保育を行う常設の施設である。

　季節保育所は、農繁期等の繁忙期において、一定の時期のみ市町村が

設置主体となって開設される保育所をいう。

　いずれも公的支援ではあるが、児童福祉法上の保育所とは認められない。

（3）ベビーシッターサービス

　ベビーシッターは、子どもの家庭に訪問し、居宅においてその家庭の方針にそった保育を行う。子ども・子育て支援法に基づく地域型保育事業の居宅訪問型保育事業も一般的にはこうよばれる。保育所と併用したり、一時的な利用も行われる。

（4）企業主導型保育事業

　企業主導型保育事業は、「多様な就労形態に対応する保育サービスを拡大し、保育所待機児童の解消を図り、仕事と子育ての両立に資すること」を目的としている。従業員の児童に加え、①利用定員の50％以内で地域枠を設定可能、②複数企業による共同設置・共同利用が可能、③運営費・施設整備費について認可施設並みの助成がある、などの特徴がある。

5 幼児教育・保育の無償化

　3歳から5歳までの認定こども園、幼稚園、保育所等の利用者負担に関する幼児教育・保育の無償化は、令和元（2019）年10月より、全世代型社会保障の実現の一環として消費税増税による追加の財源を充てることで実施された。

　無償化にあたっては、これまでの子ども・子育て支援制度の児童手当、教育・保育給付に加え、子育てのための施設等利用給付が創設された。支給要件は、3歳から5歳までの子ども、0歳から2歳までの住民税非課税世帯の子どもであって保育の必要性がある子ども、となっている。ただし、幼稚園、認可外保育施設等でそれぞれ負担上限が設定されている。なお、食材料費は実費負担である。また、3歳から就学前までの障害児通所支援の利用者負担についても無償化の対象となっている。

第3節　児童の健全育成

1 児童厚生施設における健全育成

屋内の児童厚生施設である児童館と屋外の児童厚生施設である児童遊園は、児童福祉法第40条において、児童に健全な遊びを与えて、その健康を増進し、または情操を豊かにすることを目的とする施設として規定されている。

（1）児童館

厚生労働省「令和3年度社会福祉施設等調査」によれば、令和3（2021）年10月1日現在、児童館は4,347か所設置されているが、設置数は減少傾向にあり、地域によりばらつきがみられる。設置主体は都道府県、指定都市、市町村、社会福祉法人等である。児童館は大きさや活動内容によって、小型児童館、児童センター、大型児童館、その他の児童館の大きく4つに分かれる。

児童館の設備として集会室、遊戯室、図書室等を設けることとされているほか、児童の遊びを指導する者を配置することとなっている。児童の遊びを指導する者は、児童館に2人以上配置されている。

児童館では、遊びを通じた集団的・個別的指導、母親クラブなど地域組織活動の育成・助長、健康・体力の増進、放課後児童の育成・指導、中高生等の育成・指導、子育て家庭への相談等に関する事業を行っている。

近年では、中高生などを対象とした活動スペース、居場所を提供する取り組みや連携型の地域子育て支援拠点事業など、児童館の機能を活用した子育て支援に関する多様な活動を展開している。

（2）児童遊園

児童遊園は、令和3（2021）年10月1日現在2,121か所設置されているが、近年減少傾向にある。児童遊園には、設備として広場や遊具等を設けるほか、専門職員として児童の遊びを指導する者を置かなければならないが、他の児童厚生施設との兼務や巡回でもよいとされている。

戸外での事故や犯罪などさまざまな危険や不安が増え、子どもが集まって遊ぶ場も減少していることなどから、安全に遊べる場所として児童遊園の役割は大きい。

2 児童の健全育成と放課後保障

（1）放課後児童健全育成事業

　放課後児童健全育成事業は、「小学校に就学している児童であって、その保護者が労働等により昼間家庭にいないものに、授業の終了後に児童厚生施設等の施設を利用して適切な遊び及び生活の場を与えて、その健全な育成を図る事業」であり、その中心的事業は、放課後児童クラブである。

　放課後児童クラブの実施主体は市区町村で、社会福祉法人やNPO法人等に委託して実施することができる。第二種社会福祉事業として位置付けられている。放課後児童クラブには、放課後児童クラブ運営指針に基づき、放課後児童支援員及び補助員が配置されている。これらの職員は、「放課後児童健全育成事業の設備及び運営に関する基準」第10条に規定されている。

　放課後児童支援員は、第10条第3項に示されている保育士、社会福祉士等であって、都道府県知事、指定都市市長または中核市市長が行う放課後児童支援員認定資格研修を修了した者である。補助員は、放課後児童支援員が行う支援に対し放課後児童支援員を補助する者とされている。放課後児童クラブの質の向上のため、1クラブ当たりの定員はおおむね40人程度までで、放課後児童支援員を2人以上配置する（1人を除いて補助員を充てることができる）。

　平成27（2015）年度から放課後児童支援員の認定資格研修が開始されており、放課後児童支援員は研修受講が義務化され、補助員は受講が推奨されている。放課後児童支援員の役割及び職務は、①子どもの出席確認、状況の把握、②遊びや諸活動を通じての自主性、社会性及び創造性を培う援助、③基本的な生活習慣の確立に向けた援助、④子どもの健康管理、安全の確保及び情緒の安定を図るための援助、⑤保護者・家庭との日常的な連絡、情報交換及び家庭生活の支援、⑥地域の関係機関・団体との連絡、調整、⑦放課後児童クラブ以外の子どもや地域住民との交流、⑧子どもの状況に関する学校との情報交換、連絡、調整、⑨会議・打ち合わせ等による支援内容の検討、情報共有、⑩子どもの様子及び育成支援の記録、⑪行事や活動の企画と記録、⑫清掃、衛生管理、安全点検、片付け等、⑬補助員への指導・助言があげられる。

　補助員は、放課後児童支援員の役割及び職務の一部を補助するほか、放課後児童支援員の指導・助言の下で行う補助業務があげられる。

〈図２−２−７〉クラブ数、登録児童数及び利用できなかった児童数の推移

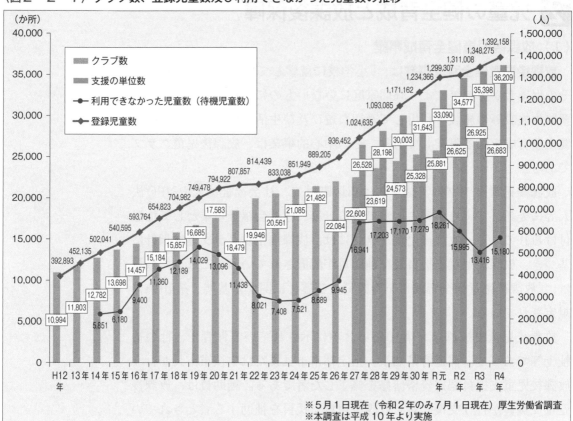

（出典）厚生労働省「令和４年（2022年）放課後児童健全育成事業（放課後児童クラブ）の実施状況」

　　令和４（2022）年５月現在、放課後児童クラブは２万6,683か所、139万2,158人の子どもが登録している（**図２−２−７**）。全1,741市町村における実施割合は93.5％（1,627市町村）である。放課後児童クラブの数は増加傾向にあるが、大規模クラブが分割されたことによる増加もあり、一概に多くの地域に潤沢に整備されているとは言い難い側面もある。

　　厚生労働省の調査によれば、１万5,180人の子どもは何らかの理由で利用できていない状況があり（**図２−２−７**）、引き続き待機児童問題が生じている。

　　「新・放課後子ども総合プラン」（平成30〔2018〕年策定）において新たに、令和３（2021）年度末までに約25万人分を整備し、待機児童の解消をめざした。その後、女性就業率のさらなる上昇に対応できるよう整備を行い、令和元（2019）年度から令和５（2023）年度までの５年間で約30万人分の整備を図ることとなった。

（2）放課後児童クラブ運営指針

放課後児童クラブについては、平成19（2007）年に「放課後児童クラブガイドライン」が策定された。

さらに、平成26（2014）年４月には、「放課後児童健全育成事業の設備及び運営に関する基準」が公布された。

平成27（2015）年には、「放課後児童クラブガイドライン」を見直し、国として運営及び設備に関するより具体的な内容を定めた「放課後児童クラブ運営指針」が策定された。指針では、放課後児童クラブの特性である「子どもの健全な育成と遊び及び生活の支援」を「育成支援」と定義し、その育成支援の基本的な考え方が第１章の総則に新たに記載された。

放課後児童支援員等には、子どもの発達の特徴や発達過程を理解し、発達の個人差をふまえて一人ひとりの心身の状態を把握しながら育成支援を行うほか、保護者や学校、地域との連携・協力等についても深い理解が求められる。

〈図２－２－８〉新・放課後子ども総合プラン

（2018〔平成30〕年9月14日公表）

背景・課題

○現行プランにおける放課後児童クラブ、放課後子供教室の両事業の実績は、放課後児童クラブの約30万人分整備が順調に進むなど、大きく伸びているが、近年の女性就業率の上昇等により、更なる共働き家庭等の児童数の増加が見込まれており、「小１の壁」を打破するとともに待機児童を解消するため放課後児童クラブの追加的な整備が不可欠な状況。

○小学校内で両事業を行う「一体型」の実施は、増加傾向にあるものの目標への到達を果たしていない。一方で、地域の実情に応じて社会教育施設や児童館等の小学校以外の施設を活用して両事業を行い、多様な体験・活動を行っている例も見られる。

↓

○そのため、引き続き共働き家庭等の「小１の壁」・「待機児童」を解消するとともに、全ての児童が放課後を安全・安心に過ごし、多様な体験・活動を行うことができるよう、放課後児童クラブと放課後子供教室の両事業の計画的な整備等を推進するため、下記のとおり目標を設定し、新たなプランを策定。

↓

「新・放課後子ども総合プラン」に掲げる目標（2019～2023年）

■放課後児童クラブについて、2021年度末までに約25万人分を整備し、待機児童解消を目指し、その後も女性就業率の上昇を踏まえ2023年度末までに計約30万人分の受け皿を整備（約122万人⇒約152万人）

■全ての小学校区で、両事業を一体的に又は連携して実施し、うち小学校内で一体型として１万か所以上で実施することを目指す。

■両事業を新たに整備等する場合には、学校施設を徹底的に活用することとし、新たに開設する放課後児童クラブの約80%を小学校内で実施することを目指す。

■子どもの主体性を尊重し、子どもの健全な育成を図る放課後児童クラブの役割を徹底し、子どもの自主性、社会性等のより一層の向上を図る。

（出典）厚生労働省・文部科学省「新・放課後子ども総合プランについて」

（3）新・放課後子ども総合プラン

　平成19（2007）年度より、文部科学省が所管する放課後子ども教室推進事業と厚生労働省が所管する放課後児童健全育成事業を一体的に、連携して実施するため、放課後子どもプランが発表された。これが、平成26（2014）年に「放課後子ども総合プラン」、平成30（2018）年に「新・放課後子ども総合プラン」へと発展していった（**図2-2-8**）。

3 児童手当

＊10
本双書第6巻第11章第2節参照。

　子ども・子育てに関する経済的な支援については、実施主体や対象年齢もさまざまに幅広く実施されている（**図2-2-9**）が、ここでは児童手当について取り上げる。[10]

　児童手当は、昭和46（1971）年に制定された児童手当法によって支給される。

　児童手当は、「（略）児童を養育している者に児童手当を支給することにより、家庭等における生活の安定に寄与するとともに、次代の社会を担う児童の健やかな成長に資すること」を目的としている（児童手当法第1条）。

　児童手当の支給対象及び手当額は**表2-2-3**のとおりである。所得制限額を超える者へは、特例給付として当分の間月額5,000円が支給されてきたが、令和4（2022）年10月支給分から、児童を養育する者の所得が上限額を超えた場合の手当は廃止された。なお、受給資格者の申し出による学校給食費等の徴収等についての規定もある。

　児童手当の支給要件は児童手当法第4条において、支給要件児童を監護し、かつ、これと生計を同じくするその父母等であって、日本国内に住所を有するもの等が規定されており、中学校修了前の施設入所等児童が委託されている小規模住居型児童養育事業を行う者、もしくは里親または障害児入所施設等の設置者とされている。

4 その他の取り組み

　こども家庭庁こども家庭審議会児童福祉文化分科会では、子どもの健全育成に資するため、児童福祉文化財を推薦している。児童福祉文化財には、絵本等の出版物、演劇、ミュージカル、映画、放送等が含まれており、分科会はこれらの制作、販売等を行う者に対して必要な勧告をす

〈図２－２－９〉子どもの育ち・子育てに関する主要な経済的支援の概要

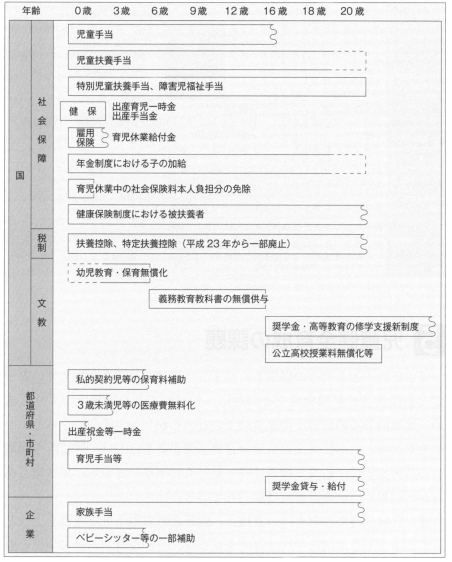

年齢	0歳	3歳	6歳	9歳	12歳	16歳	18歳	20歳

（出典）柏女霊峰『子ども家庭福祉論 第6版』誠信書房、2020年、119頁

る権限がある。

　児童健全育成については上述のほか、市町村における子ども育成地域組織活動が展開されており、児童委員、主任児童委員[*11]、地域の主体的なボランティア等による取り組み、子ども会やスポーツ少年団、母親クラブ等の地域組織による取り組み、子育て支援等のNPO法人による取り組みなどがあげられる。

*11
本書第1部第4章第4節3（1）参照。

149

〈表2-2-3〉児童手当制度（昭和47〔1972〕年創設）の概要

制度の目的	家庭等の生活の安定に寄与する・次代の社会を担う児童の健やかな成長に資する		
対象児童	国内に住所を有する中学校修了まで（15歳に到達後の最初の年度末まで）の児童（住基登録者：外国人含む） ※対象児童1,591万人 （令和3年度年報〔令和4年2月末〕）	受給資格者	・監護・生計同一（生計維持）要件を満たす父母等 ・児童が施設に入所している場合は施設の設置者等
手当月額 （一人当たり）	0〜3歳未満　　　　　　　　　一律15,000円 3歳〜小学校修了まで　　　　第1子・第2子：10,000円　第3子以降：15,000円 中学生　　　　　　　　　　　一律10,000円 所得制限限度額以上　　　　　一律5,000円（特例給付） ※所得制限限度額（年収ベース） 960万円（子ども2人と年収103万円以下の配偶者の場合） （令和4年度10月支給分から特例給付の所得上限額を創設） （子ども2人と年収103万円以下の配偶者の場合、年収1,200万円相当）		
支払月	毎年2月、6月、10月（前月までの4か月分を支払）		
実施主体	市区町村（法定受託事務）※公務員は所属庁で実施		
費用負担	国、地方（都道府県・市区町村）、事業主拠出金で構成 ※事業主拠出金は、標準報酬月額及び標準賞与額を基準として、拠出金率（3.6/1000）を乗じて得た額を徴収し、児童手当等に充当		

（出典）内閣府子ども・子育て本部「児童手当制度の概要」を一部改変

5 児童健全育成の課題

　就学前の子どもとその保護者に対する支援は、リスクを抱えている子どもや保護者の早期発見やその対応、仲間づくりや居場所づくりも含め、比較的多くの資源が用意されている。しかし、学齢期になると、小学生を対象とした放課後児童健全育成事業があるほかは、居場所や保護者の就労を支援する取り組みは質・量ともに不足している。児童館もあるが、設置している市町村は限られている。

　特に、就学後の子どもへの支援は、福祉と教育の十分な連携を土台として、子どもが地域の中に居場所を見つけ、豊かな時間を過ごすことを可能にするための支援が不可欠である。健全育成の取り組みを通じて周辺の地域資源も活用し、子どもと地域を結び付ける整備が求められる。

　こうした体制づくりには、相談や地域に対するソーシャルワーク、他分野との調整が必要となり高い専門性を要する。担い手となる児童の遊びを指導する者[12]（児童厚生員）や放課後児童支援員が、安定して継続的に勤務可能な労働環境の整備、専門性を向上させ研さんできる制度の構築が課題である。

　健全育成において課題となるのは、就労と子育ての両立を望む保護者のニーズの充足と、子どもにとって安心でき楽しく過ごすことができる生活の場の提供の両者を実現することである。量的拡充も重要なことであるが、健全育成の役割として強く意識すべきことは、子どもを育むす

*12
児童厚生施設において「児童の遊びを指導する者」のことをいう。平成10（1998）年の規制緩和でこのような一般的な表現とされた。任用資格は、児童福祉施設の設備及び運営に関する基準第38条に規定されている。

べての家庭の力を高める支援を提供しつつ、子どもの遊びや過ごし方、地域における居場所や結び付きに配慮した活動ができるよう、子どものニーズを満たすための質の充実である。

第2部
第2章

BOOK 学びの参考図書

● 柏女霊峰『これからの子ども・子育て支援を考える－共生社会の創出をめざして』ミネルヴァ書房、2017年。
　　地域共生社会創出のための原理を確認し、子ども家庭福祉における構造的・理念的課題にふれ、地域包括的・継続的支援の可能性を指摘する。そこから子育て支援、保育、健全育成などの意義や課題等をひもといている。

引用文献

1）柏女霊峰『子ども家庭福祉論 第7版』誠信書房、2022年、51頁
2）山縣文治『子ども家庭福祉論 第2版』ミネルヴァ書房、2018年、109頁

参考文献

● 厚生労働省『令和5年版 厚生労働白書』2023年
● 内閣府『令和4年版 少子化社会対策白書』2022年
● 最新保育士養成講座総括編纂委員会 編『改訂1版最新保育士養成講座 第3巻子ども家庭福祉』全国社会福祉協議会、2022年
● 佐藤まゆみ『市町村中心の子ども家庭福祉：その可能性と課題』生活書院、2012年

第3章

スクールソーシャルワーク

学習のねらい

　平成28（2016）年児童福祉法改正では、法の理念を明確にし、「子ども」を「児童家庭福祉」の「権利主体」として位置付けるという、大きな視点の転換があった。

　では、「子ども」が権利主体として生まれ、育ち、自立に向かうということを中心に据え、子どもを総合的・包括的に支えるというのは、どのような実践なのだろうか。

　ここでは、教育福祉論による「教育」と「福祉」の関連性を軸とする、教育福祉という概念を実践に変換し、子どもの地域・家庭・学校における生活の幸せを支える仕組みであるスクールソーシャルワークについて学びを深める。

第1節　学校と福祉

1　教育福祉の考え方

（1）小川教育福祉論を中心に

　明治時代に近代学校教育が整備されて以来、日本では教育と福祉の縦割りの問題が存在していた。小川利夫は、それを教育と福祉の谷間の問題として社会に投げかけた。小川は、福祉なくして教育はなく、教育のない福祉はないという見地に立ち、「子どもを守るとは、子どもの人権としての福祉と教育の権利を守ることである。しかし、実際には福祉の名において子どもの学習と教育への権利は軽視ないし無視され、教育の名において子どもの福祉は忘れ去られている。言い換えるなら、今日なお一般に子どもの福祉と教育の権利は統一的にとらえられていないといわざるをえない。」と指摘した。[1]

　一方、持田栄一らは、教育そのものに伴う、または教育そのものがもつべき社会福祉的諸機能を「教育福祉」と総称するという考え方を示している。これは、岡村重夫が『社会福祉学（各論)』で用いた「学校福祉事業（School Social WorkもしくはEducation Welfare Work)」とほぼ同意義に用いられているといえる。これらの考え方でとらえた「教育福祉」のことを、小川は「学校福祉」とよんだ。

（2）社会福祉と教育

　教育と福祉の谷間で疎外されている子どもたちにとって最も深刻な問題は、教育と福祉において人権という思想のとらえ方、その実現の方法にズレや対立があることだ、と小川は指摘している。このような状況を直視し、教育福祉の問題を発見することが重要である。

　教育と福祉の関連が問われているのは、要保護児童等の問題だけにとどまらない。学校内での問題、地域における問題、障害児教育等の問題、放課後児童対策（学童保育）や児童福祉施設のあり方、児童観など、多方面にわたっている。近年、「教育」と「福祉」をめぐる問題が再び論じられるようになってきた。

　教育分野では、まず平成12（2000）年12月、内閣総理大臣の私的諮問機関である教育改革国民会議が「教育改革国民会議報告─教育を変える17の提案─」を発表した。それを受ける形で、文部科学省の中央教

育審議会において、教育基本法改正と教育振興基本計画について議論され、平成20（2008）年3月に「新しい時代にふさわしい教育基本法と教育振興基本計画の在り方について（答申）」が出された。さらに、平成27（2015）年12月には中央教育審議会から「新しい時代の教育や地方創生の実現に向けた学校と地域の連携・協働の在り方と今後の推進方策について（答申）」が出され、学校と地域の連携・協働について具体的に示され、コミュニティ・スクールの構想が盛り込まれた。これらの改革の動向は、新たな「公共性」の創造を推し進めるためにも、子どもたちの生きるこれからの社会を生きやすくしていくためにも、重要な取り組みといえる。

　これまで、「教育」と「福祉」については、その両者の結合への言及がなされてきた。戦前には、城戸幡太郎、留岡清男らによる「生活教育論」、戦後には小川利夫らによる「教育福祉論」などである。子ども・青年の福祉の発展に向け、必要な諸サービスの統合化、学習と発達の権利保障のあり方が追求されてきたのである。

　そして、現代社会においては、子どもの抱える課題の複雑化・多様化に伴い、子どもが生きる地域をともに生きていきやすい基盤につくり上げていくことが求められており、その考えの下、「教育」と「福祉」の接続が重要となっている。

2 「子供の貧困対策に関する大綱」と学校

（1）貧困対策と学校

　平成25（2013）年、「子どもの貧困対策の推進に関する法律」が議員立法の法律案として提案され、同年6月にすべての政党の賛成の下に成立したことは、子どもの貧困対策にとって大きな一歩であった。この法律で策定が義務付けられた、子どもの貧困対策の基本方針である「子供の貧困対策に関する大綱」が、平成26（2014）年8月に策定され、具体的な施策が盛り込まれた。[*1]

　この中で、10の基本的な方針が示されたが、その一つに「貧困の世代間連鎖の解消と積極的な人材育成をめざす」があげられている。そこには、「教育の支援」として「学校をプラットフォームとした総合的な子供の貧困対策の展開」と、「貧困の連鎖を防ぐための幼児教育の無償化の推進及び幼児教育の質の向上」が示された。

*1
子どもの貧困については本書第2部第4章参照。

（2）学校プラットフォームとスクールソーシャルワーカー

　この平成26（2014）年策定の大綱では、「学校」をプラットフォームとした総合的な子どもの貧困対策の推進の具体的な内容として、「学校教育による学力保障」「学校を窓口とした福祉関連機関等との連携」「地域による学習支援」「高等学校等における就学継続のための支援」の4点があげられた。つまり、学校が「子どもの貧困」に向き合うこと、そして貧困の世代間連鎖を断ち切るための役割を担うこと、が明示されたのである。

　さらに、「学校」をプラットフォームとした総合的な子どもの貧困対策の推進において、貧困の世代間連鎖を断ち切るための積極的な人材活用という視点から、スクールソーシャルワーカー（以下、SSWer）の拡充がめざされた。

　学校がプラットフォームとなることの意義[*2]は、子どもの権利としての教育を受ける権利を保障する場であること、義務教育段階ではすべての子どもが学校に通うという点である。つまり、家庭の環境に左右されず、子どもたちの教育を保障することが可能なのが学校だからである。教育とは生きることを探ることである。教育を受ける権利をすべての子どもがあきらめなくてもよいように、子どもたちが夢や希望をもち続けることができるように、学校における支援体制の充実が具体的に構築されなければならない。

（3）学校での多職種連携・協働

　このように、学校をプラットフォームにすることで、多職種や住民が集い、子どもの貧困対策、貧困の世代間連鎖に真剣に向き合おうという取り組みが始まった。その多職種の一つとして、SSWerが位置付けられたことになる。

　学校現場は子どもへの個別対応は得意とするところであるが、子どもの貧困という課題設定のもと組織として多職種や地域と連携・協働することには慣れていないため、困惑が広がった。その点において、SSWerがこの仕組みに位置付けられていることは意義がある。ソーシャルワークの基盤をもつSSWerが、学校で「子どもの貧困」への支援及び貧困の世代間連鎖を断ち切る支援を実践し、ソーシャルワークを行うことが求められている。

　学校でSSWerが制度として活動しはじめたのは平成20（2008）年のことであったが、これを機に、学校現場で教員とSSWerが、さらに

*2
令和元（2019）年11月に出された「子供の貧困対策に関する大綱〜日本の将来を担う子供たちを誰一人取り残すことがない社会に向けて〜」では、貧困の連鎖を食い止めるために、現在から将来にわたって、すべての子どもたちが前向きな気持ちで夢や希望をもつことのできる社会の構築をめざす、という目的が示されている。子育てや貧困を家庭のみの責任とするのではなく、地域や社会全体で課題解決に向かう意識が必要であり、そのための仕組みを構築していくとしている。貧困の中で育つ子どもたちを早期の段階で生活支援や福祉制度につなげていくことができるよう、SSWerの配置基準の充実等、学校における福祉の専門スタッフとしてふさわしい配置条件の実現が望ましいことが指摘されている。

SSWerがつながる関係機関とどのように連携・協働していくのか、ということが模索されはじめたといえる。

3 学校における問題の多様化と教育の広がり

（1）学校における問題の多様化

　本来、教育は、生き方を考える上で大切なものであるが、今日の教育、なかでも学校教育は、多くの問題を抱えている。問題は多様化しており、非行、校内暴力、いじめ[*3]（**図2−3−1**）、学級崩壊、不登校[*4]（**図2−3−2**）、そして家庭の問題等が複雑にからみ合っているというのが現状である。学校における問題とは、すなわち子どもたちが抱える問題の表れである。また、子どもたちの問題は、家庭が抱える問題につながっており、家庭の問題は地域の問題につながっている。

　さらに、児童生徒の自殺の増加も大きな社会的問題となっている（**図2−3−3**）。

　また、令和2（2020）年度に厚生労働省が文部科学省と連携し、「ヤングケアラーの実態に関する調査研究」が行われた。子ども本人を対象としたヤングケアラー[*5]についての初めての全国調査であった。世話をしている家族が「いる」と回答したのは、小学6年生で6.5％、中学2年生で5.7％、全日制高校2年生で4.1％、定時制高校2年生相当で8.5％、通信制高校生で11.0％、大学3年生で6.2％（**図2−3−4**）であるなどの実態が明らかとなった。

　このような子どもが抱える課題の多様化・複雑化には、家庭や地域・社会の要因が大きく影響している。つまり、子どもの抱える課題は、保護者や地域の大人が抱える生活課題そのものともいえる。

　これまで、学校の中で見える問題には教員がすべて責任を負う、という姿勢が強く、関係機関との連携という点では、経験が少ないという状況であった。その結果、教員は、子どもの背景にある生活課題に対して支援するための知識や経験が蓄積されておらず、多様化・複雑化する子どもの生活問題、さらには、家庭や地域における課題に対して解決方法を見出せないでいた。

（2）教育の広がり

　このように、社会の多様化・複雑化や、学校が抱える問題の多様化に伴い、学校で学ぶだけではなく、人生を通して学び続けるという考え方

*3
いじめ防止対策推進法第2条では、いじめは「児童等に対して、当該児童等が在籍する学校※に在籍している等当該児童等と一定の人的関係にある他の児童等が行う心理的又は物理的な影響を与える行為（インターネットを通じて行われるものを含む。）であって、当該行為の対象となった児童等が心身の苦痛を感じているもの」と定義している。
※学校：小学校、中学校、高等学校、中等教育学校及び特別支援学校（幼稚部を除く）。

*4
文部科学省による「児童生徒の問題行動・不登校等生徒指導上の諸課題に関する調査」における用語の解説によれば、「不登校」とは「何らかの心理的、情緒的、身体的、あるいは社会的要因・背景により、児童生徒が登校しない、あるいはしたくともできない状況にあるために年間30日以上欠席した者のうち、病気や経済的な理由による者を除いたもの」と定義されている。

*5
一般社団法人日本ケアラー連盟は「ヤングケアラー」とは、「家族にケアを要する人がいる場合に、大人が担うようなケア責任を引き受け、家事や家族の世話、介護、感情面のサポートなどを行っている18歳未満の子ども」であると定義している。そのケアの責任や負担の重さにより、学業や友人関係などに影響が出ること、そのために将来の生活に不利が生じることが危惧されている。

〈図２−３−１〉いじめの認知（発生）件数の推移

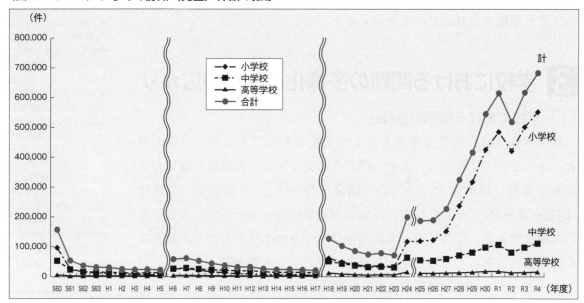

（出典）文部科学省「令和４年度 児童生徒の問題行動・不登校等生徒指導上の諸課題に関する調査結果について」22頁

〈図２−３−２〉不登校児童生徒数の推移

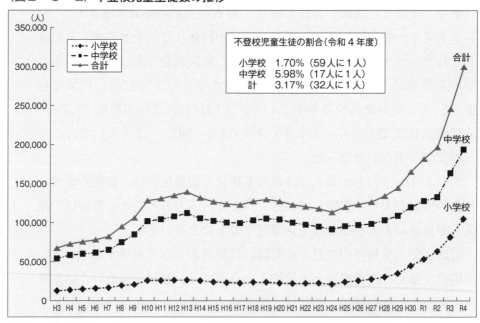

（出典）文部科学省「令和４年度 児童生徒の問題行動・不登校等生徒指導上の諸課題に関する調査結果について」70頁

が広まってきた。家庭、学校、社会という場を通して教育が行われるのである。

　1965年、ユネスコ（United Nations Educational, Scientific and Cultural Organization）主催の第３回成人教育推進国際委員会に、ラングラン（Lengrand, P.）が「生涯教育の展望」という論文を提出した。日本で

〈図２－３－３〉児童生徒の自殺の状況推移

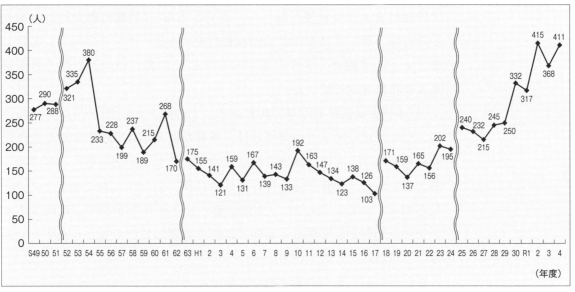

（出典）文部科学省「令和４年度 児童生徒の問題行動・不登校等生徒指導上の諸課題に関する調査結果について」125頁

〈図２－３－４〉世話をする家族の有無

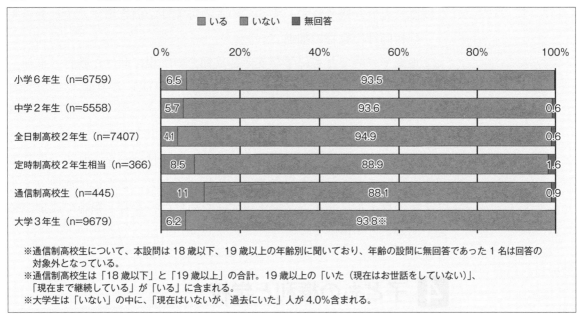

※通信制高校生について、本設問は18歳以下、19歳以上の年齢別に聞いており、年齢の設問に無回答であった１名は回答の対象外となっている。
※通信制高校生は「18歳以下」と「19歳以上」の合計。19歳以上の「いた（現在はお世話をしていない）」、「現在まで継続している」が「いる」に含まれる。
※大学生は「いない」の中に、「現在はいないが、過去にいた」人が4.0%含まれる。

（出典）厚生労働省の補助を受け、株式会社日本総合研究所が実施した「令和３年度子ども・子育て支援推進調査研究事業　ヤングケアラーの実態に関する調査研究　報告書」（令和４年３月）をもとに筆者作成

は、昭和56（1981）年の中央教育審議会「生涯教育について（答申）」において、生涯教育と生涯学習について定義されている。

　令和５（2023）年６月には、「教育振興基本計画第４期」が策定された。その「はじめに」には「少子化・人口減少、グローバル化の進展、地球規模課題、格差の固定化と再生産など、様々な社会課題が存在する

中、Society5.0を見据え、これからの社会を展望する上で、教育の果たす役割はますます重要となっている」とある。「持続可能な社会の創り手の育成」及び「日本社会に根差したウェルビーイングの向上」をコンセプトとして掲げ、5つの基本的方針と16の教育政策の目標、基本施策及び指標を示している。

「日本社会に根差したウェルビーイングの向上」においては、「すなわち、ウェルビーイングの実現とは、多様な個人それぞれが幸せや生きがいを感じるとともに、地域や社会が幸せや豊かさを感じられるものとなることであり、教育を通じて日本社会に根差したウェルビーイングの向上を図っていく」ことや、「生涯学習・社会教育を通じて、地域コミュニティを基盤としてウェルビーイングを実現していく視点も大切」であること等が述べられている。

また下記が、5つの基本的な方針である。

①グローバル化する社会の持続的な発展に向けて学び続ける人材の育成
②誰一人取り残されず、すべての人の可能性を引き出す共生社会の実現に向けた教育の推進
③地域や家庭でともに学び支え合う社会の実現に向けた教育の推進
④教育デジタルトランスフォーメーション（DX）の推進
⑤計画の実効性確保のための基盤整備・対話

なかでも、②と③は福祉との接合性が高いといえる。

このように、教育政策と福祉政策は強く関連付けがなされていることがわかる。また、その人自身のウェルビーイング、さらには地域コミュニティのウェルビーイングを実現するためには、教育と福祉の連携が必要であることが理解できる。

4 子どもの権利と学校

（1）子どもの権利

日本には児童福祉法、母子保健法、教育基本法、少年法、児童虐待の防止等に関する法律（児童虐待防止法）、子どもの貧困対策の推進に関する法律（子どもの貧困対策推進法）など子どもにかかわるさまざまな法律はあるが、子どもを権利の主体として位置付け、その権利を保障する総合的な法律が存在しなかった。平成28（2016）年の児童福祉法改正で、その理念に「児童の権利に関する条約の精神にのっとり」、「児童

の年齢及び発達の程度に応じて、その意見が尊重され、その最善の利益が優先して考慮される」と明記されたことは画期的であった。しかし、学校関係者にとっては、児童福祉法は福祉分野の法律であり、教育の分野に及ぶものではないという認識が強かった。

　そのようななか、令和3（2021）年12月に閣議決定した「こども政策の新たな推進体制に関する基本方針」及び令和4（2022）年6月に成立した「こども家庭庁設置法」等により、「こども家庭庁」が令和5（2023）年4月に発足した。また、令和4（2022）年6月に可決成立した「こども基本法」が、令和5（2023）年4月1日に施行されている。「こども基本法」の成立は、文部科学省が作成している「生徒指導提要」の改定にも影響を及ぼし、学校教育の中でも子どもの権利が意識されていくことが期待される。

（2）生徒指導提要の改定

　「生徒指導提要」は、小学校段階から高等学校段階までの生徒指導の理論・考え方や実際の指導方法等について網羅的にまとめたもので、生徒指導の実践に際し教職員間や学校間で共通理解を図り、組織的・体系的に取り組むために、文部科学省が作成している。12年ぶりとなる令和4（2022）年の改定版では、令和4（2022）年6月に「こども基本法」が成立し、子どもの権利擁護や意見を表明する機会の確保等が法律上位置付けられたことを明記している。その上で、子どもたちが意見を述べたり、他者との対話や議論を通じて考える機会をもつことは重要なことであるという考えが示された。

　例えば、校則の見直しを検討する際に、児童生徒の意見を聴取する機会を設けたり、児童会・生徒会等の場において、校則について確認したり、議論したりする機会をもつことなどが重要だということも示されている。

　また、生徒指導と教育相談を一体化させることの重要性も示され、①指導や援助のあり方を教職員の価値観や信念から考えるのではなく、児童生徒理解（アセスメント）に基づいて考えること、②児童生徒の状態が変われば指導・援助方法も変わることから、あらゆる場面に通用する指導や援助の方法は存在しないことを理解し、柔軟なはたらきかけをめざすこと、③どの段階でどのような指導・援助が必要かという時間的視点をもつこと、という3つのポイントを示し、スクールカウンセラーやSSWer等の専門職との連携・協働を図ることを強く求めている。

　これまでの学校内で見える問題に加え、「児童虐待」「自殺」「性に関する課題」「多様な背景をもつ児童生徒」等についても詳しく支援方法が記載されていることも特筆すべき点である。

　子どもの権利を基盤とした支援が、福祉と教育の両輪で実現されることが期待される。

第2節 スクールソーシャルワークの基本的理解

1 スクールソーシャルワークとは

スクールソーシャルワーク（以下、SSW）とは、子どもにかかわるすべての状況や背景に、生活の視点で支援する実践である。子どもが抱える課題を問題行動としてとらえるのではなく、子どもと子どもを取り巻く環境の関係性に注目するのが、SSW実践である。環境とは、学校・家庭・地域であり、家族・親戚・友人・近隣の住民、過去のかかわり、地域性など、子どもにかかわるすべてである。

それらすべての環境と子どもの関係性にはたらきかけるのが、SSWerである。SSWerは、必要に応じて家庭訪問や関係機関との連絡調整を行ったり、教員同士の協力体制を支援したりする。SSW実践は、子どもへの理解を深め、学校や家庭及び地域との連携・調整を円滑にし、チームでの支援をめざす。課題への事後対応のみではなく、早期対応や支援、予防的な支援も重要である。

SSW実践そのものが、ネットワークづくりであるともいえる。SSWerの活動により、学校を中心としたネットワークが広がる。関係機関にまで広がったネットワークは、子どもの育ちをより強く支える仕組みへと成長していくことになる。

2 スクールソーシャルワークの制度

（1）スクールソーシャルワーカー活用事業と財源

平成20（2008）年、文部科学省のスクールソーシャルワーカー活用事業が開始された。

同事業は3分の1補助事業[*6]として展開されている。それに加えて、平成29（2017）年度の児童虐待防止対策関連予算では、「貧困・虐待対策のための重点加配」として、SSWerの週1日追加（1,000人分）が計上された。児童虐待の対応については、法令に基づく早期発見・通告、情報提供が重要であり、関係機関が協力・連携して対応することが必要であるため、そのためのさらなる体制整備をめざした。

*6
予算のうち国が3分の1、都道府県等が3分の2を負担すること。

（2）さまざまな制度におけるソーシャルワーカーの位置付け

　平成29（2017）年4月にはSSWerなどの専門職が、学校教育法で職員として位置付けられるに至った。学校教育法施行規則第65条の3にはSSWerは、「小学校における児童の福祉に関する支援に従事する」と明示された。

　さらに、文部科学省が打ち出している「チームとしての学校」構想では、教育支援人材としてSSWerは専門職の一つにあげられている。

　これまで、子どもたちにまつわる事件や事故の報道があるたびに、SSWerの活用を期待する声が高まった。例えば、平成24（2012）年に起こった滋賀県大津市いじめ自殺事件では、事件後の第三者委員会調査報告書の中に、いじめの問題解決のためには、SSWerの活用が積極的になされるべきであるという記述がみられる。一方、平成25（2013）年6月に「**いじめ防止対策推進法**」が国会で成立し、同年9月に施行されるに伴い、各教育委員会が作成する「いじめ対策ガイドブック」や「いじめ対応ガイドライン」などに、いじめ問題でのSSW活用が示された。これによりSSWerがいっそう注目される契機となった。

　さらに、平成25（2013）年1月の社会保障審議会「生活困窮者の生活支援の在り方に関する特別部会報告書」には、「貧困の連鎖を防止するためには、義務教育段階から、生活保護世帯を含む貧困家庭の子どもに対する学習支援等を行っていく必要がある」と記された。その翌年には「子どもの貧困対策の推進に関する法律」が制定された。これに基づき、平成26（2014）年に「子供の貧困対策に関する大綱」が閣議決定された。その大綱には、「教育と福祉をつなぐ重要な役割を果たすSSWerの配置を拡充」することが明記された。このように、貧困問題への対応についてもSSWerに期待されていることが理解できる。

　平成27（2015）年に起こった神奈川県川崎市の中学生暴行死事件では、亡くなった中学生男子が転校してきた中学校にほとんど登校しておらず、特に事件前1か月は全く登校していなかったことが問題視された。また、地元のいわゆる不良グループと行動をともにしていることや、そのグループのメンバーから暴行を受けていたことなどが報道された。保護者である母親は生活のためにいくつもの仕事をかけもちし、夜も家にいられない状態が続いていたこともわかってきた。そのような報道のなか、学校が家庭訪問を行っても本人に会えなかったこと、電話もつながらなかったにもかかわらず、教員が対応し切れていなかったことが指摘された。さらに川崎市にはSSWerが存在しているにもかかわら

ず、学校がこのケースをSSWerにつなげていなかったことも疑問視された。SSWerには、いわゆる非行や家族問題への対応が期待されていたのである。

　平成28（2016）年3月末には、文部科学省から「学校事故対応に関する指針」が公表された。この中で、学校において事故が発生した場合、子どもや保護者への聞き取り調査などの対応を行う者の一人として、SSWerが明示されている。

　平成28（2016）年12月には、「義務教育の段階における普通教育に相当する教育の機会の確保等に関する法律」が公布された。その目的は、「教育基本法及び児童の権利に関する条約等の教育に関する条約の趣旨にのっとり、教育機会の確保等に関する施策に関し、基本理念を定め、並びに国及び地方公共団体の責務を明らかにするとともに、基本指針の策定その他の必要な事項を定めることにより、教育機会の確保等に関する施策を総合的に推進すること」（第1条）である。第3条には基本理念として以下の5点が示されている。

①全ての児童生徒が豊かな学校生活を送り、安心して教育を受けられるよう、学校における環境の確保
②不登校児童生徒が行う多様な学習活動の実情を踏まえ、個々の不登校児童生徒の状況に応じた必要な支援
③不登校児童生徒が安心して教育を十分に受けられるよう、学校における環境の整備
④義務教育の段階における普通教育に相当する教育を十分に受けていない者の意思を十分に尊重しつつ、その年齢又は国籍その他の置かれている事情にかかわりなく、その能力に応じた教育を受ける機会が確保される
⑤国、地方公共団体、教育機会の確保等に関する活動を行う民間の団体その他の関係者の相互の密接な連携

　これを受け、平成29（2017）年3月には「義務教育の段階における普通教育に相当する教育の機会の確保等に関する基本指針」が文部科学省より示された。その中で、不登校児童生徒に対する効果的な支援の推進として「不登校児童生徒に対しては、学校全体で支援を行うことが必要であり、校長のリーダーシップの下、学校や教員がスクールカウンセラーやスクールソーシャルワーカー等の専門スタッフ等と不登校児童生徒に対する支援等について連携・分担する『チーム学校』体制の整備を推進する」と示されている。また、不登校等に関する教育相談体制の充

実については、「教員やスクールカウンセラー、スクールソーシャルワーカー、関係機関が連携し、不登校等に対して早期からの支援を行うことができる教育相談体制の構築を促進する。特に、スクールカウンセラー、スクールソーシャルワーカーは、学校における教育相談体制を支える専門スタッフの両輪として機能しており、その効果的な活用のため、資質の向上と配置の充実を図る」と記載されている。

　このように、日本においては、子どもを通して表れる課題を改善・解決する役割がSSWerに期待されてきたのである。例えば、虐待対応、不登校への対応、いじめへの対応、非行対応というように、子どもの行動事象を取り上げ、それらへの対応、支援ができる人としてSSWerという職業は位置付けられ、役割を期待されてきたといえる。

3 スクールソーシャルワークの現状と課題

（1）スクールソーシャルワーカーの雇用の現状

　前述したように、SSWer等は専門職として学校教育法で職員として位置付けられた。しかし、SSWerの勤務形態は、いまだ厳しい現状である。公務員の雇用形態が令和2（2020）年4月から変更になり、多くのSSWerが会計年度任用職員として雇用されるようになった。しかし、まだまだ非常勤職員としての雇用が大多数である。

　一方で、子どもや家族にソーシャルワーカーとしてていねいに相談支援を続けるSSWerの仕事ぶりが評価され、課題の改善効果がみられた自治体では、社会福祉士や精神保健福祉士という国家資格取得者をSSWer雇用条件にあげ、福祉の専門職SSWerの正規雇用化に向けた予算化が図られている。昨今では、自治体福祉職採用者の異動先として教育委員会のSSWerも一つの部署になっている自治体も出現してきた。

（2）スクールソーシャルワークの課題

　各地の教育委員会におけるSSW事業では、SSWer雇用の目的はさまざまである。日本においては、SSWerに期待される仕事内容が揺らいでおり、そのときどきの教育課題に左右されている感が拭えない。

　学校では、子どもの行動について事象対応型で語られることが多い。しかし、子どもの問題行動の背景には、さまざまな、周囲には気付きにくい事情がひそんでいる場合も少なくない。例えば子どもの貧困は、虐待リスクと密接に関連していたり、世代間連鎖していることも多く、貧

困の文化の中で育った子どもたちはその文化に埋没する恐れもある。よって、事象で切り分けた縦割り支援に、SSWの役割が押し込められてしまったのでは効果は期待できない。

　一方、令和4（2022）年児童福祉法改正により、子育て世帯に対する包括的な支援のための体制強化を図り、市町村では「こども家庭センター」の設置に努めることとなる。

　平成22（2010）年に、縦割り支援の解消とネットワークづくりをめざす「子ども・若者育成支援推進法」が施行されたが、現在でもこのような仕組みと学校が密接に関連をもつことが十分にできているとは言い難い。

　子どもの支援を切れめなく行うには、SSWerが学校をベースとしながらも、このようなネットワークの一員となる意識も必要である。

第2部

第3章

第 3 節　スクールソーシャルワーカーの役割

1　スクールソーシャルワーカーの専門性

　SSWerは、ソーシャルワークの専門職の一つである。SSWerは実践を通して、ソーシャルワークの専門性の3本柱である「価値」「知識」「技術」を発揮する必要がある。

　さらに、SSWerは学校をベースに、子どもの権利保障を実現する専門職である。そのため、子どもの権利にかかわる条約や法律を基盤として支援を展開することが求められる。特に、国連子どもの権利条約、こども基本法、児童福祉法、教育基本法、学校教育法の理解が必要である。

　支援をめぐっては、ソーシャルワークの「価値」と学校教育の「価値」の間でジレンマが生じることが多々ある。SSWerはそのジレンマに向き合い、子どもの最善の利益の実現をめざす取り組みを行う。

　子どもを中心として子どもの最善の利益を実現するためには、子どもへの思いを具現化する「知識」「技術」が必要である。SSWerは、子どもや家族に対する個別支援、クラスや教員集団、学校などの集団支援、地域との協働や制度・政策へのはたらきかけを実践する。よって、ミクロ・メゾ・マクロにわたり、一貫性をもって統合された支援を行う技術が必要である。そのため、ソーシャルワークのさまざまな実践理論や、社会資源、制度・政策に精通していなければならない。

　また、子どもや家族の生活課題は、そのときどきの社会の状況や制度・政策に大きく影響を受ける。よって、子どもの最善の利益を実現するためには、SSWerは常に最新の情報をとらえる必要がある。最新の制度・政策を理解するという、継続的な学びが重要である。SSWerは常に学びながら、それらを使って支援を組み立てていく専門職である。

2　スクールソーシャルワーカーの活動

　SSWerの具体的な活動は、大きく次の9点に整理できる。
　①情報の収集と統合
　　　子どもについての情報は、担任だけではなく、管理職や学年主任、教科担当、生徒指導や進路指導の教員、養護教諭など、さまざまな

教員が分散してもっている場合が多い。また、スクールカウンセラーや特別支援教育支援員なども情報をもっていることがある。その分散している情報をていねいに収集し、アセスメントシートに書き込むことによって、一人の子どもを支援するための有益な情報を統合する。

②子どもや保護者への面談

　　①で収集した情報からだけではなく、SSWer自身が福祉の視点で子どもや保護者への面談を行うことによって、子どもが抱える課題の背景がさらに明らかになる。

③情報を統合してアセスメント

　　子どもの抱えるさまざまな課題の背景には、家庭環境や生育環境、学校環境をはじめ、子どもを取り巻くすべての環境が影響している。そのような課題に適切に対応するためには、課題の背景を見極めることが必要である。これをアセスメント（見立て）という。アセスメントでは、課題を表面的に見るのではなく、福祉や子どもの心理・発達の視点を加えて、見立てる。

④プランニング

　　次に、アセスメントにそって、解決に向けた目標の設定と具体的な手立てが重要になる。これをプランニングという。子どもとその家庭にとって必要な手立てを具体的に考えるのである。

⑤チーム体制づくり

　　アセスメントとプランニングを効果的に行うために、チームで取り組むことが必要不可欠である。子どもにかかわるさまざまな情報の共有があって、初めて総合的に子どもの抱えるさまざまな課題について検討できる。

⑥ケース会議

　　アセスメントとプランニングの中心的な場は、校内でのケース会議であることが多い。SSWerがかかわる校内ケース会議は、単に情報交換・共有にとどまることなく、ケースを見立て、具体的な手立てを協議し、決定する場となる。

⑦組織体制づくり

　　SSWerやスクールカウンセラーは教育相談に位置付けられている。その教育相談の体制を整えたり、相談機能の充実を図る。

⑧家庭支援

　　家庭訪問を行ったり、必要に応じて生活保護等関係機関の専門職とともに支援を行う。医療ソーシャルワーカー（MSW）や精神保健福祉

士（MHSW）を通して病院と連携しながら支援をすることも重要である。

⑨地域調整

　　自治体には地域福祉計画が策定されている。高齢者、障害者、ひとり親家庭など社会的援護が必要な人やその家族が、住み慣れた地域で安心して暮らすことができるよう、ともに支え合う地域社会づくりのための総合的なセーフティネットの構築をめざしている。地域によってはコミュニティソーシャルワーカー（CSW）が存在するので、地域に精通しているCSWを通じて子どもに関する見守りネットワークを広げることもできる。

〈表2−3−1〉 ある日のスクールソーシャルワーカーの動き

	活 動 内 容 （例）
9：00	市役所で他のSSWerや指導主事と打ち合わせ。
10：00	担当校に出勤。
10：30	管理職・SSW担当教員・担任と情報共有や校内巡回。
12：30	給食を一緒に食べる（クラスを回ったり、別室の子どもと）。
13：00	担任から相談を受ける。
14：00	家庭訪問。
15：00	地域の病院のMSWを訪ねる。
	生活保護のケースワーカーとの打ち合わせ。
	学校に戻って、得られた情報やアドバイスを担任等と共有する。
16：00	ケース会議。CSWや民生委員・児童委員に母親、子どもの見守りを依頼する。
17：00	市役所に戻り、庁舎内で情報共有後、退勤。

（筆者作成）

3 スクールソーシャルワーカーの具体的な支援

（1）ある支援の事例

事例1

養育能力が疑われる母子家庭で育つ中学生男子の事例

　中学校1年生のA君は、入学以来毎日遅刻をし、制服の汚れもかなりひどい。その状況に気付いた担任からSSWerに相談があった。A君が卒業した小学校からは、「給食費等の未払い」や「母親が下の子どもの不登校傾向に悩まされている」という引き継ぎがあった。一方、母親は小学校の教員に心を開くことはなかったが、中学校では担任の気さくな感じと、母親の体調を思いやる言葉がけにより、母親からも担任を信頼しているという発言がみら

れるようになっていた。そこで、SSWerは担任とともに家庭訪問を行った。

　A君の家では、タバコを吸い、沈んだ表情の母親が待っていた。母親に対してSSWerが福祉の専門職であることを告げると、安心したような表情を見せた。

　数年前に離婚し、現在は母子家庭である。母親は、夫のDVが原因で離婚したこと、母親自身がうつ病であること、医師とコミュニケーションがうまくとれないのが悩みであり服薬に対して懐疑的であることなどを語った。生活保護を受給しているが、家計管理ができておらず、食費やタバコ代、通信費がかさみ、中学校に諸費を納入することなどができていないこともわかった。

　一方近隣では、小学生の子どもが学校に行き渋ったときには、大きな声で怒鳴り、たたきながら学校に連れていく母親の姿が目撃されていた。地域住民からの虐待通報もされていた。

　この情報から、学校では「母親がだらしない」「生活能力がない」「虐待だ」などの意見が教員から出された。しかし、SSWerが家庭訪問を何度か行い、面談するなかで、違った面もみられるようになっていった。

　母親からは、自分の両親と折り合いが悪く街で出会っても話もしないこと、自身も貧困家庭で育ったこと、小学生の子どもはかなり癇癪が激しく、子育てに悩みながらも自分なりに必死に育てていることなどが語られるようになった。また、母親も中学生のころ不登校であったため、「あんなお母さんに育てられているから、やっぱり子どもも学校に行かないんだ」と言われたら子どもがかわいそうだから、学校にだけは行かせなければという思いが強く、毎朝小学生の子どもに怒鳴っていることがわかった。

　これらの情報をもとに、SSWerは学年教員や管理職、養護教諭によるケース会議を実施した。情報を共有するなかで、「ひとりで子どもを育てようと努力している」「金銭の使い方がわからないだけ」「子どものことを愛しているが、うまく接する方法がわからない」「薬をコントロールできれば家事も可能」と、母親に対するアセスメントが変化した。「困った親は、困っている親である」という視点への転換である。

　このようなアセスメントを、SSWerと教員、そして他機関の多職種と共有することで、きめ細かなプランニングを行うことができる。短期目標を設定し、それぞれの役割分担を決め、支援を開始することが可能になるのである。

　「母親は孤立しているから、母親を支える知り合いやネットワークをつくる。そのためにSSWerが地域のMHSWと連携して当事者活動に参加するよう促してもらう」「CSWが母親に民生委員・児童委員を紹介し、母親が生活のちょっとした相談ができるようにする」「薬の不安につい

〈図2-3-5〉学校における従来のアプローチ

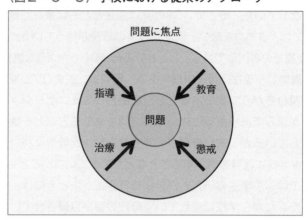

（筆者作成）

ては、SSWerが母親の気持ちを記録し、受診の際に母親が持参する」「近隣に青少年活動をしているNPOがあり、夏休みは昼食も出るので、信頼が厚い担任からきょうだいに参加を促す」など、具体的に役割分担を決め、アプローチができていった。

（2）子どもの生活をとらえる視点

　地域資源はあっても、子ども・若者が育つ家庭にはなかなか届きにくい。地域にネットワークが張りめぐらされていても、当事者たちがこれらに届かないために孤立しているケースが、学校では多く発見される。

　学校で発見されるケースは、ときには生徒指導の方法で対応するが、子どもが表す行動事象の解決には至りにくい場合がある。そのため、その子どもにとって真に必要な支援が届かないことになる。従来の（学校）教員中心のアプローチでは問題の根源に届かず、対症療法的な子どもへの指導や助言、励ましで終わってしまい、問題の先送りにしかならないこともあった（**図2-3-5**）。

　しかし、SSWerが相談を受けることができれば、子どもの置かれている周囲の状況を確認し、それらを全体的に眺めることから始めることができる。SSWerがソーシャルワークを行うために最も重視すべきことは、アセスメントであるといえる。多面的・多角的に子どもとその家族を理解するアセスメントによって、子どもの根源的な問題に焦点が当てられ、支援計画が立てられるのである。このような作業を通してこそ、総合的・統合的なソーシャルワークを届けることができる。

　子育てや子育ちのむずかしさの要因はさまざまであるが、なかでも貧困や孤立の課題は子どもに大きな影響を与える。社会から孤立し、家族の

システムが機能不全に陥っているケースでは、福祉のサービスも受けられず、教育を受けることさえままならない深刻な事態になることも多い。SSWerは学校をベースとすることで、福祉と教育の両輪で支援を行い、子どもたちに対して発達の保障と教育の保障、両方を行うことができる。

（3）子どもの生活場面への視座

　子どもは、生活の場である家庭、その中に渦巻く家族のシステムから抜け出すことはできない。子どもたちこそが生活課題を抱えた当事者である。

　一方、学校も学習の場だけにとどまらず、子どもが多くの時間を過ごす生活の場であるといえる。

　SSWerは、子どもたちの2つの生活場面を俯瞰的にとらえ、学校と地域の生活場面が断絶しないよう、また支援の縦割りが起こらないよう、さまざまな専門職やインフォーマルな活動者とをつなげる。さらにSSWerは、教育と福祉、教育と教育、福祉と福祉という、さまざまな関係における橋渡しを行い、子どもの生活の連続性を意識しながら支援を展開する。また、子どもにソーシャルワークを届けるということは、限定された育ちの環境から、子ども自身を社会へと結び付けていくことにつながる（**図2-3-6**）。

〈図2-3-6〉**子どもの生活場面におけるソーシャルワーク**

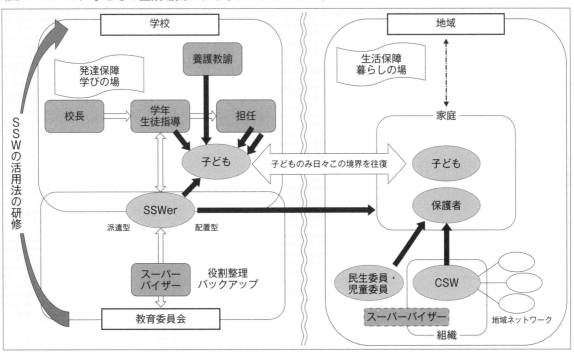

（野尻紀恵・川島ゆり子共同作成）

第4節 子どもの最善の利益の実現をめざして

　日本では平成20（2008）年にSSWer導入の道が開かれ、制度の充実や予算の確保を進めてきた。まだ新しい領域であるSSWは、子どもの最善の利益のために存在することを意識して実践し、今後もその実践を蓄積していかなければならない。

　同時に、子どもの最善の利益のためには、周りの大人による子ども支援だけではなく、子ども本人が力をつけること、つまり、社会の制度や資源、そして自身の権利そのものを「知る」支援をすることが重要である。そのはたらきかけを行うのもSSWerの役割だという自覚が必要である。

　現代の社会変化は激しく、テンポは加速し、グローバル化している。生活の領域は多岐にわたり、価値観も多様化してきた。そのような背景から、社会と個人との間にひずみが生じ、人々は不適応に陥り、疎外感を強めることになった。このような時代に育つ子どもたちの自己肯定感は低くなりがちである。そうしたなか、「学校」でソーシャルワークの支援を行うことは、エンパワメントアプローチを展開しやすいという利点がある。子どもや保護者の得意なこと、好きなこと、大切にしていること、などがよく見えてくると、それによって、子どもや保護者のストレングスをいかす支援の方法を工夫することが可能になる。

　子どもたちは何を求めているのか。子どもたちの本音はどこにあるのか。子どもたちはどのような自分になりたいと思っているのか。しっかりと子どもに向き合うこと、あるいは子どもたちの家庭の生活状況や地域のありように目を向けていくことでしか、本当に子どもを理解することにはつながらない。子どもを取り巻く大人が、子どもに向き合うことで、福祉と教育のつながりができてくると考えられる。その接点にSSWerとその活動が存在し、SSWerの実践を通じて、子どもにとって効果的な取り組みとなる可能性が高まる。

BOOK 学びの参考図書

●金澤ますみ・奥村賢一・郭　理恵・野尻紀恵 編著『三訂版 スクールソーシャルワーカー実務テキスト』学事出版、2022年。
　スクールソーシャルワーカーが勤務初日から行う、具体的な行動レベルでの活動内容を紹介。スクールソーシャルワーカーに必要とされる専門的な知識や技術、価値・倫理に至るまでをわかりやすくまとめたテキスト。

●日本学校ソーシャルワーク学会 編『スクールソーシャルワーカー養成テキスト』中央法規出版、2008年。
　スクールソーシャルワークの歴史から具体的な仕事内容と、それを支える理論について、体系的に学ぶことができるテキスト。

引用文献

1）小川利夫『教育福祉の基本問題』勁草書房、1985年、ⅰ頁

参考文献

● 岡村重夫『社会福祉学（各論）5刷』柴田書店、1970年
● 空閑浩人『ソーシャルワークにおける「生活場モデル」の構築―日本人の生活・文化に根ざした社会福祉援助―』ミネルヴァ書房、2014年
● 鈴木庸裕・野尻紀恵 編著『教職経験をもつスクールソーシャルワーカーが伝えたい 学校でソーシャルワークをするということ』学事出版、2018年
● 文部科学省「令和元年度 児童生徒の問題行動・不登校等生徒指導上の諸課題に関する調査結果について」2020年
● 野尻紀恵『子どもの隠された貧困とスクールソーシャルワーカーの役割』大学図書出版、2021年

第4章

子どもと家庭にかかわる貧困、女性の福祉

学習のねらい

　子どもの貧困は、育ちの環境としての家庭の生活状況と強くかかわり合っている。家庭の生活状況を理解するためには、女性の貧困の問題を含む環境における福祉ニーズを理解していく必要がある。本章では、貧困の背景にある子ども・家庭の福祉ニーズの理解を進める。次に、貧困への支援の視点について、子どもや女性の保護、育ちの環境の確保を取り上げる。さらに、DV防止の支援を理解するために、DVの背景やDV防止法等の対応について学ぶ。続けて、ひとり親家庭への支援を理解するために、置かれている状況やニーズの理解を進め、母子及び父子並びに寡婦福祉法等の制度的対応について取り上げる。

　女性をめぐる課題は、生活困窮、性暴力・性犯罪被害、家庭関係破綻など複雑化、多様化、複合化しているなか、令和4（2022）年に成立した「困難な問題を抱える女性への支援に関する法律」に基づく新たな支援の枠組みについて学ぶ。

　このような学習内容を通して、子どもや女性が家庭という生活環境において、複合的なニーズを抱え、さまざまな制度や社会資源を活用した複合的な対応を必要としていることについて、理解することをめざす。

第1節 子どもと家庭にかかわる貧困の諸相

1 貧困の背景

（1）子ども・家庭の福祉ニーズの視点

子どもや家庭を取り巻く環境は、重要な課題に直面している。国連では、持続可能な開発目標（SDGs）[*1]のために、2030年までの「アジェンダ（行動計画）」[*2]を示した。その中では、17の目標と169のターゲット（取り組む対象）があげられている。目標1では、あらゆる場所・形態の貧困への対応として、「あらゆる次元の貧困状態にある、すべての男性、女性、子ども」を対象とし、「人々の強靱性（レジリエンス）を構築」するために、「貧困層やジェンダーに配慮した」取り組みをめざしている。

子どもの貧困は、今日食べるものがないとか、住む家がないといった、いかなる地域や社会でも貧困ととらえられる「絶対的貧困」という状況への対応が求められる。さらに、日本を含む先進国では、社会全体では豊かととらえられるが、社会の中で格差が生じている側面、すなわち「相対的貧困」への対応が求められてきた。平成25（2013）年に成立した「子どもの貧困対策の推進に関する法律」では、子どもの健やかな育成環境の整備にとって、「子どもの将来がその生まれ育った環境によって左右されることのない」ことが重要であるとされている。

（2）子ども・家庭の福祉ニーズの変化

乳児死亡率の動向は、その社会の保健福祉の水準を示す一つの重要な指標であるとされた。日本の乳児死亡率（出生千対）は、生活の厳しい戦間期（昭和15〔1940〕年）の90.0から、令和4（2022）年の1.8（概数）まで飛躍的に改善されてきている[*3]。ほかにも日本が子どもにとってより豊かな生育環境になっている指標は多くある。

他方で、豊かな社会である日本で、**子どもの貧困率**（貧困線〔等価可処分所得の中央値の半分〕に満たない子ども〔17歳以下〕の数を子どもの数全体で除したもの）の状況は、国民生活基礎調査で11.5％（令和3〔2021〕年）となっている。特に、ひとり親世帯の貧困率は、44.5％（令和3年国民生活基礎調査）となっており、世帯の格差への対応が求めら[*4]

---

*1
本書第1部第2章第1節2（2）❹参照。

*2
国連（2015）「我々の世界を変革する：持続可能な開発のための2030アジェンダ」（外務省仮訳）。

*3
厚生労働省「人口動態統計月報年計（概数）の概況」各年版。

*4
なお、OECDの新基準（算出に用いる拠出金に、自動車税等及び企業年金を追加）で算出すると、子どもの貧困率は14.0％、ひとり親世帯貧困率は48.3％となる。

れてきている。

　統計的な現状から、子どもとその育ちの環境である家庭にいかなる福祉ニーズの変化が考えられるだろうか。第二次世界大戦直後に、日本が取り組まなければならなかった課題と対応は、まず、食料や住居の確保がむずかしい子どもについて、児童福祉法をはじめとする児童福祉対策により、児童福祉の機関や施設に保護することであった。人間の福祉ニーズは、先述のSDGsを見ても多面的に構成されることがわかる。初期の児童福祉対策は、子どもの生命の確保と維持に重点を置いて取り組まれた。今日の社会では、子どもの育ちの環境に、より重点を置く必要が出てきている。

　SDGsでは、目標5として、ジェンダー平等や女性及び女児の能力強化をあげている。女性に対するあらゆる差別撤廃のため、ターゲットの一つとして、「私的空間におけるあらゆる形態の暴力の排除」「無報酬の育児・介護や家事労働の認識・評価」へ社会的に対応していく必要がある。ドメスティック・バイオレンス（DV）の問題や家庭内の性別役割分業（意識）の課題は子どもの環境の課題でもある。子どもの育ちの環境にある不平等や暴力への取り組みが求められている。

　ここでニーズの変化を整理したい。子どもの生命の確保に重点を置いて取り組んだ時代は、私たちの地域社会に、子どもや家庭を支えるつながりや支え合いが機能した時代であった。児童福祉の機関や施設で行ってきた保護は、地域社会の支え合いを前提として、それを補う役割を果たしてきたのかもしれない。現代の社会では、子どもの育ちは、生命の維持だけでなく、つながりや支え合いの環境の確保が求められている。家庭は、地域社会に支えられていた前提を見直す必要がある。さらに、家庭自体が、家族メンバーがいれば、自然に生活機能が果たされるという前提を見直す必要がある。

（3）ニーズの変化に対する対応の考え方

　本章では、上記のニーズの変化を、子どもと家庭にかかわる貧困という課題として、整理する。貧困という概念は、先人により多面的に考察されてきたが、ここでは、子どもの育ちの環境における貧困や格差の課題として考えたい。児童福祉法が制定された当時、優先的に取り組まれなければならなかったのは、子どもの目前に立ち現れる諸課題に対応することであった。それは、乳児への栄養や衛生の確保であり、保護者のない児童に食料や宿所を確保することであり、生活基盤の脆弱な母子家

庭の住居や生活費を確保することでもあったりした。地域社会の支え合いが背景にあった時代では、その課題ごとに社会福祉制度が対応を取るという考え方で取り組まれてきた。現代では、その考え方を見直す必要がある。子どもの生育環境としての家庭の生活状況や、親子関係や夫婦関係などの家庭内の関係性についても積極的な福祉の視点と必要に応じた社会的介入が求められている。

　人間は、社会環境の変化に日々対応し適応し、生活を維持している。一人ひとりの個人は、環境との相互作用によるやりとりで、多様な支えを自分の必要性に合わせて活用することで、環境に適応し、生活の維持が可能となる。子どもは、家庭生活を通して、環境への適応の力を身に付け、やがて生活の範囲を地域社会へと広げていき、自立の力を付けていくとされる[1]。子どもの育ちの環境を考える際には、そこに生じる課題への視点も大事であるが、より重要となるのは、子どもや家庭の構成員への視点で、ライフコースを通じて、周囲との相互作用や環境の変化への適応がどのように行われているか、ということである。

　現代の家庭にとって、日々の生活を営んでいく上で活用するさまざまな資源やサポートは、とても重要な役割を果たす。確かに、社会福祉の制度やサービスは、日々、整備されてきている。そうした社会において、経済成長や雇用状況といった社会の構造に影響を与える要因は、重要な要素ではある。しかし、子育て中の家庭に対して、社会においてどのように資源が分配されているか、さらに、一つの家庭を取り出してみたときに、子どもや保護者が生活するための資源（生活費、食糧、日用品など）を手に入れたり、サポート（サービスや支え手）につながったりする際に、どのような障害に直面しているか、といったことがより重要とされる[2]。

　以上のような観点から見えてくるのは、社会の中で、子どもの育ちの環境にいかなる格差の課題があるのかということである。具体的には、子どもの貧困の現状と課題への対応、家庭における不平等や暴力により、弱い立場に置かれている女性の現状と課題への対応について学んでいきたい。

2 貧困への支援の視点

（1）子どもの保護と女性の保護の対策

　子どもの貧困を広く環境の課題ととらえれば、子どもの保護と支援の対

応は、児童福祉法の規定に基づき、地方公共団体で進められている。保護が必要な子どもとは、児童福祉法で、「保護者のない児童又は保護者に監護させることが不適当であると認められる児童（要保護児童）」と規定されている（第6条の3第8項）。国及び地方公共団体は、保護者とともに、子どもの育成に責任をもつことが児童福祉法に規定されている。

　特に、保護者は、育成の「第一義的責任」を負うこととなっており、子どもの生活環境の保障に最優先の責任を果たすことが期待されている（第2条第2項）。児童福祉法が制定された当時は、保護者のない子どもの生活の場をいかに確保するかが緊急の対応として求められた。その場合は地方公共団体が保護者に代わり、子どもの生育の環境を確保するなどの対応が中心となる。保護者のない子どもを中心的な支援対象としていた時代は、食事や住居の確保など、絶対的な貧困状態への対応が中心であった。

　他方で、保護者のいる子どもの生活環境は、家庭の状況に応じて多様で、貧困のとらえ方もより多面的な視点が求められる。どの家庭でも前述のような対応をすれば、支援目標が達成できるという考え方では実際の対応はむずかしい。他の家庭との相対的な視点でなければ、ニーズ自体が、見えにくいということである。家庭生活における生育環境に差が生じている子どもに対して、個別の対応が求められているということもできる。

　子どもに支援が必要な状態とは、児童福祉法で、乳児家庭全戸訪問事業の実施その他により把握した「保護者の養育を支援することが特に必要と認められる児童」（要保護児童に該当するものを除く。「要支援児童」）と規定されている（第6条の3第5項）。さらに、保護者に監護させることが不適当であると認められる児童及びその保護者、または「出産後の養育について出産前において支援を行うことが特に必要と認められる妊婦」（「特定妊婦」）も含めて「要支援児童等」として定義されている（第6条の3第5項）。貧困への支援は、子どもの生活の状況の多様性と個別性を鑑み、生活環境の保障を考えていく必要がある。

　子どもと同じく、女性の立場も、社会状況や家庭生活において、脆弱な状態に置かれてきた。第二次世界大戦後に婦人保護の対策が取られていく中で、昭和31（1956）年に売春防止法が制定されている。これは、売春が人としての尊厳を害し、性道徳に反し、社会の善良な風俗を乱すという観点から売春行為を処罰する法律である。当時の課題は、生活の困窮等から、自らの尊厳と心身を犠牲にして生計を立てざるを得ない女性たちの状況への対応が求められていた。昭和21（1946）年に連合国軍

第2部

第4章

＊5
前借金とは、人身の代わりとして設定される借金であり、売春等の背景として違法に取り決められてきた。具体的には、親の借金の肩代わりに娘が人身売買され売春等の労働を強制される例があった。貸し主は、借金の返済よりも売春を継続させるため、逃げられないように新たな借金を設定するなどした。

総司令部より、公娼制度の廃止の通達が出され形式的には廃止されたが、その後も、公娼制度下で認められた区域（「赤線」区域）では、公然と売春行為が継続された。その背景には、生活に困窮し、前借金の返済^{＊5 ぜんしゃくきん}に苦慮した女性が、人身売買され、売春に関与する実態があった。

売春防止法では、売春を「対償を受け、又は受ける約束で、不特定の相手方と性交すること」と定義し、売春をすること、その相手となることを禁止する（第２条、第３条）。ただ、法律上の禁止と刑事処分とは分けられている（表２－４－１）。

〈表２－４－１〉売春防止法による処罰の対象

①売春の勧誘等（売春をするように勧誘する等）（第５条）
②売春の周旋等（売春の仲立ちをする等）（第６条）
③困惑等による売春（売春のため人を欺く、脅迫する等）（第７条）
④対償の収受等（売春を取り持ち対償を要求、約束する等）（第８条）
⑤前貸等（売春目的の金品の前貸し等）（第９条）
⑥売春させる契約（第10条）
⑦売春場所の提供（第11条）
⑧売春業（自己の指定する場所等に居住させ売春させる等）（第12条）
⑨売春資金等の提供（土地や建物等を提供する等）（第13条）

こうした規定の内容からは、社会的な治安維持対策の側面は明確であるが、その背景となっている、女性の社会的な地位の脆弱性への対応と不安定な生活環境の保障という視点は明確とはいえない。

売春防止法における、保護が必要な女性の状態とは、「性行又は環境に照して売春を行うおそれのある女子（「要保護女子」）」と定義される（第34条第３項）。この要保護女子に対応する機関として、都道府県は、**婦人相談所**（女性相談支援センター）を設置する義務がある。婦人相談所は、下記の業務を行うこととなっている（**表２－４－２**）。

〈表２－４－２〉婦人相談所の主な業務（売春防止法第34条第３項）

①要保護女子に関する問題の相談に応じること
②要保護女子やその家庭の必要な調査並びに医学的、心理学的及び職能的判定を行い、これに付随する指導を行うこと
③要保護女子の一時保護を行うこと

婦人相談所には、一時保護施設を設置しなければならない。さらに、要保護女子につき、その発見に努め、相談に応じ、必要な指導を行う職員として、婦人相談員（女性相談支援員）が配置される。婦人相談員

は、社会的信望があり、熱意と識見をもつものの中から、都道府県知事が委嘱する。婦人相談所を設置しない市でも、市長は、婦人相談員を委嘱できる。また、要保護女子を入所保護するための施設として「婦人保護施設」（女性自立支援施設）を都道府県が設置することができる。

　婦人相談所は、全国で49か所設置されている（各都道府県に1か所、徳島県のみ3か所）。一時保護所は、全国で47か所（婦人相談所に併設され各都道府県に1か所）設置がある。婦人相談員は、全国で1,533人委嘱されている。また婦人保護施設は、全国で40都道府県に47か所設置がされている。[3)]

　婦人保護対策では、生活困窮等を背景としながらも、売春防止という視点で女性の保護の対応をしてきた。現代では、家庭環境の複雑さなどに関連して、女性の生活環境は、配偶者の暴力被害の問題など、より複雑な状況となっている。

　女性をめぐる課題は、生活困窮、性暴力・性犯罪被害、家庭関係破綻など複雑化、多様化、複合化している。コロナ禍によりこうした課題が顕在化し、「孤独・孤立対策」といった視点も含め、新たな女性支援強化が喫緊の課題となっていた。令和4（2022）年に「困難な問題を抱える女性への支援に関する法律」が成立した。これは、困難な問題を抱える女性支援の根拠法を「売春をなすおそれのある女子の保護更生」を目的とする売春防止法から脱却し、先駆的な女性支援を実践する「民間団体との協働」といった視点も取り入れた新たな支援の枠組みとして整備したものである。「困難な問題を抱える女性」とは、性的な被害、家庭の状況、地域社会との関係性その他のさまざまな事情により日常生活又は社会生活を円滑に営む上で困難な問題を抱える女性（そのおそれのある女性を含む）と定義されている。理念として、売春防止法で規定されてきた「補導処分」という考え方を廃止し、「女性の福祉」「人権の尊重や擁護」「男女平等」の視点を明確化し、国・地方公共団体の責務、都道府県基本計画等について規定している。具体的には、婦人相談所の「女性相談支援センター」、婦人相談員の「女性相談支援員」、婦人保護施設の「女性自立支援施設」への名称変更や、地方公共団体における民間団体も含めた関係者による「支援調整会議」の設置等が規定された（施行は令和6〔2024〕年度）。

（2）子どもの育ちの環境の支援

　子どもの育ちの環境確保のために、いかなる対応が必要か。ユニセフ

の統計では、乳児死亡率（人口千対）では、サハラ以南の西部・中部アフリカ地域では61である。世界平均の28、東アジア太平洋地域の12と比べて極端に高い。識字率（15〜24歳）も、西部・中部アフリカは、世界平均と比べて、男性は15ポイント、女性は23ポイント低く、男性78％、女性68％と男女格差も大きい。[4]こうした状況は、依然として、特定の地域においては、基礎的な子どもの生活環境の確保がむずかしい状況があることを示している。

他方で、肥満や生活習慣病の課題も生活環境の格差の課題として指摘されている。100年前の世界では、肥満は、豊かさの象徴ともとらえられていた。現在では、先進国において低所得層の子どもの多くは、肥満や生活習慣病となる危険性が高まっているとされる。例えば、アメリカでは、家庭の教育水準や所得が上がるほど、肥満児の数も減少する傾向がみられる。[5]貧困が子どもに影響を与える要因は、複数の経路を介して進むとされており、健康を介した経路における要因として、子どもの時期に家庭で提供される食事等からの栄養の要因があげられている。[6]

日本では、平成25（2013）年に「子どもの貧困対策の推進に関する法律」が成立した。この法律は、子どもの現在及び将来がその生まれ育った環境によって左右されないよう、心身の健全な育成、教育の機会均等、貧困の解消を目的としている。国は、子どもの貧困対策を総合的に策定し、実施する責務を有し（第3条）、子どもの貧困対策を総合的に推進するため、「子供の貧困対策に関する大綱」（令和元〔2019〕年改定）を定めている（第8条）。これは、令和4（2022）年に制定された「こども基本法」に基づく「こども施策に関する大綱」（以下、こども大綱）に少子化社会対策大綱、子供・若者育成支援推進大綱とともに一元化されることとなっている（**表2−4−3**）。

*6
思春期、青年期を含めたおおむね40歳未満までを対象として、教育、福祉、保健、医療、矯正、更生保護、雇用その他の各関連分野における施策等。

*7
子どもやひとり親世帯の貧困率、生活保護世帯の高等学校等進学率、大学等進学率等の指標やその改善に向けた施策、教育や生活安定の支援、保護者の就労支援、経済的支援等。

184

〈表2−4−3〉「こども大綱」に記載すべき事項（こども基本法第9条第2項、第3項）

1）こども大綱は、次に掲げる事項について定めるものとする。
①こども施策に関する基本的な方針
②こども施策に関する重要事項
③そのほか、こども施策を推進するために必要な事項
2）こども大綱は、次に掲げる事項を含むものでなければならない。
①少子化社会対策基本法第7条第1項に規定する総合的かつ長期的な少子化に対処するための施策
②子ども・若者育成支援推進法第8条第2項各号に掲げる事項[*6]
③子どもの貧困対策の推進に関する法律第8条第2項各号に掲げる事項[*7]

　さらに都道府県は、こども大綱を勘案した「都道府県こども計画」、市町村はこども大綱及び都道府県こども計画を勘案した「市町村こども計画」を策定するよう努めるとされている。こども大綱では、基本的方針として、①こども・若者を権利の主体として認識し、その多様な人格・個性を尊重し、権利を保障し、こども・若者の今とこれからの最善の利益を図る。②こどもや若者、子育て当事者の視点を尊重し、その意見を聴き、対話しながら、ともに考えていく。③こどもや若者、子育て当事者のライフステージに応じて切れめなく対応し、十分に支援する。④良好な成育環境を確保し、貧困と格差の解消を図り、全てのこども・若者が幸せな状態で成長できるようにする。⑤若い世代の生活の基盤の安定を図るとともに、多様な価値観・考え方を大前提として若い世代の視点に立って結婚、子育てに関する希望の形成と実現を阻む隘路の打破に取り組む。⑥施策の総合性を確保するとともに、関係省庁、地方自治体、民間団体等との連携を重視する、ことがあげられている。[*8]

　「子どもの貧困対策」の推進は、分野横断的に進めることとなっている。平成27（2015）年には、「生活困窮者自立支援法」により、生活困窮者である子どもに対し学習の援助を行う事業（第7条第2項）として、生活困窮家庭の子どもへの「子どもの学習・生活支援事業」が実施されている。

　また、子ども期から社会的自立をめざすプロセスで、社会的孤立から、本人や家庭への介入の必要性が指摘されることもある。社会関係の形成に困難を抱える子どもやその家庭の課題として、ひきこもり状態への支援が課題としてあげられている。ひきこもりとは、さまざまな要因の結果として、社会的参加（義務教育を含む就学、非正規就労を含む就労、家庭外での交遊）を回避し、原則的には6か月以上にわたっておおむね家庭にとどまり続けている状態と定義される。[*10]

　厚生労働省では、ひきこもり状態にある人やその家族から相談があった際に自立相談支援機関で対応する体制を整備している。都道府県、指定都市を実施主体として、「ひきこもり地域支援センター」を設置し、各関係機関との連携を行いながら、ひきこもり支援コーディネーター（社会福祉士、精神保健福祉士、臨床心理士等）が、家族支援を含めた包括的な支援を行うこととなっている。

*8
内閣府こども家庭審議会「今後5年程度を見据えたこども施策の基本的な方針と重要事項等～こども大綱の策定に向けて～（中間整理）」2023年。

*9
本双書第7巻第4章参照。

*10
内閣府「生活状況に関する調査」（平成30年）より。この調査では、15歳から39歳までのひきこもり状態にある者は、狭い定義で36.5万人、広い定義で61.3万人とされる。

第2節　DV防止の支援

1　DVの背景

（1）差別撤廃と日常生活における暴力の防止

　ドメスティック・バイオレンス（domestic violence：DV）とは、「配偶者や恋人など親密な関係にある、又はあった者から振るわれる暴力」をさすことが多い[*11]。家庭内の暴力を意味することから、保護者からの児童虐待としての暴力や、子どもからの暴力などを含む場合もある。近年では、定義する際に、婚姻状態にある場合（法律婚）だけでなく、事実上婚姻状態にある「事実婚」や生活の共同の事実により被害の認定をする場合もある。

　この課題の特徴は、①親密な関係性における暴力という点と、②男女差別等の価値観から女性や子どもという家庭における弱者への差別行為という点を背景にもつことがあげられる。

　①については、暴力が日常生活で多様な形態（身体的、精神的、性的）として行われ、被害者を支配する状況が生まれる側面がある。被害者は、恐怖感、無力感、さらに「暴力を振るうのは私のことを愛しているからだ」「いつか変わってくれるのではないか」という複雑な心理に悩まされたりする。②は、夫の収入がなければ生活困難な状況に陥ることもあり、子どもがいる場合は、安全や就学の問題に直面することから、「逃げることができない」状況に追い詰められてしまいやすい。

　DVの問題は、国際的にも大きな課題となってきた。第二次世界大戦後、国連は、「国連憲章」で「人種・性・言語又は宗教による差別なくすべての者のために人権及び基本的自由を尊重する」と謳っている（第1条第3項）。これを受けて、国連経済社会理事会（人権委員会及び婦人の地位委員会[*12]）を中心に検討が進められ、「経済的、社会的及び文化的権利に関する国際規約」「市民的及び政治的権利に関する国際規約」「婦人の参政権に関する条約」等が制定された。

　その後、女性に対する差別が依然広範に存在していることから、法的拘束力をもつ国際的枠組みとして、1979年の国連総会で、「女子に対するあらゆる形態の差別の撤廃に関する条約」（女子差別撤廃条約）が採択された。日本は、昭和60（1985）年にこの条約に批准している[*13]。

　しかし日本では、社会や家庭における男女差別の問題は根深く、さら

---

*11
内閣府男女共同参画局ホームページ「配偶者からの暴力被害者支援情報」。

*12
2006年、国連人権委員会に吸収。

*13
外務省ホームページ「女性が輝く社会」。

に具体的な対応が求められた。平成11（1999）年に「男女共同参画社会基本法」が制定され、児童虐待の法整備が進むなか、DVへの対策にも取り組まれた。平成13（2001）年に「配偶者からの暴力の防止及び被害者の保護（現在は、「保護等」へ改正）に関する法律」（DV防止法）が制定された。

2 DVへの対応

（1）DV防止法の概要

　この法律は、まず前文に、制定にあたっての問題関心が述べられる。すなわち、憲法に個人の尊重と法の下の平等が謳われ、人権の擁護と男女平等の実現に向けた取り組みが行われるが、経済的自立が困難である女性に対し配偶者が暴力を加えることは、個人の尊厳を害し、男女平等の実現の妨げとなっている、とする。目的は、配偶者からの暴力にかかる通報、相談、保護、自立支援等の体制を整備し、配偶者からの暴力の防止及び被害者の保護を図ることである。

　配偶者からの暴力とは、配偶者からの身体に対する暴力またはこれに準ずる心身に有害な影響を及ぼす言動（「身体に対する暴力等」）と定義される（第1条）。配偶者とは、婚姻の届出をしていないが、事実上婚姻関係と同様の事情にある者を含み、暴力が離婚や事実婚の解消後も続けられる場合も含まれる。さらに、前文に女性差別の被害が問題意識として示されているが、男女の区別なく対象とすることに留意が必要である。

　なお、平成16（2004）年の児童虐待防止法の改正により、子どもが同居する家庭で、子どもの面前で行われる配偶者に対する暴力が「心理的虐待」の定義に加えられている。

　さらに、平成25（2013）年には、DV防止法の改正により、法律名が「配偶者からの暴力の防止及び被害者の保護等に関する法律」となった。この改正では、暴力や配偶者の定義に「生活の本拠を共にする交際（婚姻関係における共同生活に類する共同生活を営んでいないものを除く。）をする関係にある相手からの暴力」に準用する規定（第28条の2）が追加され、配偶者からの暴力について、生活の共同を含み、広く適用できるようになった。これは、この暴力が日常生活に根差した被害を生むことから、生活の実態にそって、被害の状況にできるだけ適用しやすくし、心身の保護や被害者への支援が可能となることがめざされている。

　国及び地方公共団体には、配偶者からの暴力を防止するとともに、被

*14
法律は、配偶者からの暴力を対象とし、婚姻の届出のない「事実婚」を含んで定義されている。しかし、事実婚状態といえない生活状態でも起こっており、そこで、生活をともにしている（していた）状況が証明できれば、交際相手との間の暴力も対象にすることができるように平成25（2013）年に改正された。

〈図２－４－１〉DV防止法の対応チャート（令和６年度施行分を含む）

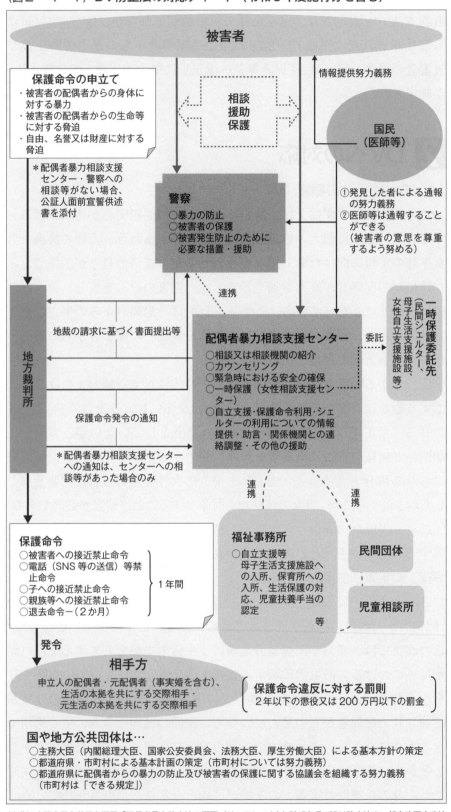

（出典）内閣府男女共同参画局「配偶者暴力防止法の概要（リーフレット）」2017年及びDV防止法の一部を改正する法律（概要より作成）

害者の自立を支援することを含め、その適切な保護を図る責務がある（第2条）。国の役割としては、「主務大臣」として内閣総理大臣、国家公安委員会、法務大臣、厚生労働大臣をあげ、この施策の基本的な方針（基本方針）を策定する義務が規定されている。これは、社会をあげて、男女の平等、心身や安全の保護、法的な強制力の行使、被害者の支援等の制度横断的な対応が求められることを示す。さらに、都道府県は、基本方針に則して、当該都道府県における配偶者からの暴力の防止及び被害者の保護のための施策の実施に関する基本的な計画（「都道府県基本計画」）を定めなければならない。都道府県基本計画には、この施策を地域で進めるための基本方針、施策をいかなる内容でいかに実施するのかが記載される。市町村（特別区を含む）は、国の基本方針に即し、かつ、都道府県基本計画を勘案して、当該市町村におけるこの施策の実施に関する基本的な計画（「市町村基本計画」）を定めるよう努める（**図2-4-1**）。

　この法律では、配偶者からの暴力全般に関する相談窓口として、配偶者暴力相談支援センターが制度化されている。都道府県は、当該都道府県が設置する婦人相談所*15その他の適切な施設において、このセンターの機能を果たすこととされている（第3条）。また、市町村は、当該市町村が設置する適切な施設で、配偶者暴力相談支援センターとしての機能を果たすように努めるとされている。配偶者暴力相談支援センターの業務は、次の規定がある（**表2-4-4**）。

*15
婦人相談所は配偶者暴力相談支援センターの機能を担う施設として位置付けられている。

〈表2-4-4〉配偶者暴力相談支援センターの業務（第3条第3項）

①被害者に関する各般の問題について、相談に応ずること又は婦人相談員もしくは相談を行う機関を紹介する。
②被害者の心身の健康を回復させるため、医学的又は心理学的な指導その他の必要な指導を行う。
③被害者（被害者がその家族を同伴する場合にあっては、被害者及びその同伴する家族）の緊急時における安全の確保及び一時保護を行う。
④被害者が自立して生活することを促進するため、就業の促進、住宅の確保、援護等に関する制度の利用等の情報提供、助言、関係機関との連絡調整等の援助を行う。
⑤保護命令の制度利用について、情報の提供、助言、関係機関への連絡等の援助を行う。
⑥被害者を居住させ保護する施設の利用について、情報提供、助言、関係機関との連絡調整等の援助を行う。

　なお、一時保護については、婦人相談所が自ら行う場合と、一定の基準を満たす者に委託する場合がある。また、このセンター業務を行うにあたり、必要に応じ、DV防止及び被害者保護の活動を行う民間団体と

連携に努めることとなっている（第3条第5項）。なお、配偶者暴力相談支援センターの設置数（配偶者暴力相談支援センターの機能を果たす施設）は、313か所（うち市町村設置140か所）である[16]。

被害者の相談や必要な指導は、婦人相談員が行う。また被害者の保護は、都道府県が、婦人保護施設（一時保護所を含む）において行うことになっているが、民間のシェルター等に委託することもできる。なお、婦人保護事業は、これまで、DV、性暴力、貧困、障害等さまざまな困難を複合的に抱える女性の支援を行ってきた。

平成30（2018）年7月からは、「困難な問題を抱える女性への支援のあり方に関する検討会」により、婦人保護事業の見直しが進められ、令和元（2019）年6月に厚生労働省では、婦人保護事業の運用面における方針の見直しを行った。これまで、婦人保護事業の対象となる女性の範囲については、家庭関係の破綻や生活困窮等の場合には、その問題を解決する機関がほかにない場合に対応するという方針が取られてきた。これを見直し、①他法他施策優先の取り扱いが見直され、婦人保護事業がより個別ケースに対応しやすくなるよう改正された。さらに、②一時保護委託の対象拡大と積極的活用、③婦人保護施設の周知・理解、利用促進、④携帯電話等通信機器の使用制限等の見直し、⑤広域的な連携・民間支援団体との連携強化、⑥SNSを活用した相談体制の充実、⑦一時保護解除後のフォローアップ体制等の拡充、⑧児童相談所との連携強化、⑨婦人保護事業実施要領の見直し、⑩母子生活支援施設の活用促進、があげられている[17]。困難な問題を抱える女性への支援に関する法律（困難女性支援法）では、「女性の福祉」「人権の尊重や擁護」「男女平等」といった視点を明確に規定し、国の定める「基本方針」に即し、都道府県が「都道府県基本計画」を定め、市町村はこれを勘案し「市町村基本計画」を定めるよう努めることとなっている。併せて、地方公共団体は、関係機関や民間団体等により構成される「支援調整会議」を設置するよう努めることや、女性相談支援センター（旧名：婦人相談所）、女性相談支援員（旧名：婦人相談員）、女性自立支援施設（旧名：婦人保護施設）の名称変更が規定されている[18]。

配偶者からの身体的暴力または生命等へ脅迫を受けた被害者が、その生命または身体に重大な危害を受ける恐れが大きいときに、裁判所が被害者からの申立てにより、配偶者に対し保護命令を発する。保護命令には、①被害者への接近禁止、被害者と生活の本拠をともにする住居からの退去、②被害者への連絡等禁止、③被害者の同居の子どもへの接近禁

*16
内閣府男女共同参画局ホームページ（令和5〔2023〕年7月3日現在）。

*17
厚生労働省子ども家庭局「婦人保護事業の運用面における見直し方針について」（令和元年6月21日）。

*18
厚生労働省子ども家庭局家庭福祉課「困難な問題を抱える女性への支援について」（令和5年3月）。

止、④被害者の親族等への接近禁止、の４つがある（DV防止法第10条第１〜５項）。

（2）DVの被害の相談と対応

　DVが被害者に与える影響としては、被害者は暴力により、けがなどの身体的な影響にとどまらず、心的外傷後ストレス障害（Post Traumatic Stress Disorder：PTSD）[19]に陥るなど、精神的な影響を受けることもある。さらに、子どもへの影響も重要視されている。暴力の目撃により、子どもの心身が不安定となることがある。暴力から避難するために、住居や生活費等の生活基盤を失うだけでなく、子どもの育ちの環境を取り囲む社会関係（近隣、学校、友人など）が断ち切られ、孤立する危険も高まることになる。DV被害の状況は、配偶者から「身体的暴力」「心理的攻撃」「経済的圧迫」「性的強要」のいずれかを一つでも経験がある女性は、内閣府の全国調査で25.9％であった。[20]

　配偶者から被害を受けたときの行動は、「相手と別れた」女性は16.3％と少なく、「別れたい（別れよう）と思ったが、別れなかった」女性が44.1％と多かった。別れなかった理由（複数回答）は、女性で「子供がいる（妊娠した）から、子供のことを考えたから」（71.3％）が最も多く、「経済的な不安があったから」（52.5％）が次に多い。DV被害の特徴は、家庭の女性や子どもが、生活基盤の喪失と裏表の関係で、暴力の被害に直面する脆弱な立場に置かれるとわかる。さらに、日常的に発生する暴力が、加害者との関係性も作用して、暴力の悪循環から抜け出せない状況をつくる。

　相談の状況は、配偶者暴力相談支援センターにおける相談で見ると、[21] 12万2,478件の相談のうち、11万9,331件が女性からの相談である。相談方法は、電話による相談が８万2,922件、来所による相談が３万4,522件となり、婦人相談所への電話が２万7,006件と最も多い。加害者との関係は、婚姻の届出があるものが、９万7,623件となる。

　全相談件数のうち、「日本語が十分に話せない被害者」については、1,688件あり、女性が1,675名で、国籍にかかわらず被害者が主に話す言語で集計すると、さまざまな言語があるが、タガログ語575件、中国語311件が比較的多い。また、全相談件数のうち、被害者が「障害者であることが把握できた」ものは１万2,831件（女性が１万2,541件）で、「知的障害」912件、「精神障害」１万633件となっている。

　また、警察における配偶者からの暴力事案等の相談は、８万4,496件

*19
本双書第11巻第4章第4節6参照。

*20
内閣府男女共同参画局「男女間における暴力に関する調査」2021年。

*21
内閣府男女共同参画局「配偶者暴力相談支援センターにおける配偶者からの暴力が関係する相談件数等の結果について（令和３年度分）」。

第2部

第4章

＊22
警察庁「令和４年における ストーカー事案及び配偶者からの暴力事案等への対応状況について」2022年。内閣府『男女共同参画白書』2023年。

＊23
厚生労働省子ども家庭庁家庭福祉課「困難な問題を抱える女性への支援について」（令和５年３月）。

＊24
内閣府　男女共同参画会議「女性に対する暴力に関する専門調査会（第105回）資料」2020年３月。

あり、過去10年間で３万件以上増えている。[22] 裁判所からの保護命令は、令和４（2022）年で1,111件となっている。[22]

令和元（2019）年の婦人相談所において一時保護された女性は、3,093人でここ数年減少傾向となっている。このうち、「夫等からの暴力」を理由とするものが2,087人（67.5％）となっている。[23]

DVの被害相談は増加する一方で、DV防止法による一時保護は減少傾向であり、被害者の状況の多様性が指摘される。配偶者暴力相談支援センターだけでなく、自治体の相談窓口や児童相談所等の多元的な相談体制と機関の連携が求められている。一時保護についても、民間シェルターへの支援を拡充するとともに、母子生活支援施設の活用など、多様な状況に多様な資源で対応していく必要がある。こうした課題に対して、内閣府では、DV等暴力被害者への連携支援システムの構築により、連携の推進と専門家派遣や研修による取り組みを進めることとなっている。[24]

第3節　ひとり親家庭への支援

1　ひとり親家庭の福祉ニーズ

（1）ひとり親という対象と背景

　子ども家庭福祉の支援は、課題として整理されることは多いが、「ひとり親家庭」の支援は、家庭（統計上は世帯）の類型や構成として対象化されている点がほかの課題と異なる。それは、ひとり親という家庭の多くが複合的な課題に直面し、制度横断的な支援が求められる対象だからである。

　「ひとり親」という表現は、欧米で1970年代以降「one-parent」として使用されていた言葉の訳で、日本では、1980年代以降で広く用いられてきた。それ以前は、「片親」という表現が用いられることが多かった。これは、本来2人の親が備わっている世帯があるべき家庭の形態であり、一方を「欠いた」状態が支援対象であると理解されていたことによる[7]。「ひとり親」と表現するのは、そうした歴史的偏見を払拭し、新しい家庭の形として位置付けようという背景がある。

　ひとり親家庭は、離婚率の上昇と連動して増加してきている。離婚率は、北米で1960年代に先行して上昇がみられ、その後、1970年代にイギリス、フランス、日本などが上昇傾向を迎えた。日本では、平成15（2003）年以降離婚率は減少傾向である。

　ひとり親家庭の生活状況は多様であり、その福祉ニーズもどのような形成過程でひとり親家庭となったかにより、多様となる。パートナーと死別して形成される家庭（死別世帯）もあれば、パートナーとさまざまな理由により離別することで形成される家庭（生別世帯）もある。死別の状況も、例えば、事故に巻き込まれるような状況である日突然亡くなる場合と、長期間闘病生活の末に亡くなる場合では異なる。ひとり親家庭の構成についても、母子家庭と父子家庭とは、母親か父親かという違いだけでなく、子どもの人数、性別、発達段階などにより、親との関係性が異なってくる。

（2）ひとり親家庭の生活課題

　全国調査によれば[25]、母子世帯の世帯数が父子世帯に比べて圧倒的に多い。母子世帯数は、昭和58（1983）年調査時点で71万8,000世帯であっ

*25
厚生労働省「全国ひとり親世帯等調査（旧・全国母子世帯等調査）」各年版。

〈図２－４－２〉ひとり親家庭の母・父・子の年齢

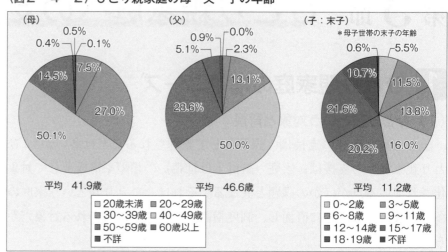

（出典）厚生労働省「令和3年度 全国ひとり親世帯等調査結果報告」をもとに筆者作成

　たものが、令和3（2021）年では119万5,000世帯となっている。父子世帯は、昭和58（1983）年の16万7,000世帯から、平成18（2006）年に24万1,000世帯まで増えたが、令和3（2021）年では、14万9,000世帯へ減少となっている。この全国調査から、ひとり親家庭が抱える課題を整理する。さらに世帯それぞれの状況により、どのようなポイントに着眼して支援を行っていけばよいか考えてみたい。

　ひとり親世帯になった理由別で見ると、母子世帯では、昭和58（1983）年の調査では、死別が36.1％、離婚が49.1％であったが、令和3（2021）年の調査では、死別が5.3％、離婚が79.5％と、ほぼ8割を離婚が占める状況となっている。世帯の状況の違いから生活課題の違いを見ていくこととする。令和3（2021）年のひとり親世帯の年齢（平均）は、母子世帯の母、父子世帯の父、母子世帯の子ども（末子）、それぞれ図のとおりとなっている（**図２－４－２**）。母子世帯と父子世帯の年齢の違いは、母子が30代の比率が高く、父子のほうが50代の比率が高くなる。子どもの年齢は、ばらつきがあることがわかる。

　支援のポイントとしては、ライフコースの視点で見ていけば、母子家庭の母親は、40代では、新たに就職先を探そうとしても、その確保や収入の安定に困難を来す可能性が高い。父子家庭の父親は、40代から50代は、経済的基盤を確保できている者は、仕事上多くの責任をもち、家庭の時間とのやりくりに困難を抱える可能性がある。母子世帯の子どもの年齢は幅があり、3〜5歳の子をもつ母と15〜17歳の子をもつ母親では、子育ての時間や方法が全く異なり、生活課題も多様なものとして対応していく必要があることがわかる。

（3）ひとり親家庭の生活基盤の状況と支援のポイント

　次に、支援において重点を置くべき点である、生活基盤の確保の状況について、令和3（2021）年の全国調査から次の3つの視点で見ていく。

　第1に、住居の状況であるが、「持ち家」が多いのは、死別母子世帯（69.6％）と父子世帯全体（66.0％）である。生別母子世帯では借家等が多く、「賃貸住宅」（37.7％）、「公営住宅」（12.8％）、「同居」（12.0％）などとなっている。死別母子世帯は、亡き夫の残した住居に引き続き住むことができる者が多いと考えられる。これに対して、生別母子世帯は、親族等から支援が得られて同居ができる場合でなければ、自らの資金で住居を確保することとなる。収入の確保ができなくなると住居も失う可能性が高いことから、両者を関連付けながら支援を考えていく必要がある。

＊26
厚生労働省「令和3年度 全国ひとり親世帯等調査」2021年。

　生活基盤の第2は、家計状況である。母子世帯の平均年間収入は、373万円（母自身の平均年間収入272万円）で、父子世帯平均年間収入606万円（父自身の平均年間収入518万円）と大きな差がある。母子世帯の平均年間就労収入は236万円となり、さらに下がる。母子世帯の平均世帯人員は、3.18人で、およそ3人の家計をこの収入でやりくりすることを考えるとさらに厳しい状況がわかる。さらに、養育費の受給状況は、離婚した父親から養育費を「現在も受けている」は28.1％と低く、5割以上は、一度も受けたことがないという大きな課題が生じている。これについては、法的な制度も活用しながら、対応していく必要がある。

　生活基盤の第3は、親の就業状況である。母子世帯全体で86.3％、父子世帯全体で88.1％が、就業している。海外のひとり親家庭の就業率は、アメリカ75.7％、イギリス68.1％、フランス70.3％、イタリア65.8％、オランダ68.9％、ドイツ73.9％であり、それらと比べると、日本は高いことがわかる。

＊27
厚生労働省子ども家庭局「ひとり親家庭等の支援について」（平成30年4月）。

　しかし、就業する者のうち、「正規の職員・従業者」は、父子世帯の69.9％に対し、母子世帯では48.8％であり、「パート・アルバイト等」は、母子世帯で38.8％と高い。母子世帯では、収入状況を確保するため、パートやアルバイトをかけもちする状況も想定される。また、父子世帯で「派遣社員」「パート・アルバイト等」は両方合わせても10％に満たないが、ひとり親（世帯）でない父子世帯との間で収入格差が大きいことを理解する必要がある。

　世帯の困っていることは、母子世帯では、「家計」49.0％、「仕事」14.2％、「自分の健康」10.7％であり、父子世帯では、「家計」38.2％、「家

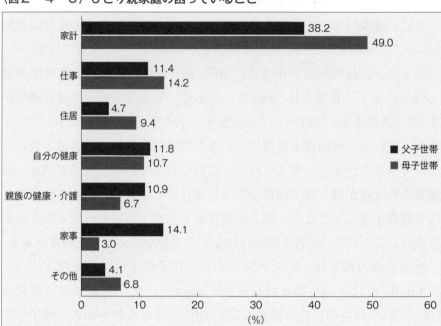

〈図２−４−３〉ひとり親家庭の困っていること

（出典）厚生労働省「令和３年度 全国ひとり親世帯等調査結果報告」95頁をもとに一部改変

事」14.1％、「仕事」11.4％となっている。家計については、上述のように母子世帯にとって大きな課題となっていることがわかる（**図２−４−3**）。家事については、父親がひとり親となって初めて取り組むことも多いと考えられ割合が高くなっていると推察される。また、相談相手については、「相談相手なし」が母子世帯で21.9％に対し、父子世帯では45.2％と、母子世帯と父子世帯の違いが出ている。相談相手がない者のうち、「相談相手は必要ない」は、父子世帯52.0％であり、支援にあたり父子世帯の孤立するリスクが高いことを理解しておく必要がある。

以上のように、全国調査から、生活課題について、母子世帯と父子世帯の違い、生別と死別の間で課題の違いと支援の留意点があることが見えてくる。

＊28
厚生労働省「令和３年度 全国ひとり親世帯等調査結果報告」2021年。

2 ひとり親家庭への制度的対応

（1）母子及び父子並びに寡婦福祉法の概要

第二次世界大戦直後に、閣議で定められた「母子福祉対策要綱」（昭和24〔1949〕年11月30日）では、対策の実情を「所謂未亡人は幼少の子女を抱え、生活力が極めて弱く、母としてその子女を養育しながら、一家の生計をも支えなければならない二重の重圧と闘っている」としていた。[8]

当初から生別母子家庭も対象としていたが、中心的な対象は、戦災死別母子世帯であった。その後、総合的な支援対策として法制化されたのが「母子福祉法」である。昭和56（1981）年から寡婦を加えて、「母子及び寡婦福祉法」に改称し、平成26（2014）年には、従来から一部は対象であった父子家庭への対策をより強化するために改称し、現行名「**母子及び父子並びに寡婦福祉法**」となった。

　目的は、母子家庭等（母子家庭と父子家庭）及び寡婦に対し、その生活の安定と向上のために必要な措置を講ずることとしている。さらに、基本理念として、「全て母子家庭等には、児童が、その置かれている環境にかかわらず、心身ともに健やかに育成されるために必要な諸条件と、（略）健康で文化的な生活とが保障される」としている（第2条）。

　この法の対象は、**表2−4−5**のように定義される。対応機関について、内閣総理大臣は、「母子家庭等及び寡婦の生活の安定と向上のための措置に関する基本的な方針（基本方針）」を定めている。この「基本方針」に則して、都道府県等（都道府県知事、市長〔特別区の区長を含む〕及び福祉事務所を管理する町村長）は、「自立促進計画」を策定する。その際、都道府県等は、関係する児童福祉審議会や子ども・子育て支援法に規定す

〈表2−4−5〉　母子及び父子並びに寡婦福祉法における定義

（1）「配偶者のない女子」とは、配偶者（婚姻の届出をしていないが、事実上婚姻関係と同様の事情にある者を含む。以下同じ。）と死別した女子で現に婚姻（婚姻の届出をしていないが、事実上婚姻関係と同様の事情にある場合を含む）をしていない者、及びこれに準ずる次の女子をいう。 ①離婚した女子であって現に婚姻をしていないもの ②配偶者の生死が明らかでない女子 ③配偶者から遺棄されている女子 ④配偶者が海外にあるためその扶養を受けることができない女子 ⑤配偶者が精神又は身体の障害により長期にわたって労働能力を失っている女子 ⑥上記に掲げる者に準ずる女子で政令で定めるもの （2）「配偶者のない男子」とは、配偶者と死別した男子で、現に婚姻をしていない者、及びこれに準ずる次の男子をいう。 ①離婚した男子であって現に婚姻をしていないもの ②配偶者の生死が明らかでない男子 ③配偶者から遺棄されている男子 ④配偶者が海外にあるためその扶養を受けることができない男子 ⑤配偶者が精神又は身体の障害により長期にわたって労働能力を失っている男子 ⑥上記に掲げる者に準ずる男子で政令で定めるもの （3）「児童」とは、20歳に満たない者をいう。 （4）「寡婦」とは、配偶者のない女子であって、かつて配偶者のない女子として民法の規定により児童を扶養していたことのあるものをいう。

る合議制機関等の意見を聴く、さらにインターネット等を利用して当事者
や住民の意見を反映させるよう努めることとなっている（第12条第3項・
第5項）。

　具体的な対応として、母子家庭、父子家庭、寡婦それぞれに対して次
の福祉の措置が規定されている。

❶母子・父子自立支援員

　母子・父子自立支援員とは、都道府県知事等（都道府県知事、市長
〔特別区の区長を含む〕及び福祉事務所を管理する町村長）により委嘱
され、配偶者のない者で現に児童を扶養している者及び寡婦に対し、相
談に応じ、その自立に必要な情報提供及び指導を行う、さらに職業能力
の向上及び求職活動に関する支援を行うこととなっている（第8条第2
項）。

❷母子・父子・寡婦福祉資金の貸付

　母子・父子・寡婦福祉資金は、都道府県が、経済的自立の助成と生活
意欲の助長を図り、母子・父子家庭の場合は、あわせてその扶養してい
る児童の福祉を増進するため資金を貸し付けるものである。昭和28
（1953）年に「母子福祉資金」、昭和44（1969）年に「寡婦福祉資金」、
平成26（2014）年に「父子福祉資金」が創設された。貸付の種類は、①
事業開始資金、②事業継続資金、③修学資金、④技能習得資金、⑤修業
資金、⑥就職支度資金、⑦医療介護資金、⑧生活資金、⑨住宅資金、⑩
転宅資金、⑪就学支度資金、⑫結婚資金となっている。実施主体は、都
道府県、指定都市、中核市で、財源の負担割合は、国が3分の2、実施
主体が3分の1となっている。なお、子どもに関連する資金の貸付対象
を子ども自身にも拡大し、母子福祉資金で返済時の負担軽減のため、貸
付利率引き下げ、連帯保証人要件の緩和、貸付金の償還に係る違約金の
利率引き下げ、大学等に修学するための修学資金の対象経費の拡充等の
支援策が追加されている。

❸日常生活支援事業

　都道府県または市町村は、母子家庭・父子家庭・寡婦がその者の疾病
その他の理由により日常生活に支障が生じたと認められるときは、乳幼
児の保育（母子・父子家庭）、食事の世話、専門的知識をもって行う生
活及び生業に関する助言、指導その他の日常生活を営むのに必要な措置

をとることができる。

❹就業支援事業等

　都道府県は、就職を希望する母子家庭の母親・父子家庭の父親・寡婦及び児童（母子・父子家庭）の雇用の促進を図るため、母子・父子福祉団体と緊密な連携を図りつつ、就職相談、職業能力開発に対し、雇用情報及び就職の支援に関する情報の提供等の業務を総合的かつ一体的に行うことができる。

❺自立支援給付金

　都道府県等は、母子家庭の母親・父子家庭の父親の雇用の安定及び就職の促進を図るため、母子家庭・父子家庭又は事業主に対し、次に掲げる給付金を支給することができる。給付金には、①自立支援教育訓練給付金、②高等職業訓練促進給付金等事業がある。

❻母子・父子福祉施設

　都道府県、市町村、社会福祉法人その他の者は、母子家庭の母親及び父子家庭の父親ならびに子どもが、その心身の健康を保持し、生活の向上を図るために利用する母子・父子福祉施設を設置することができる。母子・父子福祉施設の種類は、①母子・父子福祉センター（無料または低額で、各種相談に応じ、生活指導・生業指導を行う）、②母子・父子休養ホーム（無料または低額で、レクリエーションその他休養のための便宜を供与する）がある。

（2）ひとり親家庭の自立支援策の概要

　平成27（2015）年「母子家庭等及び寡婦の生活の安定と向上のための措置に関する基本的な方針」（令和2〔2020〕年改定）が新たに策定され、ひとり親家庭の施策は、次の4つによる総合的な支援として再構築されることとなった。

❶子育て・生活支援

　この対策としては、母子及び父子並びに寡婦福祉法による母子・父子自立支援員による相談支援、日常生活支援事業に加えて、ひとり親家庭等生活向上事業として、相談支援事業、家計管理・生活支援講習会等事業、子どもの学習・生活支援事業、母子生活支援施設の活用（児童が満

*29
本章第1節2（2）参照。

199

20歳まで在所できる）、子育て短期支援事業等により、支援を行う。

❷就業支援

就業相談・職業紹介等として、ハローワーク（マザーズハローワーク）による支援、母子家庭等就業・自立支援センター事業（就業支援講習会等）、母子・父子自立支援プログラム策定事業（児童扶養手当受給者）、自立支援教育訓練給付金、高等職業訓練促進給付金、高等学校卒業程度認定試験合格支援事業等がある。

❸経済的支援の充実

主として、遺族基礎年金・遺族厚生年金、児童扶養手当、母子・父子・寡婦福祉資金、税制上の措置などがある。

❹養育費の確保策

平成14（2002）年に母子及び寡婦福祉法が改正され、養育費支払いの責務等が明記された。さらに同年に民事執行法が改正され、養育費等の強制執行制度（給料の差し押さえ等）が整備された。

平成19（2007）年には「養育費相談支援センター」が創設された。平成24（2012）年に民法等の一部改正がなされ、協議離婚の際、面会交流、子の監護に要する費用負担等の取り決めを規定した。

（3）児童扶養手当の概要

昭和36（1961）年に児童扶養手当法が制定された。当時は、母子家庭が対象であったが、平成22（2010）年に父子家庭に支給が拡大された。対象児童は、「18歳に達する日以後の最初の3月31日までの間にある者又は20歳未満で政令で定める程度の障害の状態にある者」となっている（第3条第1項）。ただし、国内に住所を有しないときなどは支給されない。手当額は、所得によって、また扶養する児童数によって細かく設定（一部支給等）されている。児童1人の場合、全部支給で月額4万3,070円、一部支給で4万3,060円から1万160円までとなっている（令和4〔2022〕年4月〜）。児童2人以上の場合、加算がある。支給主体は、都道府県、市及び福祉事務所設置町村であり、費用負担は、国3分の1、都道府県、市及び福祉事務所設置町村3分の2である。

なお、国民年金に基づく遺族年金が支給されている世帯は、**児童扶養手当**と他の公的年金の併給については、年金額が手当額を下回る場合に、

その差額が支給される。近年では、平成28（2016）年に第2子、第3子以降のそれぞれの加算増額、平成30（2018）年に全部支給の所得制限限度額の引き上げ、令和元（2019）年に支払期月の見直し（年6回）等が行われている。[*32]

*32
本双書第6巻第11章第3節参照。

第2部
第
4
章

📖BOOK **学びの参考図書**

●須藤八千代『母子寮と母子生活支援施設のあいだ：女性と子どもを支援するソーシャルワーク実践』明石書店、2007年。
　ソーシャルワーカーである著者が、母子生活支援施設を生活の場という視点から、調査したり文献を整理し、課題と支援を考察している。

引用文献

1）C. B.ジャーメイン ほか、小島蓉子 編訳・著『エコロジカル・ソーシャルワーク：カレル・ジャーメイン名論文集』学苑社、1992年、25〜51頁
2）S.ウォルマン、福井正子 訳『家庭の三つの資源：時間・情報・アイデンティティ』河出書房新社、1996年、33〜63頁
3）困難な問題を抱える女性への支援のあり方に関する検討会「婦人保護事業の概要」厚生労働省、2018年7月、3頁
4）UNICEF（2021）The State of the World's Children 2023, pp. 139, 178.
5）UNICEF（2019）The State of the World's Children 2019, p. 48.
6）阿部　彩『子どもの貧困Ⅱ－解決策を考える』岩波書店、2014年、初版9刷56〜58頁
7）森田明美「シングルペアレントの現状と支援課題」『月刊福祉』第84巻第11号（2001年）、全国社会福祉協議会、172頁
8）「母子福祉対策要綱」厚生省児童局 編『児童福祉十年の歩み』日本児童問題調査会、1959年、276〜279頁

第5章

社会的養護

学習のねらい

　本章では、社会的養護について3節に分けて学びを深められるよう構成している。

　第1節では、在宅支援・家庭養育支援を含めて施策の体系化が図られるようになっている動向もふまえ、社会的養護のあり方について学習する。

　第2節では、社会的養護における都道府県の役割、社会的養護を担う里親や各種児童福祉施設についての基本的知識の修得を図ることが期待される。社会的養護における権利擁護や非行への対応枠組みについても、ここで学習する。

　第3節では、支援のあり方について考えるため、社会的養護につながっている子どもたちの実態について統計的側面から理解するとともに、支援を見直すための6原理を紹介している。また、子どもたちの日常生活を中心に支援を考えること、チームで養育をすることの大切さについても学びを深めてほしい。

第1節 社会的養護概論

1 社会的養護とは何か

（1）社会的養護と要保護児童

社会的養護とは、要保護児童を公的責任のもとで社会的に養育することである。

要保護児童とは、「*1保護者のない児童又は保護者に監護させることが不適当であると認められる児童」をさす。この中には、家庭を含む環境上の理由により社会適応が困難となった子どもであって、公的な*2養護を必要とする子どもも含まれる。

要保護児童というと保護者の養育能力だけがクローズアップされがちだが、保護者がどのような子どもにどういった環境の中で養育をしているかという全体像をつかむことが大切である。実際、養護相談を進めていくなかで、子どもの障害、行動上の問題、あるいは学校や親族との社会関係の失調等が関与している場合は珍しくない。そのとき、保護者の養育能力の改善のみに目を奪われることなく、子どもや保護者を取り巻く環境を含めて支援を考えることが必要となる。

（2）社会的養護と公的責任

社会的養護の枠組みとして、要保護児童に対して法令に基づく公的な関与があること、そして養育が社会的に、つまり私的な時間・空間の中で完結することなく行われるということが重要である。

例えば、親と死別した子どもの養育を誰が行うか、親族で話し合って祖父母宅で育てることを決めたとしたら、それは親族ネットワークという私的な領域で行われる助け合いである。そこには公的な関与はなく、祖父母という私人に養育が委ねられる。これは要保護児童の養護をめぐる話ではあるが、社会的養護とはいわない。

しかし、親と死別した子どもの養育を誰が行うかについて、児童相談所が相談活動を進めた結果、祖父母を親族里親として認定した上で、児童福祉法第27条第1項第3号に基づく里親委託をすることになったとしよう。この場合、要保護児童の養育について、公的責任のもとで決定をし、しかもその養育を単純に祖父母に託すのではなく、祖父母が児童相談所などの支援を受けながら社会的に養育を行い、もって子どもの養

＊1
児童福祉法第6条の3
第8項参照。

＊2
養護とは、「保護と養育」の意。制度的な側面に言及するときは「養護」を用い、支援的な側面に言及するときは「養育」を用いることが多いので、混乱しないように注意が必要（例：施設養護では、養育の困難度が高い子どもたちが多い）。

護ニーズが適切に充足されることを保障することが求められる。これは、社会的養護の事例として理解できる。

　現代社会は、地縁・血縁関係が薄れ、家庭内で発生した養護問題を私的努力で解決することがますます困難になっている。私的努力で解決すべきだという考え方にとらわれていれば、たまたま要件が整っている要保護児童にはよい環境が与えられ、そうではない子どもには不適切な環境を強いることになりかねない。だからこそ、国及び地方公共団体が責任をもって要保護児童を養護する仕組みを用意しておかなければならないのである。

（3）社会的養護と家庭養育支援

　社会的養護の一義的な機能は、上述のとおり、公的に保護された要保護児童の受け皿ともいえるものである。しかし、それだけが社会的養護ではない。

　例えば、子どもを里親家庭等で養育しながら、家庭復帰に向けた支援が行われることもある。また、家庭復帰した後、アフターケアを継続的に行い、保護者とともに子どもの成長発達支援を行うこともある。家庭復帰が全く見込めないような場合には、養子縁組の成立をめざした支援へと移行する場合もある。

　このように、家庭養育への移行を支援し、子どもを里親家庭等に不必要に留め置かないようにすることも、社会的養護にとっては重要な関心事である。[*3] 社会的養護が子どもだけでなく、親支援・家庭支援にも焦点を当てていくことがますます求められるなか、養育に大きな困難を抱える家庭への支援を行うことも社会的養護を定義する上で重要な要素として考えられるようになっている。

*3
児童福祉法第48条の3
参照。

2 社会的養護の体系

　前項で述べた一般的定義をふまえれば、社会的養護というサービスが提供される範囲は極めて広いものとなる。ここでは、その全体像を体系的に整理しておこう（**図2-5-1**）。施設名称などについては次節で解説を加えてあるので、必要に応じて参照していただきたい。

　また、実際には、一つの施設等がこの体系図の複数の区分にわたって支援を展開している場合も珍しいものではない。例えば、代替養育の場である児童養護施設が、施設からの家庭復帰や自立への移行を支援した

第2部
第5章

〈図2-5-1〉社会的養護の体系図

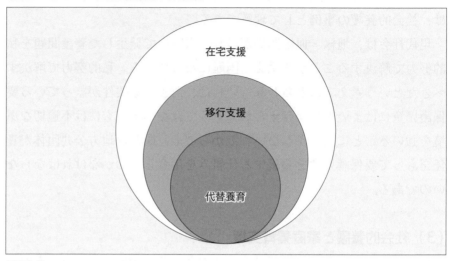

（筆者作成）

り、児童家庭支援センター等を併設して在宅支援を積極的に展開したり
している。

（1）在宅支援としての社会的養護

＊4
措置による「指導」も
含まれる。実際には、
措置事例であっても利
用者主体の意味合いが
強い「支援」が行われ
るため、本章では在宅
支援という表記を原則
として用いている。

　図2-5-1のうち、最も広い領域が在宅支援である。虐待の発生な
どによって、家庭養育に大きな困難が生じれば、子どもは要保護児童と
して考えられる。しかし、その多くは、保護者から分離保護されることは
ない。代わりに、児童相談所や市町村、児童家庭支援センターなどが中
心となりながら、保育所や学校、児童館、NPOなどの社会資源も活用し
て、家庭養育を継続する中で子どもの福祉を保障することがめざされる。

　地域の子どもと保護者に広くかかわることの多い機関・団体は、要保
護児童及びその保護者への支援資源としても極めて重要であることか
ら、特に養育に大きな困難を抱える家庭を発見し、支援を行うことにつ
いて職員研修などを行っておくことが望まれる。

　また、在宅支援の場合、日常的・定期的な支援と並行して、一時的に
家庭において養育機能が発揮されず、養護に欠けるような状態が生じか
ねない場合に対応する具体的サービスが必要である。このようなときに
は、子育て支援サービスの一種である子育て短期支援事業を利用しなが
ら、その状態が悪化しないように家庭機能の一部代替・補完をすること
も求められる。

　こうした各種在宅支援を個々の家庭の状態に合わせ、きめ細かに提供
していくため、市区町村子ども家庭総合支援拠点（令和6〔2024〕年度

からは「こども家庭センター」）をどのように整備するかに大きな関心が寄せられている。

（2）代替養育としての社会的養護

次に、**図2-5-1**の中で最も狭い領域に注目してほしい。ここは、要保護児童であって、いわゆる親子分離が必要な場合に対応する領域である。[*5]

代替養育としての社会的養護には、大きく施設養護と家庭養護がある。文字どおり、代替養育が行われる場所が「施設か家庭か」によって区分されるものである。

施設養護は、家庭代替を基本的機能とするタイプと、家庭代替をすると同時に治療的機能を発揮することが強く期待され、入所期間も相対的に短くなることが多いタイプとに分けられる。[*6]また、これまで障害児福祉の中でのみ理解されることの多かった障害児入所施設が、最近になって、社会的養護の施設養護の一環にも位置付けられるようになっている。

家庭養護は、「家庭における養育環境と同様の養育環境」[*7]で保護・養育されるものであり、雇用された職員が交代制で勤務する施設とは異なり、養育者が子どもとともに日々生活する場で保護され、養育が行われるものをさす。里親とファミリーホームがこれに該当する。[*8]

なお、これとは別に家庭的養護という言葉が用いられることが珍しくない。これは、「できる限り良好な家庭的環境」[*9]（施設養護）のみをさす場合と、これに家庭養護を加えて理解する場合がある。[*10]

（3）移行支援としての社会的養護[*11]

最後に、**図2-5-1**の中のもう一つの領域「移行支援」について解説する。

この体系に含まれるものとしては、一時保護をあげることができる。これまで一時保護は、社会的養護の中で必ずしも積極的に扱われてこなかった領域である。しかし、養育に大きな困難を抱えている家庭への調査の中で行われる措置であり、たとえ一時的とはいえ、家庭から分離された状態で養育を行うものである。そのため、近年は社会的養護の議論の中でも積極的に取り上げられるようになり、現に改革も進められている。短期的な保護という意味では、在宅支援に含まれる子育て短期支援事業と類似しているといえるが、児童相談所による調査の段階で取られる措置であることに鑑みると代替養育に近い。両者の中間にあって、代替養育ないし在宅支援への移行が大きなテーマとなるサービスといえる。

*5　社会的養護という用語が、この代替養育の領域だけをさして使用されている場合も少なくない（狭義としての社会的養護）。

*6　このうち前者を居住型施設、後者を治療型施設と表現し、居住型に乳児院や児童養護施設、治療型に児童自立支援施設や児童心理治療施設を位置付けることもある。

*7　児童福祉法第3条の2参照。

*8　家庭養護と、児童養護施設や乳児院で生活している合計子ども数のうち、家庭養護の子どもが占める割合を里親等委託率という。この数値は、平成20（2008）年度末にはわずか10.5%であったが、令和3（2021）年度末には23.5%まで増加している。

*9　児童福祉法第3条の2参照。

*10　平成28（2016）年に行われた児童福祉法改正以前の文献資料では、今でいう家庭養護のみをさして家庭的養護といっている場合があるので、注意が必要である。

*11　一般に社会的養護を体系化する場合、移行支援という区分は使用されない。ここでは、社会的養護の一環にあるものの、在宅支援とも代替養育とも異なる性格を有するサービスを適切に理解する目的で、このような区分を設けている。

　また、母子生活支援施設と自立援助ホームもここに該当する。母子生活支援施設については、母と子を一体的に施設で保護し、子どもの福祉を守りながら自立への移行を支援するという特異的な機能を有している。子どもが代替養育に移行することの予防と、母子の自立生活の支援をするような中間施設的なものとして理解するのが適当である。自立援助ホームについても、代替養育を離れた子どもなどを対象者としながら、そこから自立への橋渡しをする支援に重点を置いたサービスであるという特異性をふまえれば、代替養育と社会的自立との中間的位置付けにあると理解することができる。

③ 社会的養護の基本理念

（1）基本理念としての子どもの権利保障

　社会的養護の基本理念は、児童福祉法の総則に根差したものでなければならない。すなわち、すべての子どもは、児童の権利に関する条約の精神に則（のっと）って福祉を等しく保障される権利を有しているとの認識に立つことがまず求められる。そして、子どもが自分の人生にかかわる事柄について何らかの決定がなされるときには、その意見が尊重され、その最善の利益が優先して考慮されなければならない。

　子どもの権利を守るという理念は、社会的養護では、ことのほか大事である。例えば、虐待的環境を想起してみると、そこでは主として保護者の都合に合わせて生活が組み立てられてしまっている。子どものニーズに即応できるような環境ではないため、子どもが保護者に対して何か要求しても耳を傾けてさえもらえない。ときには理由もなく殴られたり拒否されたりするという事態も容易に発生し得る。そうした経験を重ねるなかで、子どもたちは自分の意向や意見を表現することは無駄な努力であったり、かえって周囲の攻撃性を惹起（じゃっき）するものであったりするということを学習してしまうことになる。すなわち、最も支援が必要な子どもたちであるにもかかわらず、最もSOSを発信しにくく感じる心理的状態に陥ってしまう。

　だからこそ、社会的養護においては、子どもの権利保障を理念とし、社会的抑圧から子どもたちが解放され、社会的な資源へのアクセスを保障されながら、自らの意思で社会的な場面に参画するというエンパワメント[*12]が実現されなければならない。その支援の過程で子どもの自己肯定感が高まり、自分で自分らしい人生を切り拓こうとする、ひとりだち

（自立）が可能になっていくのである。

（2）家庭養育優先原則と子どもの権利

　平成28（2016）年に児童福祉法が改正されて以降は、家庭養育優先[*13]原則が重視されるようになった。家庭志向もまた、子どもの権利保障と関係した考え方である。例えば、児童の権利に関する条約を見ると、まず前文において、子どもが家庭環境のもとで幸福、愛情及び理解のある雰囲気の中で成長すべきであることを明確にし、各条文においても、家庭や親の重要性について言及がなされている[*14]。

　子どもが親から生まれ、家庭で育ち、その中で文化的な権利が保障され、自分が何者であるかという自己同一性を形成していくことは、現代社会に育つ子どもにとっては自然なことである。その自然な状態をできる限り子どもたちに保障する意義そのものは、家庭が実態的に子育ち・子育ての基礎単位となっているうちは、子どもの養育の理念型として根強く語り続けられるであろう。

　しかし、現代社会にあって、家庭はさまざまな福祉問題が発生する場ともなっている。家庭養育優先原則を徹底した結果、かえって子どもの権利保障が危機的な状態に陥るなどということのないよう、国及び地方公共団体の責務が今後ますます問われてくることになる。

*13
児童福祉法第 3 条の 2 をさす。

*14
例えば、子どもは生まれたときから親を知り、親によって育てられること、親やそれに代わる者が子どもの発達しつつある能力に適合する方法で適当な指示及び指導を与える責任等を尊重すること、親の意思に反して子どもが分離されないこと（子どもの最善の利益が図られないとされる場合を除く）、子どもの最善の利益が確保されるように公的措置がとられる場合であっても親やそれに代わる者の権利や義務が考慮に入れられることなどが規定されている。

第2節 社会的養護の仕組み

1 社会的養護の実施体制

（1）都道府県を中心とする実施体制

わが国の子ども家庭福祉行政は、国が基本的な政策を決定し、地方公共団体において計画的な施策の推進を図っている。子ども家庭福祉の中でも要保護児童対策や社会的養護のかなりの部分は、広域的・専門的な対応の必要性から、都道府県（指定都市や児童相談所設置市を含む）が中心的な役割を果たしている。

例えば、社会的養護関係施設の設置認可や、**都道府県社会的養育推進計画**[*15]の策定は都道府県が行っている。要保護児童対策における各種措置の実施及びその解除、里親に関する各種業務（里親支援事業）[*16]や養子縁組の相談も都道府県が実施すべき業務に含まれている。令和6（2024）年度からは、施設入所等の措置を解除された者等の実情を把握し、その自立のために必要な援助を行うこと、子どもの権利擁護にかかる環境の整備を行うことも、都道府県の業務として、児童福祉法上で明記されることとなっている。

ただし、親子分離を伴わない事例については、たとえ児童相談所に係属しているものであっても、市町村や福祉事務所がそれぞれ法令上求められる業務を実施しながら、基本的には要保護児童対策地域協議会を活用したネットワーク型の支援が行われているものと考えてよい。

（2）行政機関におけるソーシャルワークの過程

要保護児童が自ら保護を求めることは、養護相談全体から見れば、極めて少ない。たとえ虐待が疑われる環境にいる子どもであっても、その子どもにとっては大切な生活の場である。仮に自分の受けている養育が特異なものであると理解していても、そのことを誰かに知られたくない、家庭を守りたいという気持ちで過ごしていることも珍しくない。家庭内で起きていることを口外しないように保護者から強く指示されていたり、自分が誰かに助けてもらえるということさえ信じられなくなっていたりする場合もある。

保護者についても同様で、保護者自ら養護相談に来所する場合は、相当の決断がなされていると考えてよい。

＊15
都道府県ごとに計画的に社会的養育のための社会資源を整備する計画が策定されている。現在実施中の計画は、平成29（2017）年8月に厚生労働省が設置した有識者会議が公表した報告書である「新しい社会的養育ビジョン」に依拠しながら策定された。しかし、当該報告書に対する批判的意見も多く、特に家庭養育優先原則の徹底に関する都道府県格差は大きいのが実際である。

＊16
里親支援事業については、児童福祉法第11条第1項第2号に掲げる業務をさす。また、これに相当する業務をさしてフォスタリング業務ともいう。フォスタリング業務を行う機関のことを、フォスタリング機関あるいは里親養育包括支援機関という。

だからこそ、要保護児童の通告制度が意味をもつ。通告が円滑に機能することによって、相談が受け付けられ、受理され、調査が行われていくことになる。児童相談所等の行政機関は、地域住民や関係機関に対して、子ども家庭福祉行政機関がどのような役割を担い、どういった支援を行うのか、周知を図っておくことが重要である。

相談が受け付けられた後の調査の過程で、緊急保護あるいは子どもの行動アセスメントのために一時保護が行われることがあるが、これは社会的養護の一環として特に重要である。一時保護期間中、児童相談所により必要な調査が行われ、子どもを家庭復帰させることができるか、その場合どのような支援ができるのか、家庭復帰ができない場合にはどこでどういった養育が必要になるのかなどを検討することになる。そして、子どもにとっては、安心・安全が確保された環境の中で、自分のこと、家庭のことを振り返る時間が確保される。そのプロセスが円滑に進むためにも、子どもへの共感的な対応や個別化されたケアが重要になる。

なお、**図1－4－6**（第1部第4章第2節4）は、児童相談所での調査・判定後にどのような援助が行われるのかを示したものである。ほとんどの事例が措置によらない指導により援助が行われ、いわゆる親子分離が図られるもの（児童福祉施設入所措置、里親及び小規模住居型児童養育事業委託措置）は、毎年度養護相談全体の数％にすぎない。[17]

（3）措置方式とその財源

措置とは、行政処分、すなわち行政がその責任を遂行すべく強制的に執り行われるものであり、戦後の社会福祉を行政主導で、公的責任を明確にしながら発展させる上で、大きな役割を果たしてきた。歴史的な経過のなかで、基本的に措置方式はとられないサービスが増えたが、社会的養護については、親権が適切に行使されないなど、やむを得ない場合に限って行政が最終責任を負う形で実施することが求められるものであるという理由により、今でも措置制度が主たる福祉保障の方法として堅持されている。

児童相談所が親子分離の措置をとった際に発生する費用（措置費）については、実施主体となる都道府県などの支弁権者によって支弁されるが、本人や保護者の負担能力に応じて、支弁権者が定めた費用を保護者から徴収することになっている。措置費の負担は、支弁額から徴収金を差し引いた額の2分の1を国が負担することとされている。[18]

支弁額にせよ、国庫負担金にせよ、その額はそのときどきの財政状態によって左右されてよいものではない。措置費は、法令で定められた設

*17
厚生労働省「福祉行政報告例」（令和3〔2021〕年度）によれば、28万件を超える養護相談のうち、「児童福祉施設への入所」「里親委託」を合わせても1万件に満たない。

*18
これは、行政機関が必要性を判断して入所等の手続きを進めている母子生活支援施設や自立援助ホームに対しても適用されている。

備や運営の基準を超えたところで、施設等で暮らす利用者の生活を保障するものであることから、支弁額を算定する基礎的な月額単価が国によってあらかじめ設定されている。単純にいえば、この定められた単価に施設等を利用している人数を乗じたものが措置費等の形で施設等に支弁されることとなる。

この単価が子どものニーズを充足する上で低すぎるとの批判は絶えず行われてきた。児童虐待等を背景とする養護ニーズの高度化に伴い、こども家庭庁でも額の改善に努め、子どもに対する職員の人数を改善している。そのほか、社会的養護にかかわる各種事業の新設・拡充が断続的に行われており、今後もその動向が注目される。

❷ 社会的養護の担い手

社会的養護の担い手は、在宅支援まで広げれば、子どもの日々の生活にかかわる地域住民を含め、極めて多種多様なものが該当することになるが、ここでは親子分離後の受け皿となっているところを中心に説明する。[*19]

また、社会的養護からの移行先の一つである養子縁組についても、あわせて概略を確認する。

*19
里親登録数や施設数は、こども家庭庁支援局家庭福祉課「社会的養育の推進に向けて」（令和5〔2023〕年4月）2頁をもとに掲載。

（1）里親

里親には、代表的なものとして、要保護児童を自らの住居において養育する者である養育里親、要保護児童を養育して養子縁組することを目的とする養子縁組里親がある。

要保護児童の三親等内の親族が受託をする場合の里親として、親族里親が制度化されている。なお、扶養義務のない親族である、おじ・おば等には養育里親が適用されるが、一般の養育里親とは認定要件が異なるので留意が必要である。

そのほか、児童福祉法施行規則に基づき、児童虐待等の行為により心身に有害な影響を受けた子ども、非行のあるまたは非行に結び付く恐れのある行動をする子ども、身体障害、知的障害または精神障害がある子どもの養育を行う専門里親が、養育里親の類型として制度化されている。

里親家庭で養育できる要保護児童数は最大4人であるが、専門里親への委託は2人までとされている。

里親には、令和4（2022）年3月現在、全国で1万5,607世帯が登録されている。

（2）ファミリーホーム

　児童福祉法上の名称は、小規模住居型児童養育事業という。要保護児童の養育に関し相当の経験を有する者などの住居（ファミリーホーム）において、5～6人の要保護児童の養育を行う事業である。これは、東京都や横浜市などの一部の自治体が独自に実施要綱をつくり、事業を展開していた、いわゆる里親型グループホームを原型として、平成20（2008）年の児童福祉法改正で創設されたものである。現在は、里親あるいは施設職員として一定の経験を有する者が都道府県知事に認可を受けて開始することができることとなっている。

　里親と同様に養育者の生活の場に要保護児童を迎え入れるものだが、里親と異なり、第二種社会福祉事業を行う事業者として位置付けられ、2人の養育者（原則として夫婦）と1人以上の補助者、もしくは家庭環境が確保されている場合、養育者1人と2人の補助者を職員として置くことが求められる。家庭と同様の環境における養育の推進に資するよう、養育者については、児童福祉法第6条の4第1号に規定する養育里親または、乳児院・児童養護施設等での養育の経験者等であることが要件とされている。

　ファミリーホームは、令和4（2022）年3月現在、全国に446か所設置されている。

（3）乳児院

　乳児院は、乳児を入院させて、これを養育し、あわせて退院した者について相談その他の援助を行うことを目的とする施設である。保健上、安定した生活環境の確保その他の理由により特に必要のある場合には、幼児を含むものとされ、多くは、3歳までの乳幼児を主として受け入れている。

　職員配置は、小児科の診療に相当の経験を有する医師または嘱託医、看護師、個別対応職員[20]、家庭支援専門相談員[21]、心理療法担当職員（対象児童が10人以上の場合）、栄養士及び調理員を置かなければならないことを原則とする。ただし、乳幼児20人以下を入所させる施設にあっては個別対応職員を、調理業務の全部を委託する施設にあっては調理員を置かなくてもよい。また、看護師は、保育士または児童指導員をもってこれに代えることができるようになっているが、保健医療ニーズの高い子どもたちが入所しており、看護師の果たす役割は大きい。[22]

　乳児院は、令和4（2022）年3月現在、全国に145施設が設置されている。

*20
被虐待児等の個別の対応が必要な子どもへの1対1の対応、保護者への援助等を行うために配置される職員。

*21
虐待等の家庭環境上の理由により入所している子どもの保護者等に対し、児童相談所との密接な連携を図りながら、子どもの早期家庭復帰、里親委託等を可能とするための相談援助等の支援を行い、子どもの早期の退所を促進し、親子関係の再構築等が図られることを目的として置かれる職種。ファミリーソーシャルワーカーともよばれる。

*22
このほか里親支援専門相談員を置くための予算措置がなされている。里親支援ソーシャルワーカーともよばれる。

（4）児童養護施設

児童養護施設は、保護者のない子ども、虐待されている子ども、その他環境上養護を要する子どもを入所させて、これを養護し、あわせて退所した者に対する相談その他の自立のための援助を行うことを目的とする施設である。ここでいう子どもとは乳児を除くものとされるが、安定した生活環境の確保その他の理由により特に必要のある場合には、乳児を含めてもよいとされ、実際、0歳児の入所も少数ながら行われている。

職員配置は、児童指導員、嘱託医、保育士、個別対応職員、家庭支援専門相談員、心理療法担当職員（対象児童が10人以上の場合）、栄養士及び調理員、ならびに乳児が入所している施設にあっては看護師を置かなければならないとされる[*23]。ただし、児童40人以下を入所させる施設にあっては栄養士を、調理業務の全部を委託する施設にあっては調理員を置かなくてもよい。

児童養護施設は、令和4（2022）年3月現在、全国に610施設が設置されている。

*23
乳児院と同様に、このほか里親支援専門相談員を置くための予算措置がなされている。

（5）児童心理治療施設

児童心理治療施設は、家庭環境、学校における交友関係その他の環境上の理由により社会生活への適応が困難となった子どもを、短期間入所させ、または保護者の下から通わせて、社会生活に適応するために必要な心理に関する治療及び生活指導を主として行い、あわせて退所した者について相談その他の援助を行うことを目的とする施設である。初期非行、不登校、被虐待経験による社会的不適応など、社会の変化に合わせながら、特に心理的ニーズへの対応能力が高い施設として機能している。

職員配置は、医師、心理療法担当職員、児童指導員、保育士、看護師、個別対応職員、家庭支援専門相談員、栄養士及び調理員を置かなければならない。ただし、調理業務の全部を委託する施設にあっては、調理員を置かなくてもよい。

児童心理治療施設は、令和4（2022）年3月現在、全国に53施設が設置されている。

（6）児童自立支援施設

児童自立支援施設は、不良行為をなし、またはなす恐れのある子ども及び家庭環境その他の環境上の理由により生活指導等を要する子どもを入所させ、または保護者の下から通わせて、個々の子どもの状況に応じ

て必要な指導を行い、その自立を支援し、あわせて退所した者について相談その他の援助を行うことを目的とする施設である。いわゆる非行少年に対応する施設であるが、里親家庭や児童養護施設で不適応状態となった子どもの受け皿でもあり、行動上の問題の背景に、被虐待経験、発達障害などが深く関与している場合も少なくない。

　職員配置は、児童自立支援専門員[*24]、児童生活支援員[*25]、嘱託医及び精神科の診療に相当の経験を有する医師または嘱託医、個別対応職員、家庭支援専門相談員、心理療法担当職員（対象児童が10人以上の場合）、栄養士ならびに調理員を置かなければならない。ただし、児童40人以下を入所させる施設にあっては栄養士を、調理業務の全部を委託する施設にあっては調理員を置かなくてもよい。

　児童自立支援施設は、令和3（2021）年10月現在、全国に58施設が設置されており、うち2施設が国立施設で、2施設は私立施設である。残りは都道府県・指定都市立であり、これは児童福祉法において都道府県等に当該施設種別の設置義務が課せられているためである。

（7）母子生活支援施設

　母子生活支援施設は、配偶者のない女子またはこれに準ずる事情にある女子及びその者の監護すべき児童を入所させて、これらの者を保護するとともに、これらの者の自立の促進のためにその生活を支援し、あわせて退所した者について相談その他の援助を行うことを目的とする施設である。DVからの緊急一時保護機能や、産前産後の母子支援機能など、社会の変化に合わせて多様な機能を有するようになっている。

　職員配置は、母子支援員[*26]、嘱託医、少年を指導する職員及び調理員またはこれに代わるべき者を置かなければならない。また、母子10人以上に心理療法を行う場合には、心理療法担当職員を置かなければならない。さらに、配偶者からの暴力を受けたこと等により個別に特別な支援を行う場合には、個別対応職員を置かなければならない。

　母子生活支援施設は、令和4（2022）年3月現在、全国に215施設が設置されている。

（8）自立援助ホーム

　自立援助ホームは、児童福祉法上でいう児童自立生活援助事業[*27]を実施しているところである。都道府県が義務教育を終了した児童養護施設等の退所児童等の自立を図るために必要がある場合、その子ども・若者が

*24
児童自立支援施設において児童の自立支援を行う者をさす。

*25
児童自立支援施設において児童の生活支援を行う者をさす。

*26
母子生活支援施設において母子の生活支援を行う者をさす。

*27
令和4（2022）年の児童福祉法改正により、この事業の実施場所として母子生活支援施設、児童養護施設、児童心理治療施設、児童自立支援施設等も規定された。

共同生活を営むべき住居等において相談その他の日常生活上の援助及び生活指導ならびに就業の支援を行い、あわせてこの支援の実施を解除された者に対し相談その他の援助を行う事業をさす。専門学校生など児童福祉法施行令で定める要件に該当していれば、満22歳に達する年の年度末まで利用ができる。なお、令和6（2024）年度からは、自立支援を強化するため、教育機関に在学していなければならない等の要件を緩和し、都道府県知事が認めた時点まで同事業が実施される場所で生活を継続することができるようになることが決定されている。

地方公共団体及び社会福祉法人等であって都道府県知事等が適当と認めた者が事業者となるが、それとは別に指導員として、保育士や児童指導員としての資格を有する者や、児童福祉事業及び社会福祉事業に2年以上従事した者、これらに準ずる者として都道府県知事が適当と認めた者の配置がなされている。

自立援助ホームは、平成10（1998）年の法定化以前からボランティアの力を借りて運営されてきたものが多く、今も定員数が小さく、運営主体がNPOであることも珍しくない。

自立援助ホームは、令和3（2021）年10月現在、全国に229ホームが設置されている。

（9）障害児入所施設

障害児入所施設は、障害児を入所させて支援を行う施設である。支援の特性に応じて、保護、日常生活の指導及び独立自活に必要な知識技能の付与を目的とする福祉型と、保護、日常生活の指導、独立自活に必要な知識技能の付与及び治療を目的とする医療型の2種類に分けられている（令和2〔2020〕年10月現在、前者は全国で249か所、後者は222か所設置されている[28]）。

福祉型には、嘱託医、児童指導員、保育士、栄養士、調理員及び児童発達支援管理責任者を置くことを、医療型には、医療法に規定する病院として必要な職員のほか、児童指導員、保育士及び児童発達支援管理責任者を置くことを原則として、そのほか施設の特性に応じて細かく配置すべき職員について規定している。

従来、障害児福祉施策の体系の中だけで取り上げられていたが、近年になって障害を有する要保護児童の受け皿となっていることが明らかにされ、社会的養護を担う施設として取り上げられるようになっている。

[28] 厚生労働省「社会福祉施設等調査」（令和3〔2021〕年）。

（10）養子縁組・特別養子縁組

わが国の養子縁組の歴史は古い。しかし、それは必ずしも子どもの福祉保障を目的とするものではなかった。

1970年代、ある産婦人科医が、来院した女性に中絶をしないことを勧め、その女性が出産した子どもを、子どものいない夫婦から出生したかのような出生証明書を偽造したことが社会問題化し、子どもの福祉を守るための養子縁組のあり方について、大きな議論が巻き起こった。その後、民法上の制度として、もっぱら子どもの福祉を目的とした**特別養子縁組**制度が創設された。

家庭裁判所は一定の要件があるときは、養親となる者の請求により、実親との戸籍関係が終了する縁組（特別養子縁組）について審判を行う。養子となる者の年齢が原則として15歳に達する前としているほか、一定の要件を満たしていれば15歳を超えても審判申立ての対象となる。[*29]

3 社会的養護と権利擁護

（1）養育の質を確保する仕組み

児童福祉法では、適切な支援を行うため、児童福祉施設長などに対して、子どもやその保護者の人格を尊重するとともに、法令を遵守し忠実に職務を遂行する義務を負わせている。ときには、親権者あるいは未成年後見人のいない子どもに対して親権を行使することもあるし、親権者あるいは未成年後見人のあるものについても、子どもの監護、教育及び懲戒に関して、その子どもの福祉のための必要な措置をとることが認められている。親権者や未成年後見人であっても、この措置を不当に妨げてはならないとの規定も設けられているが、これは社会的養護の担い手が子どもの最善の利益確保のために養育が行えるとの前提に立つものである。

この点に関して、子どもの成長発達のために必要な生活水準を確保するため、児童福祉施設の設備及び運営に関する基準、里親が行う養育に関する最低基準が制定されていることは重要である。ここには、子どもの人権への配慮、一人ひとりの人格の尊重などが一般原則として明記されているほか、虐待の禁止や懲戒にかかる権限の濫用禁止、業務上知り得た個人情報の漏示の禁止、苦情解決窓口の設置、特に児童福祉施設においては苦情解決において第三者を関与させることなどが規定されている。

特に社会的養護関係施設[*30]（障害児入所施設を除く）については、厚生

*29
15歳以上の者は自らの意思で普通養子縁組を行うことができることをふまえ、15歳を基準としている。

第2部 第5章

*30
ここでいう社会的養護関係施設とは、児童養護施設、乳児院、児童心理治療施設、児童自立支援施設、母子生活支援施設をさす（厚生労働省子ども家庭局長、社会・援護局長通知「社会的養護関係施設における第三者評価及び自己評価の実施について」令和4〔2022〕年3月）。

労働省が実施する福祉サービス第三者評価事業を利用し、定期的に外部の者による評価（第三者評価）を受け、その結果を公表し、常にその改善を図ることが義務付けられている。第三者評価とあわせて、利用者評価を必ず実施することも求められているが、これもまた社会的養護に特有の仕組みである。

このような仕組みを社会的養護において組織的に定着させていくためには、養育者一人ひとりの質の担保はもちろん、特に施設長や基幹的職員（スーパーバイザー）[*31][*32]の組織形成力も重要である。

また、一時保護に関しては、一時保護の場であっても家庭養育優先原則に依拠した体制を整備し、集団生活のルールを一律に押し付けることを避けること、原則として学校等への通学保障を行うようにすることなどが通知として発出されており、子どもの権利が適切に保障されるよう改革が進められている。

（2）被措置児童等虐待防止の仕組み

公的な養護が行われている場で発生する虐待については、特に強い関心が寄せられており、児童福祉法に基づいて、被措置児童等虐待を防止[*33]する仕組みが設けられている。

被措置児童等虐待を受けたと思われる子どもを発見した者は、その旨を都道府県福祉事務所、児童相談所、通告された事案について必要な措置をとる権限を有する都道府県行政機関、都道府県児童福祉審議会に通告することが求められる。もちろん、虐待を受けた子ども本人も、同様の機関等に虐待されていることを相談することができる。その後、都道府県の担当部署は、都道府県児童福祉審議会への報告などを行いながら、通告等をされた内容について事実確認をする。必要があれば、調査の間、子どもを安全な場所に一時保護することも行われる。その結果、もしも虐待の事実が確認されたら、虐待を受けていない子どもたちを含めて必要な支援を行い、施設に対しては運営改善にかかる指導を行うよう定められている。[*34]

毎年度、厚生労働省から公表されている「被措置児童等虐待への各都道府県市等の対応状況について」によれば、1年間に200〜400件程度の届出・通告がなされ、その3分の1から4分の1くらいで実際に虐待があったとの確認がなされている。

しかし、保護者による虐待と同様、家庭ないしそれに近い場所は、基本的に外部から観察がしにくく、事実関係の確認が困難であることは推測に難くない。実際には、子どもは虐待だと思ったのに、そうとは認定

*31
施設長の資格については、児童福祉施設の設備及び運営に関する基準で定められ、2年に1回以上の研修受講が義務付けられている。

*32
人件費の改善を図るため、一定の実務経験や研修受講を経た者について、自立支援計画の作成・進行管理、職員の指導等を行う基幹的職員として配置するようになっている。

*33
被措置児童等虐待とは、児童養護施設の職員や里親等が、委託された児童、入所する児童または一時保護が行われた児童（これを「被措置児童等」という）について行う虐待。施設職員等による虐待には、子ども同士の虐待の放置も含んでいる。また、その他被措置児童等の心身に有害な影響を及ぼす行為もあわせて禁止されている。児童福祉法第33条の10〜17参照。

*34
児童福祉法第33条の14参照。

されなかったものも少なくないと考えられる。さらに、そもそも養育の質に対する不満を口に出せない子どもたちも潜在的に存在していることを忘れてはならない。

　現在、社会的養護を受けている子どもたちに対して、定期的に一定のトレーニングを受けた訪問員が話を聴き、子どもの声を養育者や施設等の運営管理者、あるいは行政に伝えるアドボカシー制度の試行が始まっている。令和6（2024）年度からはこの取り組みを意見表明等支援事業として法定化し、児童福祉法第33条3の3及び第33条の4に定める意見聴取等措置がとられる子どもの意見または意向について、子どもの福祉に関して知識または経験を有する者が意見聴取等を行うようになる。こうした重層的な仕組みの下で、子どもの権利が十全に守られるようにすることは、社会的養護において極めて重要なことといえる。

4 非行への対応

（1）非行問題を取り扱う機関

　子ども家庭福祉を学ぶ際、非行問題への対応は欠かせない領域の一つであり続けてきた。しかし、実際に「福祉行政報告例」を見ると、非行相談[*35]の受付件数は少ない。一方、学校や警察では、かなり多くの件数を取り扱っている[*36]。取り扱っている件数という観点からのみ見れば、非行は教育と警察の問題であると理解されても不思議はない。

　現代社会における非行問題を広く理解するためには、子ども家庭福祉機関・施設だけでなく、関係機関の役割やそこでの非行への対応実態についても把握しておくことが欠かせない。特に、司法的な手続を経る場合には、子どもの健全育成の観点から保護処分を下すために置かれた家庭裁判所、そして家庭裁判所での非行事例の取り扱いを定めた少年法の理念や仕組みについて理解しておくことも必要である。この点については、本項での学習に加え、「刑事司法と福祉」等の科目において学習を深められたい。

（2）非行相談と福祉ニーズ

　このような非行相談の取り扱い状況を見ると、非行は基本的には子ども家庭福祉の問題ではないと理解されてしまうかもしれない。一般的なイメージとしても、窃盗、暴行、詐欺のように規則や道徳に反する行為をなすことが非行であって、その行動を正すための治療や教育が必要な事例として理解されることが多いだろう。

*35
厚生労働省「福祉行政報告例」（令和3〔2021〕年）によれば、市町村の児童相談受付数約48万件のうち非行相談は約1,800件、同様に、児童相談所では約57万件に対して約1万件である。

*36
文部科学省が発表している「令和4年度 児童生徒の問題行動・不登校等生徒指導上の諸課題に関する調査結果について」によれば、小・中・高校における暴力行為の発生件数は9万5,426件である。いじめも非行の一種とみなすなら、その件数は数十万件に跳ね上がる。また、警察庁が発表している「令和4年における少年非行、児童虐待及び子供の性被害の状況」によれば、刑法犯少年だけで約1.5万人、一般的な非行児童のイメージに近い不良行為少年（非行少年には該当しないが、飲酒、喫煙、深夜徘徊その他自己又は他人の徳性を害する行為をしている少年）に至っては、30万人を超えている。

*37
例えば、あたたかな家庭環境の中で、よく働き、よく食べ、よく眠ることを保障すること、その実現のために一組の夫婦が子どもたちと生活をともにする小舎夫婦制を導入したことは、留岡幸助の業績として特筆すべきものの一つである。

*38
要保護児童を発見した場合は、児童相談所等に通告することとなっているが、罪を犯した満14歳以上の子どもについては、家庭裁判所に通告しなければならないことが定められている。

*39
家庭裁判所は、図２－5－2でいう触法少年、虞犯少年で14歳に満たない者については、都道府県知事または児童相談所長から送致を受けたときに限り、これを審判に付することができると定められている。

*40
関係機関については、本書第１部第４章第３節を参照。

*41
実際には審判不開始となることが多い。これは、調査や審判の過程で、裁判官や調査官が教育的なはたらきかけを行い、その結果、再非行の恐れがないと認められたことを意味している。

*42
本双書第13巻第３部第１章第３節参照。

*43
法務省『令和４年版犯罪白書』（117頁）の統計によれば、令和３（2021）年度に保護処分に付された少年１万

しかし、第二次世界大戦よりも前に非行対応の近代化に尽力した留岡幸助らの実践にもみられるように、非行傾向のある子どもにはしばしば家庭問題が隠れている。また、児童相談所の統計上、養護相談や障害相談として計上されているものの中にも、実際には子どもの非行がみられることは少なくない。ソーシャルワーカーは、子どもの行動のみに目を奪われることなく、なぜ非行問題が発生しているのか理解し、子どもの福祉ニーズの充足という観点からも支援について検討することが求められる。

（3）児童相談所先議の原則

適切な保護・養育が保障されていないことによって子どもたちが非行問題を起こしていると考えられる場合（特に子どもの年齢が14歳に満たない場合）には、児童相談所が一義的に対応する仕組みとなっている（図２－5－2）。これを児童相談所先議の原則とよんでいて、児童福祉法第25条の但書[38]、そして少年法第３条第２項[39]に規定されている。

（4）家庭裁判所の役割

先述したとおり、非行への対応はもっぱら児童相談所だけで行われているわけではなく、複数の関係機関との協働が欠かせない。ここでは、図２－5－2の理解のため、特に少年審判の仕組みについて解説を加える[40]。

少年審判を行う家庭裁判所では、調査の過程で、家庭裁判所調査官に命じて、必要な調査を行わせることができる仕組みとなっている。家庭裁判所調査官は、心理学、教育学、社会学などの専門知識と技術を駆使し、どのような機序で非行が発生したのかを調査し、再非行防止のために何が必要になるかを検討する。同じく調査の過程では、子どもを少年鑑別所へ送致し、最長８週間収容することで、専門的な調査・診断を行うこともある。こうして行われる調査の結果を受けて、家庭裁判所では、少年法第18～20条に基づいて審判不開始としたり[41]、検察官や児童相談所長への送致などを行ったりしている[42]。

家庭裁判所にて審判が行われた場合、保護処分に付することができず、または保護処分に付する必要がないと認めるときは、不処分の決定をする。また、児童福祉法に基づく措置や検察官への送致（逆送）が適当とされた場合を除き、①保護観察所における保護観察に付すこと、②児童自立支援施設や児童養護施設に送致すること、③少年院に送致することのいずれかの保護処分をしなければならない。そのうち、ほとんどが①の保護観察所における保護観察に付されている[43]。

〈図２－５－２〉非行傾向のある子どもへの福祉的対応

1,823人のうち、保護観察処分が9,932人となっている。児童自立支援施設等送致は115人、少年院送致は1,377人であった。

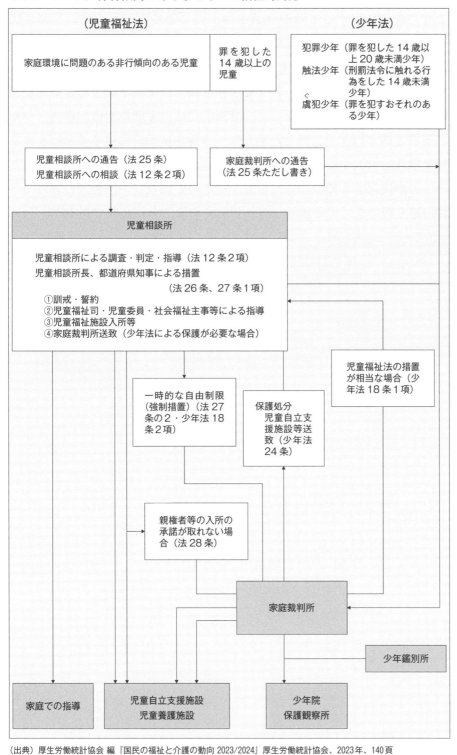

（出典）厚生労働統計協会 編『国民の福祉と介護の動向 2023/2024』厚生労働統計協会、2023年、140頁

　なお、少年法に基づく特別な保護を受ける「少年」の範囲については、たびたび議論の対象とされてきている。近年では、平成30（2018）年に

制定された民法の一部を改正する法律（令和 4〔2022〕年 4 月施行）により、成年に達する年齢が18歳とされたことを契機として、少年法における少年の定義の見直しについても検討がなされた。その結果、18歳及び19歳の少年についても引き続き少年法の適用を受けることとなったが、同時に「特定少年」[44]として区分され、17歳以下の少年とは異なる特例が設けられることとなった。具体的には、家庭裁判所が逆送（少年に刑罰を科すべきと判断した場合に、事件を検察官に送ること）とする対象事件を拡大すること、起訴された場合には実名での報道が認められることが決定されている。今後も、少年の定義及び司法機関における事件の取り扱いをめぐる議論には注視しておくことが必要である。

*44
本双書第13巻第 3 部第 1 章第 3 節 2（1）❹参照。

第3節　社会的養護における支援

1　要保護児童の実態

（1）要保護児童にみられる諸問題

　社会的養護における支援のうち、最も中核的な位置を占める代替養育のもとで生活している子どもたちのことについて説明する。

　代替養育の子どもたちについて理解する基礎資料として、「児童養護施設入所児童等調査」がしばしば用いられる。最新の実態調査によれば、子どもたちの心身の状況については、何らかの障害を有している子どもの養育が広く求められる状況にあることがわかる（**表2−5−1**）。実際には、こうした障害等に該当するのか判断がつきかねる状態像もしばしば観察される。したがって、社会的養護の体系において治療型施設に区分される児童心理治療施設と児童自立支援施設、そして障害児入所施設に限らず、子どもの障害等に関する知識の獲得は、適切な支援を行う前提条件として極めて重要である。

　また、子どもの養育上、学業面での支援は大きな柱となるが、学業について「遅れがある」と回答されている子どもたちは多い（**表2−5−2**）。学業面での遅れの程度やその背景は、この調査結果だけではわからないが、学業に向かうための心身の状況等が整っていないことが影響

〈表2−5−1〉子どもの心身の状況

(単位：%)

項目	該当あり	心身の状況（重複回答）			
		知的障害	反応性愛着障害	ADHD	ASD
里親	24.9	8.6	2.5	5.5	6.7
児童養護施設	36.7	13.6	5.7	8.5	8.8
児童心理治療施設	84.2	12.6	29.2	37.0	47.5
児童自立支援施設	61.8	12.4	11.5	30.0	24.7
乳児院	30.2	4.7	1.3	0.4	2.0
母子生活支援施設	54.1	4.0	1.0	2.7	4.0
ファミリーホーム	46.5	15.8	9.0	12.0	13.0
自立援助ホーム	46.3	11.7	10.1	13.1	13.6
障害児入所施設	98.4	74.8	2.8	7.0	25.2

（注1）重複回答であるため、1人の子どもが複数に該当している場合もある。
（注2）心身の状況の具体的な項目については、代表的なもののみ掲載。項目中、「ADHD」は注意欠陥多動性障害、「ASD」は自閉症スペクトラム。
（出典）厚生労働省子ども家庭局、厚生労働省社会・援護局障害保健福祉部「児童養護施設入所児童等調査の概要（平成30年2月1日現在）」7頁をもとに一部改変

〈表2-5-2〉子どもの学業の状況

(単位：%)

項目	すぐれている	特に問題なし	遅れがある	不詳
里親	7.6	63.1	22.9	6.4
児童養護施設	6.8	56.4	36.5	0.3
児童心理治療施設	3.7	38.8	57.4	―
児童自立支援施設	4.3	50.8	44.5	0.4
母子生活支援施設	4.8	58.1	35.5	1.5
ファミリーホーム	8.0	48.7	37.6	5.7
障害児入所施設	2.1	0.7	26.2	71.0

(注)　小学校就学前は調査対象外。
(出典)　厚生労働省子ども家庭局、厚生労働省社会・援護局障害保健福祉部「児童養護施設入所児童等調査の概要（平成30年2月1日現在）」11頁をもとに一部改変

　していると考えられる。社会的養護と学校教育にかかわるものが、いかに子どもたちの状態像を共有し、支援計画へと反映させていくのかは、極めて重要な課題といえる。

（2）子どもたちと被虐待経験

　こうした子どもたちにみられる問題は、子どもたち自身に帰因するとは限らない。その主たる理由として、被虐待経験のある子どもの多さがあげられる（**表2-5-3**）。

　調査結果を見ると、社会的養護関係施設の多くで、被虐待経験を有する子どもが半数以上を占めていることがわかる。被虐待経験を有する子どもの割合が比較的少ない里親、障害児入所施設にあっても、その割合は4割近くとなっており、社会的養護のもとで生活する子どもにとって

〈表2-5-3〉子どもの被虐待経験の有無及び虐待の種類

(単位：%)

項目	虐待経験あり	虐待経験の種類（複数回答）				虐待経験なし	不明
		身体的虐待	性的虐待	ネグレクト	心理的虐待		
里親	38.4	30.4	3.0	65.8	18.8	56.3	4.9
児童養護施設	65.6	41.1	4.5	63.0	26.8	30.1	4.0
児童心理治療施設	78.1	66.9	9.0	48.3	47.3	18.2	3.4
児童自立支援施設	64.5	64.7	5.9	49.8	35.3	30.1	5.0
乳児院	40.9	28.9	0.2	66.1	16.4	57.9	1.1
母子生活支援施設	57.7	30.6	4.0	19.2	80.9	38.0	3.8
ファミリーホーム	53.0	45.5	7.5	62.3	36.0	38.1	8.1
自立援助ホーム	71.6	54.0	10.9	54.6	55.1	20.3	7.8
障害児入所施設	37.7	16.7	2.2	23.9	5.7	55.0	7.3

(注)　複数回答であるため、1人の子どもが複数に該当している場合もある。
(出典)　厚生労働省子ども家庭局、厚生労働省社会・援護局障害保健福祉部「児童養護施設入所児童等調査の概要（平成30年2月1日現在）」13頁をもとに一部改変

被虐待経験は非常に大きな問題である。こうした経験が、子どもの心身の状況、あるいは学習習慣の未定着などにつながっている可能性は十分にあるといえよう。

（3）子どもたちへのケアの今後の見通し

　代替養育にある子どもたちの多くは、両親がともにいなかったり、行方不明であったりするわけではない。家庭養育優先原則からすれば、ほとんどすべての子どもたちは、一義的には家庭復帰をめざすこととなる。それがかなわなければ、養子縁組や家庭養護という道を模索するのが本来の姿といえる。

　しかし、少なくとも実態はそれとは大きくかけ離れている。「保護者のもとへの家庭復帰」について見通しが立っているものは、治療型施設で相対的に高い割合を示しているが（「児童自立支援施設」で56.9％、「児童心理治療施設」で37.2％）、全体的に見て「原則」といえるほどの割合ではない（表２－５－４）。

　また、表２－５－４のうち、今後の見通しとして「養子縁組」に該当する子どもたちがどのくらいいるかに着目すると、「里親」において「養子縁組」へ移行する割合が比較的高いことがわかる。ただし、その割合は12.2％にとどまるもので、養子縁組への移行が一般的であるとみなせる状況にはない。

　すなわち、多くの子どもたちは、このまま家庭養護、施設養護を継続して、自立へと至る可能性が高い子どもたちなのである。そのため、成人期への移行をどのようにするかは、思春期・青年期の子どもたちを養

〈表２－５－４〉子どもの家庭復帰・家庭養護移行についての今後の見通し（単位：％）

項目	保護者のもとへ復帰	親類等の家庭への引き取り	養子縁組	里親・ファミリーホーム委託
里親	10.2	0.6	12.2	0.1
児童養護施設	27.7	1.2	0.2	1.6
児童心理治療施設	37.2	1.5	—	1.8
児童自立支援施設	56.9	1.9	—	2.8
乳児院	25.2	1.2	3.0	9.0
ファミリーホーム	18.4	1.1	1.3	0.2
自立援助ホーム	4.9	0.5	0.2	5.2
障害児入所施設	11.6	0.6	0.6	0.0

（注1）項目は調査項目の一部であり、横計は100％にはならない。
（注2）「児童の今後の見通し」の調査項目のうち、「他施設へ移行予定」などを除く家庭復帰・家庭養護移行にかかわる4項目のみ掲載。
（出典）厚生労働省子ども家庭局、厚生労働省社会・援護局障害保健福祉部「児童養護施設入所児童等調査の概要（平成30年2月1日現在）」18頁をもとに一部改変

護する場においては、極めて大きな課題となっている。

　なお、児童福祉法では18歳未満を「児童」とし、その福祉に関する権利を等しく保障することを理念としているが、社会的養護に関しては、児童福祉法第31条に基づき、多くの場合、必要に応じ、子どもが20歳に達するまで養護を継続できる仕組みを採用している。また、自立援助ホームについては、すでに述べたとおり、一定の要件を満たしていれば満22歳に達する日の属する年度の末日までの間にある者が利用できるようになっており、いわば緩やかな自立支援が可能となるよう工夫がなされている。さらに、令和6（2024）年度からは都道府県知事が認めた時点まで自立援助ホーム等での生活を継続できるようにするなど、自立支援のいっそうの強化が図られることが決定されている。

2 支援を見直すための6原理

　社会的養護の理念をどのように各支援現場で反映していくかについては国レベルで検討がなされ、その成果が各種指針（里親及びファミリーホーム養育指針、乳児院運営指針、児童養護施設運営指針、児童自立支援施設運営指針、児童心理治療施設運営指針、母子生活支援施設運営指針、自立援助ホーム運営指針）としてまとめられている。そこには、共通する6つの原理が掲げられている。

　以下に、この原理に関する各種指針の記述をそのまま引用する。前項で述べた、子どもたちの背景と重ね合わせつつ、なぜこのような支援が重要になるのか理解を深めていただきたい。

❶家庭的養護と個別化
・すべての子どもは、適切な養育環境で、安心して自分をゆだねられる養育者によって、一人一人の個別的な状況が十分に考慮されながら、養育されるべきである。
・一人一人の子どもが愛され大切にされていると感じることができ、子どもの育ちが守られ、将来に希望が持てる生活の保障が必要である。
・社会的養護を必要とする子どもたちに「あたりまえの生活」を保障していくことが重要であり、社会的養護を地域から切り離して行ったり、子どもの生活の場を大規模な施設養護としてしまうのではなく、できるだけ家庭あるいは家庭的な環境で養育する「家庭的養護」と、個々の子どもの育みを丁寧にきめ細かく進めていく「個別

化」が必要である。

❷発達の保障と自立支援

・子ども期のすべては、その年齢に応じた発達の課題を持ち、その後の成人期の人生に向けた準備の期間でもある。社会的養護は、未来の人生を作り出す基礎となるよう、子ども期の健全な心身の発達の保障をめざして行われる。

・特に、人生の基礎となる乳幼児期では、愛着関係や基本的な信頼関係の形成が重要である。子どもは、愛着関係や基本的な信頼関係を基盤にして、自分や他者の存在を受け入れていくことができるようになる。自立に向けた生きる力の獲得も、健やかな身体的、精神的及び社会的発達も、こうした基盤があって可能となる。

・子どもの自立や自己実現を目指して、子どもの主体的な活動を大切にするとともに、様々な生活体験などを通して、自立した社会生活に必要な基礎的な力を形成していくことが必要である。

❸回復を目指した支援

・社会的養護を必要とする子どもには、その子どもに応じた成長や発達を支える支援だけでなく、被虐待経験や分離経験などによる悪影響からの癒しや回復をめざした専門的ケアや心理的ケアなどの治療的な支援も必要となる。

・また、近年増加している被虐待児童や不適切な養育環境で過ごしてきた子どもたちは、被虐待経験だけでなく、家族や親族、友達、近所の住人、保育士や教師など地域で慣れ親しんだ人々との分離なども経験しており、心の傷や深刻な生きづらさを抱えている。さらに、情緒や行動、自己認知・対人認知などでも深刻なダメージを受けていることも少なくない。

・こうした子どもたちが、安心感を持てる場所で、大切にされる経験を積み重ね、信頼関係や自己肯定感（自尊心）を取り戻していけるようにしていくことが必要である。

❹家族との連携・協働

・保護者の不在、養育困難、さらには不適切な養育や虐待など、「安心して自分をゆだねられる保護者」がいない子どもたちがいる。また子どもを適切に養育することができず、悩みを抱えている親がい

る。さらに配偶者等による暴力（DV）などによって「適切な養育環境」を保てず、困難な状況に置かれている親子がいる。

・社会的養護は、こうした子どもや親の問題状況の解決や緩和をめざして、それに的確に対応するため、親と共に、親を支えながら、あるいは親に代わって、子どもの発達や養育を保障していく包括的な取り組みである。

❺継続的支援と連携アプローチ

・社会的養護は、その始まりからアフターケアまでの継続した支援と、できる限り特定の養育者による一貫性のある養育が望まれる。

・児童相談所等の行政機関、各種の施設、里親等の様々な社会的養護の担い手が、それぞれの専門性を発揮しながら、巧みに連携し合って、一人一人の子どもの社会的自立や親子の支援を目指していく社会的養護の連携アプローチが求められる。

・社会的養護の担い手は、同時に複数で連携して支援に取り組んだり、支援を引き継いだり、あるいは元の支援主体が後々までかかわりを持つなど、それぞれの機能を有効に補い合い、重層的な連携を強化することによって、支援の一貫性・継続性・連続性というトータルなプロセスを確保していくことが求められる。

・社会的養護における養育は、「人とのかかわりをもとにした営み」である。子どもが歩んできた過去と現在、そして将来をより良くつなぐために、一人一人の子どもに用意される社会的養護の過程は、「つながりのある道すじ」として子ども自身にも理解されるようなものであることが必要である。

❻ライフサイクルを見通した支援

・社会的養護の下で育った子どもたちが社会に出てからの暮らしを見通した支援を行うとともに、入所や委託を終えた後も長くかかわりを持ち続け、帰属意識を持つことができる存在になっていくことが重要である。

・社会的養護には、育てられる側であった子どもが親となり、今度は子どもを育てる側になっていくという世代をつないで繰り返されていく子育てのサイクルへの支援が求められる。

・虐待や貧困の世代間連鎖を断ち切っていけるような支援が求められている。

3 開かれた養育環境の形成
－今後の課題として

（1）社会的養護が向き合う諸課題

都道府県社会的養育推進計画の策定にあたって依拠されている報告書**「新しい社会的養育ビジョン」**では、以下のような内容が含まれている。

①市区町村を中心とした支援体制の構築

②児童相談所の機能強化と一時保護改革

③代替養育における「家庭と同様の養育環境」原則に関して乳幼児から段階を追っての徹底、家庭養育が困難な子どもへの施設養育の小規模化・地域分散化・高機能化[45]

④永続的解決（**パーマネンシー保障**）の徹底[46]

⑤代替養育や集中的在宅支援を受けた子どもの自立支援の徹底[47]

本章では③の部分に対応したトピックを主として取り扱ってきたが、市町村・児童相談所改革や永続的解決の徹底なども含まれており、社会的養護改革に求められるものはますます増えてきている。

毎年度、国の助成を受けて数多くの調査研究が行われ、そこで収集された優れた実践の紹介などもこども家庭庁のウェブサイトで積極的に行われているが、社会的養護の担い手がすべて同じ方向を向いているわけではない。[48]

その主たる理由の一つとして、代替養育の場にかかる負担が重く、多くの養育者が理想的な養育ができないことから燃え尽き症候群に陥り、経験ある養育者の確保、新規採用、定着が図れていないことがあげられる。

以下、日常生活支援を中心に据えながら、今後の社会的養護の課題を確認していきたい。

（2）日常生活を支援の核に

社会的養護における支援にあたって最も基本となることは、子どもたちを理解することである。私たちは、つい子どもたちよりも知識と経験があり、さまざまな判断を行い得ると考えがちであるが、それは社会的養護の理念が求めるような最善の利益保障とは両立し難い。

子どもは身体的・心理的・社会的に自立していく過程にあり、「弱者」としての側面が確かにある。しかし、子どもたちは固有の人格をもつ者

---

[45]
このために、定員が4～6人までのグループホーム（地域小規模児童養護施設）を地域内で設置すること、本体施設の改築にあたっては定員6～8人までのユニットケア（小規模グループケア）を導入することが進められている。

[46]
養護問題の解決にあたっては、子どもたちにできるだけ特定の養育者のもとで永続的に養育される環境を保障することが大事であり、そのために合理的な努力を行うことをパーマネンシー保障という。これを原則とすると、実親のもとでの家庭養育の継続を図れなければ、主として特別養子縁組により永続的な家庭を保障することが求められる。このビジョンでいう永続的解決のため、わが国では、民間養子縁組あっせん機関の適切な活用が進められている。

[47]
虐待が発生するリスクが高い場合、発生予防のために短期的・集中的に在宅支援を行い、リスクの上昇を回避することが行われる。集中的家族保全(intensive family preservation)といわれる場合もある。

[48]
こども家庭庁ホームページの「社会的養護」のページから主要な情報が閲覧できる。

として、日々何かを感じ、考えている。その部分を聴き取る力がなければ、子どもにとって最善のものを判断することはできない。

　社会的養護の下で生活する子どもたちは、養育者が想像し難いところで、喜び、恐れ、悲しみの感情を抱え込んでいることがある。たとえ、無鉄砲な行動をするような子どもであっても、自分が置かれている境遇を知り、家族のこと、退所後の自立のことなどの悩みを抱え込み、それを誰にも話せないままでいることもある。そうした子どもたちに対しては、治療的支援ももちろん重要ではあるが、日々子どもにかかわっている人たちが想像力をもって共感的な対応を試行錯誤し、あるいは第三者によるアドボカシーの意義を認め、子どもたちにとって物心ともに依存できる場となることが何より大事である。

　そのような関係性の中で育まれる「自分は一人の人間として大事にされている」という感覚は、つらいライフストーリーを過去からたどりながら、現在を経てさらに未来へとつながる人生行路を子どもたち自身で選び取っていく基盤となる。さらには、子どもが依存できる先をつくっておくことは、措置等を解除され、子どもたちが大人になり、やがて親になっていく過程において、何か危険なことが起きたら戻ってくることのできる、永続的な愛着対象としても機能する。

　社会的養護でいう自立支援とは、かくも息の長い、日々の積み重ねの中でのみ可能になるものなのである。

（3）チーム養育の破綻防止

　家庭養護あるいは家庭的養護は、子どもたちの個別化という観点からいえば、優れた養護の形態である。しかし、家庭ないしそれに近い場で養育が行われるなかで、しばしば養育者の燃え尽きやチーム養育の崩壊が報告されている。

　誰しも多かれ少なかれ経験があるだろうが、家庭ないしそれに近い場では、常日頃から一緒にいるからこそ、話したくない、話せないという気持ちになることがある。また、一緒にいるからこそ、自分の気持ちがわかってもらえないことに対して欲求不満となり、その状態に気付かれないまま日々を過ごすことにストレスを感じ、やがて自分だけが被害者であるかのように思えてくることもある。こうした気持ちのズレのようなものは、子どもたちと養育者の間でも起こり得るが、養育者同士でも起こるものである。

　こうした事態を回避するためには、養育者が日々感じていることを話

せる場をつくることが重要である。養育者同士、あるいは養育者の周辺にいる人たちがつながりをもちながら、子どもと保護者を中心に置きつつ、継続的支援と連携アプローチ（高齢者福祉や障害者福祉でいうケアマネジメント）を採用していくことが欠かせないのである。連携を行うなかで、養育者自身が多くの気付きを得て、子どもたちやその保護者へのかかわりを修正していくことになれば、日々の養育をよりいっそう豊かなものへと変化させていくこともできるようになる。

　なお、こうした日々の養育・連携の中で積み上げた個々の子どもに関する知識をいかし、子ども本人、その家族、関係機関の協力・参画も得ながら、子ども一人ひとりについて自立支援計画が策定されている。自立支援計画は、子ども、家庭、地域に対する総合的アセスメント結果が反映されるものであり、養育者だけでなく、子ども本人や保護者、児童相談所を含む関係機関の意向・意見を聴取しながら、策定及び定期的な見直しをすることが望まれるものである。これらの徹底を図っていくことは、専門知識と実践を結び付け、専門性の高い養育者を育むことにもつながっていく。

第2部　第5章

BOOK 学びの参考図書

● 上岡陽江＋ダルク女性ハウス『生きのびるための犯罪』イースト・プレス、2012年。
　依存症になった女性たちの語りが収められたものだが、社会的養護につながる子どもたちの理解のためにおおいに役立つ。

● 宮島　清・林　浩康・米沢普子 編著『子どものための里親委託・養子縁組の支援』明石書店、2017年。
　本書では、本章で十分に解説できなかった里親委託や養子縁組支援について、詳しく学ぶことができる。

参考文献
● 相澤　仁 編集代表、柏女霊峰・澁谷昌史 編『やさしくわかる社会的養護シリーズ①　子どもの養育・支援の原理—社会的養護総論』明石書店、2012年
● 最新保育士養成講座総括編纂委員会 編『最新保育士養成講座 第3巻 子ども家庭福祉』全国社会福祉協議会、2019年
● 増沢　高『虐待を受けた子どもの回復と育ちを支える援助』福村出版、2009年

第2部 児童家庭福祉の支援の実際

第6章

児童虐待への対応

学習のねらい

児童虐待をなくしたい。これは、すべての人々の願いであろう。しかし、それは、この地上から、すべての争い、暴力、放置、無関心を根絶することとほぼ同義であり、非常に困難なことである。

しかし、私たち福祉専門職が、その実像をしっかり理解し、不断の努力を続け、他のさまざまな専門職と力を合わせ、同時に市民の理解や力も借りて取り組むならば、予防することも、重症化を防ぐことも、また、児童虐待が起こりにくい社会を築くことも可能である。

本章では、児童虐待を理解するための視点と前提、児童虐待の現状、児童虐待の法的な定義と対応の基盤、要保護児童対策地域協議会、児童虐待事例への支援の実際と福祉専門職の役割、児童虐待の予防とソーシャルアクションを扱う6つの節を設け、事例、統計、法律の条文などに照らしながら学び、ネットワークで支えるための実践力の獲得とその向上を図ることをめざす。

第1節 児童虐待を理解するための視点・前提

1 子どもの権利（人権）への侵害

（1）児童虐待とは

　子どもは人であり、人権の主体である。児童の権利に関する条約（**表2-6-1**）に記された諸権利は、すべての子どもに保障すべき人権である。これをふまえれば、広義には、「児童虐待とは子どもの人権を侵害する行為のすべてである」といえる。さて、その上で狭義の児童虐待についても知っておく必要がある。

　日本では平成12（2000）年に成立・施行された「児童虐待の防止等に関する法律」（児童虐待防止法）によって、**児童虐待**とは、保護者による18歳未満の児童に対して行われる身体的暴力、精神的暴力（心理的虐待）、放置もしくは著しく怠慢な扱い（ネグレクト）、性的に不適切に扱うこと（性的虐待）とされた。そして、これらが著しい人権侵害であると示された。

　私たちは、国民として、さらには専門職として、子どもの生命、安全、健康、発達、大切な人やものとの関係、穏やかな暮らし等を守り、一人ひとりに個有の「生」を保障しなければならない。そのために、この章では狭義の児童虐待について述べる。

〈表2-6-1〉児童の権利に関する条約より抜粋

第6条
1　締約国は、すべての児童が生命に対する固有の権利を有することを認める。
2　締約国は、児童の生存及び発達を可能な最大限の範囲において確保する。

第19条
1　締約国は、児童が父母、法定保護者又は児童を監護する他の者による監護を受けている間において、あらゆる形態の身体的若しくは精神的な暴力、傷害若しくは虐待、放置若しくは怠慢な取扱い、不当な取扱い又は搾取（性的虐待を含む。）からその児童を保護するためすべての適当な立法上、行政上、社会上及び教育上の措置をとる。
2　1の保護措置には、適当な場合には、児童及び児童を監護する者のために必要な援助を与える社会的計画の作成その他の形態による防止のための効果的な手続並びに1に定める児童の不当な取扱いの事件の発見、報告、付託、調査、処置及び事後措置並びに適当な場合には司法の関与に関する効果的な手続を含むものとする。

（出典）外務省ホームページ

（2）しつけ目的でも体罰は虐待

　しばしば「しつけのつもりだった」という加害者のことばが報道される。一般市民を対象とした意識調査でも、体罰を容認する人の割合は高い。しかし、保護者の意識や行為の目的にかかわらず、子どもに苦痛を与え子どもの人格をはずかしめる行為は、すべて虐待である。子どもへの体罰が、徐々にエスカレートするものであることにも留意しなければならない（本章第6節2「児童虐待の予防」で児童虐待防止法の改正により「体罰の禁止」が盛り込まれたことについての記述を参照）。

（3）事案を怒りでとらえてしまう傾向への自覚

　いたいけな子どもが不当な扱いを受け、生命までをも奪われる。報道等により、こういった事例に出合うたびに、私たちの心は強く揺り動かされる。これは市民でも、専門職でも同様であろう。

　そのようなとき、私たちの心は、「許せない」「絶対に繰り返してはならない」という思いに支配される。怒りは当然であり、その強いエネルギーを用いて、社会のあり方を変え、施策の推進や支援の内容を向上させる必要がある。

　しかし、「怒り」には欠点もある。怒りの特性は、私たちの見方を狭め、奥行きを浅くし、「わかりやすいこと」「今すべきこと」「迅速である」という方向だけに関心を向けさせる。

　児童虐待についての施策や援助では、冷静さや粘り強さという視点、また、中長期的な取り組みも必要だという視点を欠いてはならない。

2 多様であるという児童虐待の特徴

　児童虐待への対応を考える上で忘れてはならないのは、児童虐待の多様さである。人が一人ひとり個性をもち、家族もそうであるように、児童虐待の事案も一つひとつ異なる。

　また、そのほとんどは、個人要因のみでとらえるべきものではなく、その個人を取り囲む、幾層にも積み重なり交差する環境との兼ね合いで理解されるべきである。当然のことながら、この当たり前のことが、児童虐待への対応では忘れられやすい。

　まずは、3つの事例を取り上げる。

事例 1

多胎児養育の中、母親が
次男を暴行死させた事例

　死亡したのは、多胎で生まれた3人きょうだいの次男だった。父母とも
30代。父親は会社員で夜勤もあった。母親の実家は同じ県内にあったが、
車で1時間ほどもかかり、祖父母は飲食店を自営し忙しく、介護を要する高
齢の曾祖母もいた。母親は、「里帰り出産」はしたものの、早めに子どもた
ちを連れて自宅に戻った。

　自宅はエレベーターがない中層住宅の4階であった。子どもたちは、それぞ
れ低体重で生まれ、退院の時期も異なっていた。父親の助けが期待できるよう
に思えたが、かえって泣かせてしまうなど、母親は一人で育児を抱え込まざる
を得なくなっていった。母親は、子どもたちがもうすぐ1歳になる時期に、最
もミルク飲みが悪く激しく泣くことが多かった次男に暴行を加え、死なせてし
まった。

　事例1の父母は、行政主催の育児教室に参加していた。里帰り出産を
したことは、母方実家の支援を受けられる状態とみなされた可能性があ
る。そのため、支援者はリスクが高い事例とは判断しなかった。しかし
実際には、母親はまともに眠ることさえできておらず、肉体的にも精神
的にも極限状態だった。

事例 2

母親が漫画喫茶で出産、
新生児を殺害・遺棄した事例

　母親である女性は20歳代前半。都心の漫画喫茶で、おおむね1年間暮ら
していた。女性の家族関係や生活歴はわからない。しかし、若い女性が長い
間このような場所で生活をしていたことから、身寄りがないか、あっても頼
ることができない状況があったものと推察される。

　女性は、妊娠しながらも、このような生活を続け、暮らしの場となってい
た漫画喫茶で誰の助けも受けずに一人で出産した。その直後、女性は発覚す
ることを恐れて、タオルで女児の首を絞め、その遺体を漫画喫茶からほど近
いコインロッカーに運んだ。

　事件が発覚したのは、女性がこの後何度も、このコインロッカーに足を運
んでいたからである。その姿を防犯カメラがとらえていた。

　事例2の母親は、住居を失い、かつ、孤立していた。行政の支援も届いていなかった。セーフティネットから漏れたのは、子どもと母親の両方である。私たちの社会が子どもの生命を奪い、母親を犯罪者にしてしまったのだ。

事例3

転居後に5歳女児を死亡させた事例

　女児は、母親（実母）、父親（養父）、異父弟との4人暮らしであった。父親が先に地方から関東圏のアパートに転居し、数か月後の年明けに母親と女児、生後1年余の弟の3人が転入した。女児は、そのおおむね2か月後の3月初めに、衰弱した上に暴行を受けたこと等によるショックで死亡した。

　父親が急遽（きゅうきょ）逮捕され、同月中に起訴された。母親の逮捕は、同年の6月なかばであり、これを受けて、女児が残した「ゆるして……」という手紙とともに、事件の概要が警察から報道機関に対して発表された。女児は、この年の春に小学校への入学を控えていた。

　近隣から児童相談所への最初の通告があったのは、事件発生1年半前であった。県の児童相談所が2回家庭訪問をし、当時居住していた市に引き継いだ。その直後の11月に弟が出生。12月に住民から警察への通報があり、1月から約1か月間と3月から7月までの2回、一時保護が行われた。家庭引き取りの後には、児童福祉司による指導措置がとられ、母子は病院に通い治療も受けていた。

　転居後に新住所を管轄する児童相談所による家庭訪問が1回はあったものの、その約1か月後に女児は死亡した。

　事例3では、発生当時、家族が最初に住んでいた県の児童相談所における対応、特に転居先の児童相談所への引き継ぎが不適切だったとされた。また、児童虐待事案であり、子どもの姿を目視できていないにもかかわらず、母親から示された「かかわってほしくない」という意思にそって、転居先を管轄する児童相談所が踏み込んだ対応をしなかったことについても批判された。

　しかし後に、刑事裁判での証言内容などが報じられたのを受け、母親が精神的に夫から支配されている状況にあったことが注目されるようになり、児童虐待が発生する家族の中で深まる悪循環やその複雑な構造、当事者と支援者との間で起こっていたこと（思いのギャップ）などが注目されるようになった。

　この事案は、さらに深く多角的な検討が必要である。加害者の被害者

性に着目すべきことだけにとどまらず、最初の通告から次の通告までの期間のかかわりがどうなされていたのかについて、また、行われた2回の一時保護が、生まれたばかりの弟の首のすわり・座位の保持・人見知りの始まる時期と重なっており、家族関係や家族の生活が絶えず変動し続けていたことや、地方の県に在住時に父親が2度逮捕されていたこととの関係なども検討すべきである。

　さらには、女児の死亡と父母の逮捕などにより弟には養育者がいなくなる状況が生じていたと思われること、事件が弟の人生に長期にわたって深刻な影響を与え続けるだろうことなどについても、掘り下げた検討が必要である。

3 事実に基づき取り組むこと

　先に述べたように、児童虐待への対応は、市民からの「怒り」、それも悪質だと映る加害者や不十分なかかわりしかしなかったように見える支援者・支援機関に向けられる「怒り」に背を押されるようにして、そのあり方が議論されやすい。しかし、私たちは、報道が集中しやすい事例3のような死亡事例のみならず、事例1、事例2のような例が頻発している実態を忘れてはならない。

　事例1への対応や、事例2のような事件が発生する社会のあり方にも目を向けて、児童虐待が多様であること、またすべての児童虐待事例に共通する「複雑さ」や子どもと家族が抱える「困難さ」に注目しながら、これらの事実を共有し、ともに苦しみながら、確実な取り組みや対応を前進させる必要がある。

第2節　児童虐待の現状

1　児童虐待相談対応件数の推移や対応件数増加の背景等

　残念ながら、実際にどのような児童虐待が、どれだけの数発生しているのかは不明である。これは「家庭」の中で起きる児童虐待は外からは見えにくいことによる。

　このため通常、分析に用いられるのは以下のようなデータである。代表的なものとしては、①児童相談所の児童虐待相談対応件数（福祉行政報告例・年度報）、②市町村の児童虐待相談対応件数（同前）、③警察統計（年報）、④一時保護所や里親、施設に保護された子どもの数、⑤こども家庭審議会児童虐待防止対策部会「児童虐待等要保護事例の検証に関する専門委員会」の報告書「子ども虐待による死亡事例等の検証結果等について」などである。ここではまず、①と②を取り上げ、後に④と⑤を取り上げたい。

　児童相談所で対応される児童虐待の件数が継続的に公表されるようになったのは平成2（1990）年度からである。当該年度の数は、全国で1,101件であった。その後現在まで右肩上がりで増え続け、平成11（1999）年度には1万1,631件となり、令和4（2022）年度には、その約19倍の21万9,170件（ただし速報値）となっている（**図2−6−1**）。

　この30年あまりの間に日本の子どもの保護者がこれほど速いペースで暴力化し、不適切な養育をするようになったとは考えにくい。しかし、この期間に社会の安定が崩れ、雇用や生活の仕方が急激に変化した。少子化が進む中でも、生活に余裕がなくなり子育てが困難になる人が増え、児童虐待そのものが増えた可能性があることは否定できない。また、児童虐待相談の増加は、児童虐待を放置してはならないという問題意識が社会に広がり、これに対応する仕組みが整えられたことにより、「掘り起こし」が進んだことも要因の一つだと考えられる。

　その具体的な内容は、子どもが保護者間の暴力（DV）を目撃することが「心理的虐待」にあたるとされたこと（平成16〔2004〕年10月）、市民が通告をしやすいように最寄りの児童相談所につながる3桁の電話番号（189「いちはやく」）が導入されたこと（平成27〔2015〕年7月）、少年警察活動規則第39条の規定に基づき、警察から児童相談所への通

〈図2−6−1〉児童相談所における児童虐待相談対応件数とその推移

1．令和4年度の児童相談所での児童虐待相談対応件数
令和4年度中に、全国232か所の児童相談所が児童虐待相談として対応した件数は219,170件（速報値）で、過去最多。
※　対前年度比＋5.5％（11,510件の増加）（令和3年度：対前年比＋1.3％〔2,616件の増加〕）
※　相談対応件数とは、令和4年度中に児童相談所が相談を受け、援助方針会議の結果により指導や措置等を行った件数。

2．児童虐待相談対応件数の推移

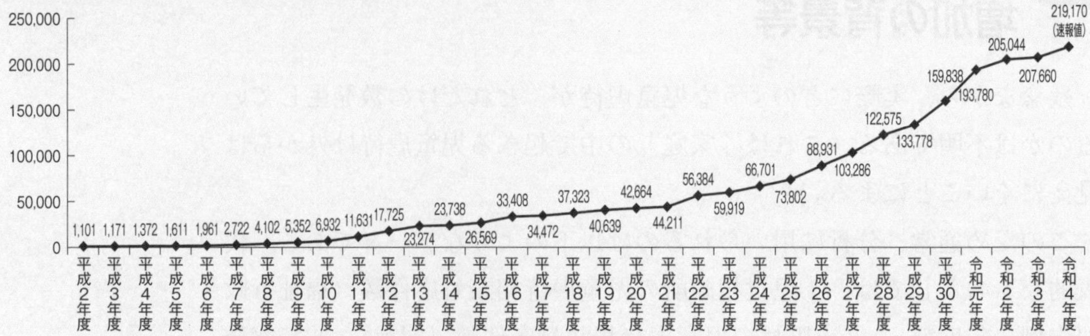

年度	平成23年度	平成24年度	平成25年度	平成26年度	平成27年度	平成28年度	平成29年度	平成30年度	令和元年度	令和2年度	令和3年度	令和4年度
件数	59,919	66,701	73,802	88,931	103,286	122,575	133,778	159,838	193,780	205,044	207,660	219,170
対前年度比	—	＋11.3％	＋10.6％	＋20.5％	＋16.1％	＋18.7％	＋9.1％	＋19.5％	＋21.2％	＋5.8％	＋1.3％	＋5.5％

3．主な増加要因
○　心理的虐待に係る相談対応件数の増加（令和3年度：124,724件→令和4年度：129,484件〔＋4,760件〕）
○　警察等からの通告の増加（令和3年度：103,104件→令和4年度：112,965件）
（令和3年度と比して児童虐待相談対応件数が大幅に増加した自治体からの聞き取り）
○　心理的虐待が増加した要因として、児童が同居する家庭における配偶者に対する暴力がある事案（面前DV）について、警察からの通告が増加。

（出典）こども家庭庁「児童虐待防止対策」をもとに一部改変

〈表2−6−2〉児童相談所での虐待相談の経路別件数の推移

○　令和4年度に、児童相談所に寄せられた虐待相談の相談経路は、警察等、近隣・知人、家族・親戚、学校からが多くなっている。

	家族親戚	近隣知人	児童本人	都道府県指定都市・中核市			市町村		児童福祉施設		保健所・医療機関		警察等	児童委員	学校等			その他	総数
				児童相談所	福祉事務所	保健センター	福祉事務所	保健センター	保育所	児童福祉施設	保健所	医療機関			幼稚園	学校	教育委員会		
23年度	8,949 (14.9%)	12,813 (21.4%)	741 (1.2%)	3,621 (6.0%)	1,282 (2.1%)	340 (0.6%)	5,160 (8.6%)	366 (0.6%)	882 (1.5%)	634 (1.1%)	202 (0.3%)	2,310 (3.9%)	11,142 (18.6%)	220 (0.4%)	213 (0.4%)	5,536 (9.2%)	313 (0.5%)	5,195 (8.7%)	59,919 (100.0%)
24年度	8,664 (13.0%)	13,739 (20.6%)	773 (1.2%)	4,165 (6.2%)	1,220 (1.8%)	424 (0.6%)	5,339 (8.0%)	375 (0.6%)	909 (1.4%)	689 (1.0%)	221 (0.3%)	2,653 (4.0%)	16,003 (24.0%)	233 (0.3%)	211 (0.3%)	5,730 (8.6%)	303 (0.5%)	5,050 (7.6%)	66,701 (100.0%)
25年度	8,947 (12.1%)	13,866 (18.8%)	816 (1.1%)	4,835 (6.6%)	1,195 (1.6%)	375 (0.5%)	5,423 (7.3%)	292 (0.4%)	881 (1.2%)	799 (1.1%)	179 (0.2%)	2,525 (3.4%)	21,223 (28.8%)	225 (0.3%)	213 (0.3%)	6,006 (8.1%)	279 (0.4%)	5,723 (7.8%)	73,802 (100.0%)
26年度	9,802 (11.0%)	15,636 (17.6%)	849 (1.0%)	5,806 (6.5%)	1,448 (1.6%)	482 (0.5%)	5,625 (6.3%)	353 (0.4%)	906 (1.0%)	808 (0.9%)	155 (0.2%)	2,965 (3.3%)	29,172 (32.8%)	225 (0.3%)	259 (0.3%)	6,719 (7.6%)	278 (0.3%)	7,443 (8.4%)	88,931 (100.0%)
27年度	10,936 (10.6%)	17,415 (16.9%)	930 (0.9%)	6,372 (6.2%)	1,428 (1.4%)	429 (0.4%)	5,708 (5.5%)	339 (0.3%)	1,047 (1.0%)	670 (0.7%)	192 (0.2%)	3,078 (3.0%)	38,524 (37.3%)	179 (0.2%)	288 (0.3%)	7,546 (7.3%)	349 (0.3%)	7,848 (7.6%)	103,286 (100.0%)
28年度	11,535 (9.4%)	17,428 (14.2%)	1,108 (0.9%)	6,747 (5.5%)	1,499 (1.2%)	428 (0.3%)	6,174 (5.0%)	306 (0.2%)	947 (0.8%)	825 (0.7%)	203 (0.2%)	3,109 (2.5%)	54,812 (44.7%)	157 (0.1%)	248 (0.2%)	8,264 (6.7%)	338 (0.3%)	8,447 (6.9%)	122,575 (100.0%)
29年度	11,835 (8.8%)	16,982 (12.7%)	1,118 (0.8%)	6,328 (4.7%)	1,332 (1.0%)	457 (0.3%)	6,294 (4.7%)	273 (0.2%)	1,047 (0.8%)	999 (0.7%)	168 (0.1%)	3,199 (2.4%)	66,055 (49.4%)	131 (0.1%)	333 (0.2%)	8,605 (6.4%)	343 (0.3%)	8,279 (6.2%)	133,778 (100.0%)
30年度	13,492 (8.4%)	21,449 (13.4%)	1,414 (0.9%)	7,460 (4.7%)	1,345 (0.8%)	403 (0.3%)	6,986 (4.4%)	348 (0.2%)	1,397 (0.9%)	1,042 (0.7%)	216 (0.1%)	3,542 (2.2%)	79,138 (49.5%)	138 (0.1%)	406 (0.3%)	10,649 (6.7%)	394 (0.2%)	9,964 (6.2%)	159,838 (100.0%)
元年度	15,799 (8.2%)	25,285 (13.0%)	1,663 (0.9%)	9,313 (4.8%)	1,552 (0.8%)	467 (0.2%)	8,890 (4.6%)	396 (0.2%)	1,616 (0.8%)	1,255 (0.6%)	232 (0.1%)	3,675 (1.9%)	96,473 (49.8%)	148 (0.1%)	525 (0.3%)	13,856 (7.2%)	447 (0.2%)	12,188 (6.3%)	193,780 (100.0%)
2年度	16,765 (8.2%)	27,641 (13.5%)	2,115 (1.0%)	9,947 (4.9%)	1,466 (0.7%)	705 (0.3%)	8,265 (4.0%)	405 (0.2%)	1,607 (0.8%)	1,346 (0.7%)	233 (0.1%)	3,427 (1.7%)	103,625 (50.5%)	150 (0.1%)	479 (0.2%)	13,644 (6.7%)	553 (0.3%)	12,671 (6.2%)	205,044 (100.0%)
3年度	17,345 (8.4%)	28,075 (13.5%)	2,529 (1.2%)	9,584 (4.6%)	1,611 (0.8%)	808 (0.4%)	9,071 (4.4%)	309 (0.1%)	1,663 (0.8%)	1,183 (0.6%)	226 (0.1%)	3,608 (1.7%)	103,104 (49.7%)	135 (0.1%)	524 (0.3%)	13,972 (6.7%)	448 (0.2%)	13,465 (6.5%)	207,660 (100.0%)
4年度速報値	18,436 (8.4%)	24,174 (11.0%)	2,822 (1.3%)	9,564 (4.4%)	1,741 (0.8%)	910 (0.4%)	10,081 (4.6%)	298 (0.1%)	1,845 (0.8%)	1,317 (0.6%)	202 (0.1%)	3,986 (1.8%)	112,965 (51.5%)	79 (0.0%)	552 (0.3%)	14,987 (6.8%)	496 (0.2%)	14,715 (6.7%)	219,170 (100.0%)

※　割合は四捨五入のため、100％にならない場合がある。
（出典）こども家庭庁「児童虐待防止対策」をもとに一部改変

〈表2−6−3〉児童相談所での虐待相談の内容別件数の推移

○ 心理的虐待の割合が最も多く、次いで身体的虐待の割合が多い。

	身体的虐待	ネグレクト	性的虐待	心理的虐待	総　数
平成23年度	21,942 (36.6%)	18,847 (31.5%)	1,460 (2.4%)	17,670 (29.5%)	59,919 (100.0%)
平成24年度	23,579 (35.4%)	19,250 (28.9%)	1,449 (2.2%)	22,423 (33.6%)	66,701 (100.0%)
平成25年度	24,245 (32.9%)	19,627 (26.6%)	1,582 (2.1%)	28,348 (38.4%)	73,802 (100.0%)
平成26年度	26,181 (29.4%)	22,455 (25.2%)	1,520 (1.7%)	38,775 (43.6%)	88,931 (100.0%)
平成27年度	28,621 (27.7%)	24,444 (23.7%)	1,521 (1.5%)	48,700 (47.2%)	103,286 (100.0%)
平成28年度	31,925 (26.0%)	25,842 (21.1%)	1,622 (1.3%)	63,186 (51.5%)	122,575 (100.0%)
平成29年度	33,223 (24.8%)	26,821 (20.0%)	1,537 (1.1%)	72,197 (54.0%)	133,778 (100.0%)
平成30年度	40,238 (25.2%)	29,479 (18.4%)	1,730 (1.1%)	88,391 (55.3%)	159,838 (100.0%)
令和元年度	49,240 (25.4%)	33,345 (17.2%)	2,077 (1.1%)	109,118 (56.3%)	193,780 (100.0%)
令和2年度	50,035 (24.4%)	31,430 (15.3%)	2,245 (1.1%)	121,334 (59.2%)	205,044 (100.0%)
令和3年度	49,241 (23.7%)	31,448 (15.1%)	2,247 (1.1%)	124,724 (60.1%)	207,660 (100.0%)
令和4年度速報値	51,679 (23.6%)	35,556 (16.2%)	2,451 (1.1%)	129,484 (59.1%)	219,170 (100.0%)

※　割合は四捨五入のため、100%にならない場合がある。
（出典）こども家庭庁「児童虐待防止対策」をもとに一部改変

告が活発に行われるようになり（平成25〔2013〕年12月）、件数全体のおおむね5割に達するまでに急増したことなどによるものである（**表2−6−2**）。

これらに伴い、虐待相談の内容別の件数で、以前から長い間最多だった身体的虐待の占める割合を、心理的虐待が大きく上回るようになるという変化も起きた（**表2−6−3**）。

なお、性的虐待は、統計上の件数は少ないものの、顕在化しにくい虐待であること、子どもにとって極めて深刻な影響を長期間与え続けること、そのため一度確認されれば子どもが保護される（保護者から分離される）ことが多いことなどの傾向・特徴があることを理解しておく必要がある。

この表のもととなる福祉行政報告例には、加害者別の件数と割合、世帯構成別の件数と割合なども集計されている。加害者別では、実母が最も多く次に実父が多いが、この順位は子育て世代全体の家族構成割合（母集団）や実接触時間などをふまえて理解しなければならない。

次に、市町村の児童虐待相談対応件数についても見ておきたい。令和3（2021）年度の総数は16万2,884件[*1]で、児童相談所の相談対応件数と同様に増加し続けている。しかし、市町村においては、児童相談所のそれと比較すると見える、別の特徴もある。厚生労働省が集計した、経路別の対応件数をまとめた資料をもとに確認したい（**図2−6−2**）。

表2−6−2の説明でもふれたが、児童相談所の経路別対応件数において、警察からのものが圧倒的に多くなっていることが明白である。こ

*1
厚生労働省「令和3年度福祉行政報告例」。

〈図２－６－２〉市町村と児童相談所の経路別対応件数の比較

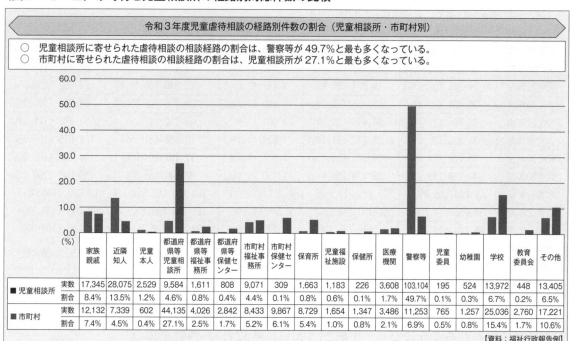

令和３年度児童虐待相談の経路別件数の割合（児童相談所・市町村別）

○　児童相談所に寄せられた虐待相談の相談経路の割合は、警察等が49.7％と最も多くなっている。
○　市町村に寄せられた虐待相談の相談経路の割合は、児童相談所が27.1％と最も多くなっている。

		家族親戚	近隣知人	児童本人	都道府県等児童相談所	都道府県等福祉事務所	都道府県等保健センター	市町村福祉事務所	市町村保健センター	保育所	児童福祉施設	保健所	医療機関	警察等	児童委員	幼稚園	学校	教育委員会	その他
■児童相談所	実数	17,345	28,075	2,529	9,584	1,611	808	9,071	309	1,663	1,183	226	3,608	103,104	195	524	13,972	448	13,405
	割合	8.4	13.5	1.2	4.6	0.8	0.4	4.4	0.1	0.8	0.6	0.1	1.7	49.7	0.1	0.3	6.7	0.2	6.5
■市町村	実数	12,132	7,339	602	44,135	4,026	2,842	8,433	9,867	8,729	1,654	1,347	3,486	11,253	765	1,257	25,036	2,760	17,221
	割合	7.4	4.5	0.4	27.1	2.5	1.7	5.2	6.1	5.4	1.0	0.8	2.1	6.9	0.5	0.8	15.4	1.7	10.6

【資料：福祉行政報告例】

（出典）厚生労働省「児童虐待防止対策の状況について」をもとに一部改変

れに対して市町村では、保健センター、保育所、学校などからのものが児童相談所に比べて多くなっている。

　なお、市町村の件数においては児童相談所からのものも多いが、これは児童相談所と市町村の両者が、情報を共有し連携を図っていることの表れと解される。

　一般的には、困難な事例は児童相談所で、軽微なものは市町村で、という役割分担がなされていると説明される。しかし、市町村には、子どもの近くで直接かかわり続けている関係者からの相談や通告、すなわち状況が詳しく把握され放置できないと判断された事例が多くもち込まれる。そして児童相談所に対しては、近隣からの電話での通告や警察からの通告、とりわけいわゆる「DV目撃事案」が多く寄せられるという構造があり、この傾向が顕著になっていると考えられる。

２　児童虐待事例への対応としての子どもの保護

　ここでも「子どもの保護」という言葉にこめられた意味を広義と狭義に分けて確認し、その上で、この項で主に取り扱う狭義での「子どもの

保護」について理解を深めていきたい。

　本章の冒頭に引用した児童の権利に関する条約の第19条2にあるように、子どもの保護とは、広義には「児童及び児童を監護する者のために必要な援助を与える社会的計画の作成その他の形態による防止のための効果的な手続」「児童の不当な取扱いの事件の発見、報告、付託、調査、処置及び事後措置並びに適当な場合には司法の関与に関する効果的な手続」など広範な内容が含まれる。

　本項では、その一部である狭義の子どもの保護、すなわち「子どもの身柄の保護」「一時保護、里親への委託、児童福祉施設への入所」という「保護者との分離保護」について紹介する。

　先に述べたように、児童虐待が子どもへの人権侵害であり、子どもの安全や生命を脅かし、その正常な発達を妨げ、心身の健康や落ち着いた暮らしを奪い、あるいは生涯にわたって深刻な不利益を及ぼすものであるがゆえに、必要な場合には、確実に子どもの保護（狭義）を行うことが必要である。

（1）一時保護等の親子分離をめぐる制度の動向と統計

　一時保護による親子分離を行うにあたって、平成28（2016）年の児童福祉法の改正によって、一時保護の目的が表のように改められた（表2－6－4）。また平成29（2017）年の改正によって、保護者の意に反して2か月を超える一時保護を行う場合には家庭裁判所の承認を得ることが必要となった（第33条第5項）。

　一時保護を行う場合には、子どもの利益を守り、保護者をさらなる加

〈表2－6－4〉児童福祉法の一時保護についての条文

第33条　児童相談所長は、必要があると認めるときは、第26条第1項の措置を採るに至るまで、児童の安全を迅速に確保し適切な保護を図るため、又は児童の心身の状況、その置かれている環境その他の状況を把握するため、児童の一時保護を行い、又は適当な者に委託して、当該一時保護を行わせることができる。 2　都道府県知事は、必要があると認めるときは、第27条第1項又は第2項の措置（第28条第4項の規定による勧告を受けて採る指導措置を除く。）を採るに至るまで、児童の安全を迅速に確保し適切な保護を図るため、又は児童の心身の状況、その置かれている環境その他の状況を把握するため、児童相談所長をして、児童の一時保護を行わせ、又は適当な者に当該一時保護を行うことを委託させることができる。 3　前2項の規定による一時保護の期間は、当該一時保護を開始した日から二月を超えてはならない。 （第4〜12項筆者略）

＊2
令和4（2022）年の通常国会で成立した児童福祉法等を改正する法律では、裁判所が児童相談所が行う一定の一時保護の開始について審査し、規定に該当する場合には「一時保護状を発出する」こととされた。また、同時に一時保護を行う際の要件に関する明確化が行われた。これらの内容は、改正法公布の日から3年を超えない範囲内で政令が定める日から施行される（改正児童福祉法公布通知 令和4〔2022〕年6月15日）。

　害者にしないために迅速さが重要である。しかし、一時保護は、子ども
にも家族にも非常に大きな影響を与えるものでもある。また、子どもに
とって保護されるということは、「守られる」ことではあるにしても、
その多くは見知らぬ環境で全く知らない人と「急遽」「突然」に生活す
るようになることであり、保護者と切り離されるだけではなく、あらゆ
る大切な人やものとの「遮断」でもあることに留意したい。

　このため、保護者に対する以上に、子どもに対するていねいな説明と
意思確認を行い、落ち着いた安全な生活・プライバシー・遊び・教育・
医療等を保障し、保護した後も、ソーシャルワークを担う専門職が、ケ
アを担う専門職やその他の専門職と協働して継続的に子どもの状況と意
思を確認し、本人との間で先の見通しを共有することが重要である。

　また、当然のこととして、たとえ調査やアセスメントのための一時保
護であるとしても、必要かつ可能な調査については、基本的には事前に
行うべきである。

　図２－６－３は、児童虐待相談として児童相談所が対応したものの実
件数のうち、一時保護された件数、施設入所した件数などについて、厚
生労働省のデータをまとめたものである。

〈図２－６－３〉児童虐待相談のうち、一時保護、里親委託、児童福祉施設へ入所
　　　　　　　　した件数等（令和３年度・全国）

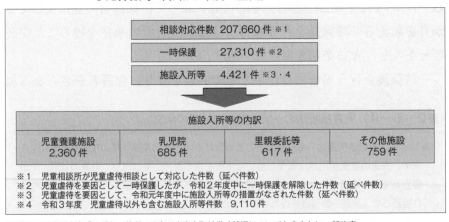

相談対応件数　207,660 件 ※1			
一時保護　27,310 件 ※2			
施設入所等　4,421 件 ※3・4			
施設入所等の内訳			
児童養護施設 2,360 件	乳児院 685 件	里親委託等 617 件	その他施設 759 件

※1　児童相談所が児童虐待相談として対応した件数（延べ件数）
※2　児童虐待を要因として一時保護したが、令和２年度中に一時保護を解除した件数（延べ件数）
※3　児童虐待を要因として、令和元年度中に施設入所等の措置がなされた件数（延べ件数）
※4　令和３年度　児童虐待以外も含む施設入所等件数　9,110 件

（出典）こども家庭庁「こども・若者、子育て家庭を取り巻く状況について」をもとに一部改変

（2）一時保護の実施をめぐるさまざまな課題：事例をふまえての検討

　さて、ここで、**一時保護**に関係する事例を４つ取り上げ、続けて全国の児童相談所に付置された一時保護所の現状に関する資料を紹介し、これらについて概説する。

事例４

家庭引き取りの数か月後に保護者の加害により女児が死亡した事例

　１月の末、小学４年生の女児が実父から暴行を受け、冷たいシャワーを浴びせられて死亡した。119番通報はその父親からであったが、救急車が到着したとき女児はずぶ濡れで硬直が始まっていたという。

　女児は年明けから１日も登校していなかった。その前年の夏休み明けにも登校の開始が遅れたが異変はなく、今回も家庭から「遠方の県にある母親の実家にいる」という連絡があったので、学校も市も児童相談所も緊急事態の発生を予測しなかった。

　両親は女児が２歳のときに一度離婚し、女児が死亡する１年半ほど前に復縁した。このときに妹が生まれた。離婚の原因となった実父の母親へのDVは復縁とともに再発した。母方の祖母は当時住んでいた市に相談したが、市の訪問を受けた父親は仕事を辞め、産後の肥立ちが悪く入院していた母親を残して、自分の実家がある県に転居した。

　夏休みの期間に転校した女児は、その年の11月の初めに学校のアンケートに「何とかなりませんか」と記し、「父から暴力を受けている、同居した母への暴力もある」と打ち明けて一時保護された。

　この対応自体は迅速だったが、女児は父親に下着を下ろされたことがあったと話しPTSDの症状があったにもかかわらず、父親からの要求にそって親族宅で暮らすことを条件に引き取りとなった。また父親は市の教育委員会に圧力をかけ、女児を転校させた。このため、親族宅での生活は長くは続かなかった。

　年度が変わってから、要保護児童対策地域協議会の個別事例検討会が一度開かれたが、関係者の間では落ち着いているという見方が続いていた。女児は転校後、学級委員を務めるなどしていた。

事例5

警察と児童相談所とが連絡を取り合ったが、緊急対応が見送られ、女児が死亡した事例

　6月初頭の死亡時、女児は2歳、体重は約6キログラムだった。これは、同年齢児の平均体重の約2分の1である。

　最初の通告は前年9月、育児放棄の疑いで児童相談所が訪問したが、虐待はないと判断した。2度目の通告は事件発生前の4月、「女児の泣き叫ぶ声がする」という内容だった。児童相談所は7回の接触を試みたが会えなかった。その状況下、5月なかばに「子どもの泣き声がする」という110番通報が警察に入った。警察と児童相談所は電話で相互に連絡を取り合った。警察は母子に面会できたが、児童相談所は同行できなかった。児童相談所は、その後、警察が把握した「母親に発達について相談の希望がある」という内容もふまえて訪問や電話で3回の接触を試みたが会えず、事件発生となった。

　女児は、事件の1年前の1歳6か月健診で極めて低体重であることを指摘されていた。しかし、母子保健によるフォローは、母子が2月に市内の別の場所へ転居した後終了となっていた。母親は女児の死亡時21歳、24歳の男性と同居していた。

　事件後に明らかになった情報からすれば、一時保護が必要な状況が数か月間にわたって続いていた可能性が高い。

事例6

幼児が夜間に複数回放浪し警察に保護されながら、一時保護がなされず、死亡した事例

　8月末、4歳の女児は、同居する母親の交際相手からの「お風呂で溺れた」という通報で病院に運び込まれ、死亡が確認された。死因は溺死だが、女児の遺体には殴られてできたとみられる痕が複数あったという。

　女児は、事件発生の約半年前となる3月中旬から4月中旬までの間、夜間に戸外で計4回警察に保護されていた。警察から児童相談所への通告はあったが、児童相談所は一度も一時保護をしなかった。

　ひとり親家庭であった母親と女児は、警察に保護された住所から、事件が発生した自治体に転居していた。転居前後、それぞれの市も対応していたが、転居後に男性と同居したことは把握されていなかった。

　母親は前日から外出しており、事件当日は不在だった。

事例7

保護者の抵抗がある中で一時保護をしたが、家庭引き取り直後に母子心中となった事例

　9月上旬、児童相談所は、市からの「母親による暴力とネグレクトの疑いがある」との通告を受け、翌日、小学生男児を一時保護した。男児は当日自宅にいたが、母親は子どもに会わせるのを拒むなどの抵抗をした。

　このとき、子どもの意思確認はどのようになされたのか、子ども自身は一時保護を拒まなかったのか、母親の目の前で一時保護所に向かうことに同意したのだとすれば、それを母親はどのように感じたのか。報道によれば、児童相談所は一時保護中に施設入所を提案したが母子ともに同意しなかったという。

　保護から2か月を超えた11月末、「生命の危機が懸念されるほどではない」として一時保護が解除された。「児童相談所は家庭引き取りにあたって、医療機関、学校、市などと連携して、福祉サービス・在宅支援を提案、母親も落ち着き、子どもも家に帰ることを希望していた」「家庭引き取り後は、児童相談所から母親に電話をかけるなどしながらフォロー。子どもは毎日登校し、土曜日も福祉サービスを受けていた」とも伝えられている。

　事件は、家庭引き取りの1週間後に発生。子どもが登校しないため、教育委員会から市へ連絡があった。職員が家庭訪問をして発見し、警察に通報。母親が心中を図って母子ともに死亡した。

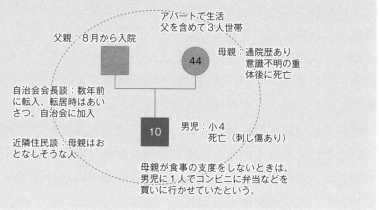

　取り上げた4つの事例は、いずれも、平成31・令和元（2019）年に発生したもので、報道された内容を筆者が再構成した。詳細が不明であるところも多く、特に記述内のジェノグラム[*3]については参考の扱いとしてほしい。

　これらの事例からはさまざまなことを考えさせられる。

　いずれの事例でも、第一に考慮すべきは子どもが体験していることである。受け続けた暴力や支配による痛みと絶望、身長も体重も増加するはずの時期にそれが止まり、あるいは減少するほどの飢餓や放置される

*3
本双書第10巻第4章第7節1（4）参照。

　ことの深刻さ、さらに、寒い時期に幼児が夜間に一人で外に出ることの危険性などであり、それらを中心に置いてアセスメントを実施することが必要である。

　児童相談所の管轄人口は、事例4は約130万人、事例5は約200万人であった。いずれも自治体が設置した検証委員会が報告書をまとめているので、詳細は、それらを確認されたい。

　ここでは、検証において重要となる点を何点か指摘したい。

　事例4では、①事例3と同様に児童虐待と配偶者間のDVとの関係が深いこと、②たとえ実の親子ではあっても長く別々に生活した後に同居したこと、③年度を越える場合には人事異動などによって担当者や管理者の深刻度の理解・認識にギャップが生じやすいことなどである。

　事例5では、①母子の生活歴や暮らしの全体を把握しなければ、起こっている出来事を判断しにくいこと、②警察との連携も重要ながら母子保健との連携がカギになることに注意を払いたい。

　事例6では、4歳児が一人でたとえ1回でも夜間に放浪すれば、死に至る危険があったと理解すべきである。女児の溺死と母親の養育との因果関係は不明ながら、①生じていた危険にふさわしい対応だったか、②夜間に幼児の放浪がなぜ起こったのか、③母親は当時放浪に対してどのように対処したのか、④公的機関の関与の必要性やその内容がどこまで具体的に母親に説明されていたのか、⑤児童相談所と2つの市と母親との間で「支援契約」や告知（たとえ一方的であったとしても）があったのか、⑥児童相談所が一連の対応の前提となる調査をどの程度主体的に行っていたのか、などが問われるだろう。

　事例7については、報道においては、児童相談所が手厚い支援を行っていたと伝えられている。保護者の反対があったにもかかわらず、通告の翌日に一時保護をしたことや、通告者が市であったとされており、市に通告をした者の秘匿が行われていることなどは、近年の法改正や、同年度に発生した他の死亡事案からの教訓をふまえた対応といえる。しかし結末だけを見れば、子どもも親も死亡するという最悪の事態となった。①保護者の意に反する一時保護が必要だと判断された事由とはどのようなものであったのか、②父親が入院中ということがいつの時点でわかったのか（父親の病名、入院期間、一時保護や家庭引き取りに際しての意向などについては報じられていない）、③子どもと保護者の暮らしの全体像や彼らの抱える不安などを考慮した対応がなされていたのか、などについて検証が必要である。

〈図２−６−４〉一時保護所の保護人員、平均在所日数、入所率等

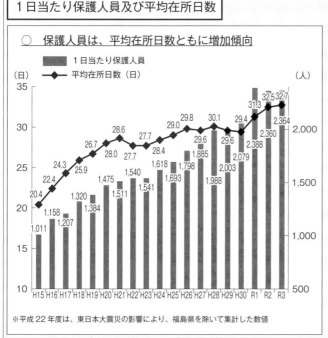

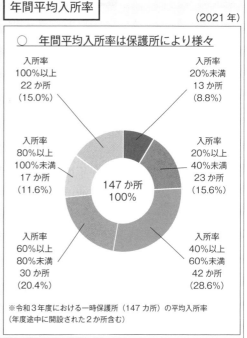

（出典）こども家庭庁「こども・若者、子育て家庭を取り巻く状況について」

子どもを守るために積極的に一時保護を行うべきという声が高まる傾向があるが、事例７のように一時保護を経て子どもが死亡する例がある。子どもの最善の利益の保障にあたっては、年齢・発達・個々の事情に応じた子ども本人の意向確認、意思決定支援、同意の取り方[*4]、身柄移送のあり方、一時保護時の受け入れ体制、長期の一時保護の後の再保護の際の留意点などを実践的に研究し、改善することが必要である。

（3）一時保護所の状況

一時保護は、児童相談所に付置された一時保護所ないしは児童福祉施設や里親などに委託して行われる。ここでは、一時保護所の状況についてまとめたこども家庭庁の資料を示しておく（**図２−６−４**）。

一時保護所の平均在所期間は１か月を超える状況になっており、年間の保護人員も増えている。

一時保護所は、すべての児童相談所に設置されているわけではない。この点も含め、保護される子ども、その保護者にとって安心できる、かつ、ケアを担う職員にとっても過度の負担とならない運営が可能となるように抜本的な改革が必要である[*5]。

*4
意見聴取措置については本書第２部第５章第２節を参照。

*5
令和４（2022）年に成立した改正児童福祉法では、都道府県は一時保護施設の整備及び運営について、条例で児童の身体的、精神的及び社会的な発達のために必要な生活水準を確保する基準を定めなければならないとした（第12条の４）。この内容は、令和６（2024）年４月１日から施行される。なお「一時保護所の設備・運営基準策定のための調査研究」が行われ、令和５（2023）年３月に報告書（令和４年度子ども・子育て支援推進調査研究事業）がまとめられている。

3 死亡事例検証報告書から見えること等

国においても児童虐待による死亡事例の検証が行われている。この内容は、こども家庭審議会児童虐待防止対策部会「児童虐待等要保護事例の検証に関する専門委員会」の報告書としてまとめられており、こども家庭庁のホームページでも閲覧できる。

図2−6−5は、その第1次報告から第19次報告までに把握・検証された死亡事例の経緯と検証結果についてまとめた資料である。

各年度の報告書が指摘する内容は多岐に及ぶが以下のことなどは極めて重要である。

①心中による虐待死と心中以外の虐待死の合計が、近年でも毎年度おおむね65人以上で推移している。

②心中による虐待死では、心中以外の虐待死より年齢に幅があり、かつ、一つの事例で複数の子どもが同時に命を落とすことが少なくない。

③心中以外の虐待死では、圧倒的に0歳児が多く、さらに0歳児の例に占める出産直後に新生児を殺害・遺棄する事例の割合が高い。これをふまえれば、困難を抱える妊婦（特定妊婦）を発見し、医療機関での出産を実現すること、産前産後の支援を充実させること等が極めて重要である。

④新生児殺害・遺棄以外の0歳児や1〜2歳児の死亡例では、マタニティ・ブルーズ、産後うつ、泣きやまなかったことにいらだってパ

〈図2−6−5〉児童虐待等要保護事例の検証に関する専門委員会の報告書の概要
　　　　　　　（死亡事例の推移と検証結果）

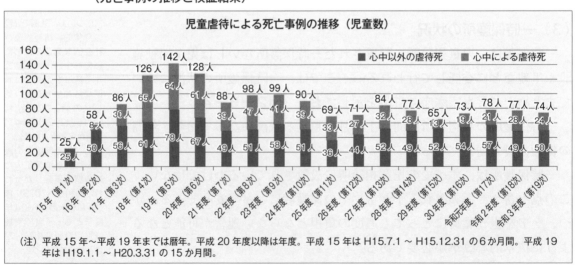

（注）平成15年〜平成19年までは暦年。平成20年度以降は年度。平成15年はH15.7.1〜H15.12.31の6か月間。平成19年はH19.1.1〜H20.3.31の15か月間。

（出典）厚生労働省「児童虐待防止対策の状況について」をもとに一部改変

ニックになったなどといった例が多い。

⑤3歳児前後の心中以外の虐待死では、「しつけのつもり」の例が多く、これらの例では、子連れの再婚家庭（ステップファミリー）や婚姻関係にない保護者（交際相手を含む）によるものが多い。

また、第19次報告の概要の最終ページには「第1次から第19次報告をふまえて、子ども虐待による死亡事例等を防ぐポイント」が、養育者の側面・生活環境等の側面・子どもの側面・援助過程の側面に分けてまとめられている。

本章では、ここまで7つの死亡事例を取り上げてきたが、死亡事例から社会福祉専門職が学ぶべきことは多い。

事例8は第17次報告（令和3〔2021〕年度）で取り上げられているものであるが、これまでの報告書で指摘されている内容をふまえても重要であることから報道をもとに紹介する。この例も含めて、実際の児童虐待をふまえ、確実な対応や施策を行うことが重要である。

事例8

母親が生後3か月の第2子を発作的に床に落とし死亡させた事例[*6]

6月中旬、生後3か月の長女を自宅で殺害したとして母親（31歳）が殺人の疑いで逮捕された。母親は育児疲れであったといい、警察もこうした状況が事件につながった可能性があるとみて調べを行った。警察によると、母親は逮捕当日の午前11時ごろ、長女を自宅の床に落として、殺害した疑いがあり、長女の死因は脳挫傷などによる外傷性ショックであった。母親は容疑を認めており、「複数回、床に落とした」と供述した。

この家庭は、母親、父親、就学前の長男、生後3か月の長女の4人暮らしであった。母親は市の職員で、4月から1年間の予定で育児休業中であったが、自宅を訪れた助産師らに「夜間に3回ほど（長女に）授乳するので、よく眠れない」「心療内科を受診する」などと相談していた。最近では父方の祖母が頻繁に自宅を訪ねていたという。長女の体にはほかに目立った傷はなく、日常的な虐待はなかったとみられている。

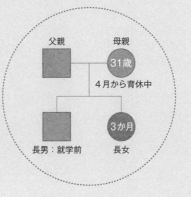

＊6
この事例については、報道内容をふまえ、一部の内容を伏せるとともに、図は筆者が作成（推定を含む）した。

第2部

第6章

　この事例は、第2子への加害である。すなわち母親には子育ての経験
がある。また、母親は市の職員で、福祉関連部署での勤務経験もあった
という。夫や義母からの支援もあり、助産師の訪問も受け入れていた。
「悪い親から子どもを守る」という平板な見方をしてしまえば、見逃す
ばかりか、追いつめてしまうこともある。児童虐待事案へのアセスメン
トや支援は、極めて困難であり、かつ慎重を要する。新生児殺害・遺棄
に次いで多いのがこのような例であり、待ち望んだ妊娠・出産でも起こ
ることを決して忘れてはならない。

第3節　児童虐待の定義と対応の基盤

1　児童虐待防止法の制定と改正の経過

　本章第2節でふれたように、児童相談所で取り扱う児童虐待相談の件数が政府の公式統計として公表されるようになったのは平成2（1990）年からである。これは児童の権利に関する条約が国連で採択された翌年にあたる。このころから、それまでは小さい扱いでしかなかった児童虐待にかかわる報道が大きい紙幅で扱われるようになった。しかし、その後しばらくの間も、従来からあった児童福祉法の規定を積極的に運用することで乗り切れると考えられていた。

　その後、さまざまな関係者から新たな立法措置を求める声が高まり、議員立法によって平成12（2000）年に、児童虐待の定義、児童虐待の禁止、虐待防止に関する施策に協力することを関係者に求める規定、通告の徹底、児童の安全確認に関する規定などから成る**児童虐待の防止等に関する法律**（**児童虐待防止法**）が成立・施行された。この法律は、関係する児童福祉法や母子保健法などとともに、複数回の改正がなされ、現在に至っている。

　児童虐待への対応は、子どもの命と健康等に直接関係するとともに、保護者との間で対立が生じたり、関係者間でも葛藤が生じたりしやすい。このため、あいまいさを排除することに努めなければならないという側面がある。

　以下に、いくつかの項目を設け、これに関連する条文をあげ、児童虐待への対応の基盤とすべき具体的な内容を共有する。

2　児童虐待の定義

　本章の冒頭で述べたように、児童虐待は4つの類型で整理される。しかし、しつけや不適切な養育のどこからが虐待にあたるのかは、立場や考え方によって判断に迷いや幅が生じやすい。支援者は、個々人の考え方ではなく、児童虐待防止法第2条に記されている内容を正確に読み込んだ上で、この定義を対応の根拠・基準とする必要がある（**表2－6－5**）。

〈表2−6−5〉児童虐待の定義

児童虐待の防止等に関する法律

第2条　この法律において、「児童虐待」とは、保護者（親権を行う者、未成年後見人その他の者で、児童を現に監護するものをいう。以下同じ。）がその監護する児童（18歳に満たない者をいう。以下同じ。）について行う次に掲げる行為をいう。

1　児童の身体に外傷が生じ、又は生じるおそれのある暴行を加えること。

2　児童にわいせつな行為をすること又は児童をしてわいせつな行為をさせること。

3　児童の心身の正常な発達を妨げるような著しい減食又は長時間の放置、保護者以外の同居人による前2号又は次号に掲げる行為と同様の行為の放置その他の保護者としての監護を著しく怠ること。

4　児童に対する著しい暴言又は著しく拒絶的な対応、児童が同居する家庭における配偶者に対する暴力（配偶者（婚姻の届出をしていないが、事実上婚姻関係と同様の事情にある者を含む。）の身体に対する不法な攻撃であって生命又は身体に危害を及ぼすもの及びこれに準ずる心身に有害な影響を及ぼす言動をいう。第16条において同じ。）その他の児童に著しい心理的外傷を与える言動を行うこと。

---

3 通告義務と情報提供

　児童虐待に気付いた者は、個人としても機関としても、市町村、児童相談所等に通告しなければならない。これは国民の義務とされており、とりわけ福祉専門職、子ども家庭福祉に関係するさまざまな関係者・機関は、この義務を果たさなければならない（**表2−6−6**）。

　なお、児童虐待が疑われる（蓋然性がある）場合は通告すべきであり、正当な理由をもって通告する場合には守秘義務違反となることはない。

　また、関係者には、児童虐待の対応のための情報提供などが求められる（**表2−6−6**）。

〈表2−6−6〉通告義務と情報提供等

児童虐待の防止等に関する法律

第6条　児童虐待を受けたと思われる児童を発見した者は、速やかに、これを市町村、都道府県の設置する福祉事務所若しくは児童相談所又は児童委員を介して市町村、都道府県の設置する福祉事務所若しくは児童相談所に通告しなければならない。

2　前項の規定による通告は、児童福祉法第25条第1項の規定による通告とみなして、同法の規定を適用する。

3　刑法（明治40年法律第45号）の秘密漏示罪の規定その他の守秘義務に関する法律の規定は、第1項の規定による通告をする義務の遵守を妨げるものと解釈してはならない。

第13条の４　地方公共団体の機関及び病院、診療所、児童福祉施設、学校その他児童の医療、福祉又は教育に関係する機関（地方公共団体の機関を除く。）並びに医師、歯科医師、保健師、助産師、看護師、児童福祉施設の職員、学校の教職員その他児童の医療、福祉又は教育に関連する職務に従事する者は、市町村長、都道府県の設置する福祉事務所の長又は児童相談所長から児童虐待に係る児童又はその保護者の心身の状況、これらの者の置かれている環境その他児童虐待の防止等に係る当該児童、その保護者その他の関係者に関する資料又は情報の提供を求められたときは、当該資料又は情報について、当該市町村長、都道府県の設置する福祉事務所の長又は児童相談所長が児童虐待の防止等に関する事務又は業務の遂行に必要な限度で利用し、かつ、利用することに相当の理由があるときは、これを提供することができる。ただし、当該資料又は情報を提供することによって、当該資料又は情報に係る児童、その保護者その他の関係者又は第三者の権利利益を不当に侵害するおそれがあると認められるときは、この限りでない。

④ 児童の安全の確認と状況の把握、支援の展開過程

　通告を受けた市町村や児童相談所等は、速やかに「児童の安全の確認」（児童虐待の防止等に関する法律第８条）や「児童の状況の把握」（児童福祉法第25条の６）を行うことが求められる。これは、職員が直接児童に会って行うことを原則とするが、信頼し得る公的機関などに依頼して行ってもよいとされている（**表２−６−７**）。

　ただし、「会えた（目視できた）」「親子関係は良好に見えた」と報告された結果、問題なしと判断された後に、深刻な事態となった例がしばしば生じている。死亡事例にもこれが当てはまる。

　「安全の確認」の意味を問い直し、児童の状況の把握の内容を、ソーシャルワーク実践でいういわゆるインテーク面接（あるいは「エンゲージメント」。家庭訪問を含む）に近いものにするように努めたい。

　ソーシャルワーカーが支援を行うときには、これを効果的なものとするために、常に「展開過程」を意識するはずである。支援の入口には、相談や通告、あるいは、以前から何らかのかかわりをもっていたが新たな事実に気付くという端緒がある。これらを受けて、調査を行い、ニーズを把握し、アセスメント（評価、分析、理解）へと進む。そして、具体的にどうするかを考えて計画（ケアプラン）し、その内容について当事者や関係者と合意する（説明する、告知するにとどまる場合もあるが、これを含めて「支援契約」である）。その上で、この計画をふまえて支援を行う。さらに支援状況を把握（モニタリング）しながら、当初は見えていなかったことやその後の変化などをふまえてアセスメントや計画の見直しを行う。

〈表２－６－７〉児童の安全の確認と状況の把握

児童虐待の防止等に関する法律

第8条　市町村又は都道府県の設置する福祉事務所が第6条第1項の規定による通告を受けたときは、市町村又は福祉事務所の長は、必要に応じ近隣住民、学校の教職員、児童福祉施設の職員その他の者の協力を得つつ、当該児童との面会その他の当該児童の安全の確認を行うための措置を講ずるとともに、必要に応じ次に掲げる措置を採るものとする。

（筆者中略）

2　児童相談所が第6条第1項の規定による通告又は児童福祉法第25条の7第1項第1号若しくは第2項第1号若しくは第25条の8第1号の規定による送致を受けたときは、児童相談所長は、必要に応じ近隣住民、学校の教職員、児童福祉施設の職員その他の者の協力を得つつ、当該児童との面会その他の当該児童の安全の確認を行うための措置を講ずるとともに、必要に応じ次に掲げる措置を採るものとする。

（筆者後略）

児童福祉法

第25条の6　市町村、都道府県の設置する福祉事務所又は児童相談所は、第25条第1項の規定による通告を受けた場合において必要があると認めるときは、速やかに、当該児童の状況の把握を行うものとする。

　この当然なすべき基本的なことが、児童虐待事例ではおろそかになりがちである。あるいは、膨大な業務量と体制の脆弱さのゆえに見落とされる。

　通告を受けての「目視確認」の実施が急がれるあまりに、通告者からていねいに話を聞き、そこで得られるはずの情報の重要さ（意義）への意識が薄れてしまう場合もある。

　通告者を特定できる内容を秘匿すべきことは、これが守られなければ、通告や情報提供が行われにくくなり、子どもの利益も通告者の利益も損なわれる恐れがあるため、重要であることはいうまでもない（児童虐待の防止等に関する法律第7条参照）。しかし、こればかりに関心を向け、当事者への説明責任を果たすことを軽視し、通告すなわち「子どもや家族のことを心配する連絡」が入ったことさえも伝えずにパンフレットだけを渡して帰るといった対応や、事実とは異なる説明をもとに訪問調査を行うということはあってはならない。

　また、調査をしたかどうかに関心が向き、アセスメントシートを埋めることが目的化してしまうと、直接当事者に対面するのではなく、間接的な調査ばかりにかたよるということも生じるので注意しなければならない。

　関係機関への連絡や照会は、本来は当事者の同意を前提とするものであるにもかかわらず、「児童虐待」という用語が用いられることによって配慮を欠いたままに情報を広げやすい。情報共有は必要であるが、それが強調

されることの反動で、根幹となる情報（子どもと保護者の年齢、家族構成、保護者の婚姻歴や転居歴、住所を定めた時期といった基本情報）から想定できる仮説（見立て）をもって最悪のことを意識しながら、それを検証していくという基本から遠ざかることが起きている。

　また、何らかの対応を行ったかどうかが問われやすいことから、「注意喚起」「助言」「情報提供」を急ぎ、サービスの利用を勧めるというパターナリスティックなかかわりが広がってしまっている。これでは、当事者との関係を壊すばかりではなく、当事者から発せられるSOSを見逃し、本来もっている当事者の力をそぎ、何とかしたいという思いさえも奪うことになりかねない。まずは、当事者が抱える困難への関心を高め、当事者の語る内容に耳を傾け、観察や質問をすることが重要である（**図２−６−６**）。

〈図２−６−６〉 十分な当事者理解がない、パターン化した展開例

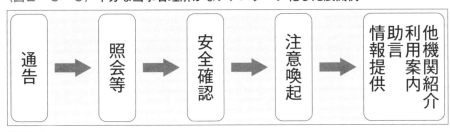

（筆者作成）

　近隣から「子どもの泣き声がする」「保護者の怒鳴り声がする」という通告が入ったり、警察署から問い合わせがあったりすれば、何をおいても対応する。にもかかわらず、養育に困難を抱える保護者自身や子どもが所属する保育所等から何らかのメッセージが伝えられても、訪問して家族や子どもに会い、その事実や子ども・家族の様子などを確かめようとしない、あるいは、助け手のいない孤立出産でも、入院中の母子のもとを訪れようともしない（コロナ禍で認められなかった）ということが起きている。

　こうなれば、当事者との距離は縮まらず、信頼は積み上がらない。かかわりは表面的なものにとどまる。何よりも、子どもと保護者の思いと暮らしに関心を向け、それらにふさわしい「動き」「かかわり」であるかを常に確かめながら支援を展開することが求められる。

第4節　要保護児童対策地域協議会

1　要保護児童対策地域協議会の歴史と構造

　児童虐待への対応では、機関が単独で対処するのでは不十分という認識の下、「複数機関が協働で支える」という考え方が広がった。このために「児童虐待防止ネットワーク会議」の立ち上げと運営への補助が予算化され、さらに平成16（2004）年の児童福祉法の改正により法律で定める協議会として、要保護児童対策地域協議会が位置付けられた。

　現在は、ほとんどすべての自治体に設置され、関係機関の所属長などで構成される「代表者会議」、実務担当者で構成される「実務者会議」、必要に応じて事例ごとに開催される「個別ケース検討会議」の3層構造で運営することが一般的となり、その構成機関のうちの1か所を**要保護児童対策調整機関（以下、調整機関）**に指定することが定められた。後年に行われた法改正では、そこに専門職である「調整担当者」を配置することとされ、「児童虐待を受けたと思われる児童」だけでなく「要保護児童」「要支援児童」「特定妊婦」等も対象とするという見直しが行われた（**図2−6−7**）。

　一部の地域では、ケース対応の進行管理に目的を絞った「進行管理部会」を別に設ける例や、自治体のエリアに従い、地域ごとに会議を開催する例もある。

　一方で、創設当時から指摘されていたように、構成機関が多く会議が

〈図2−6−7〉要保護児童対策地域協議会の構造

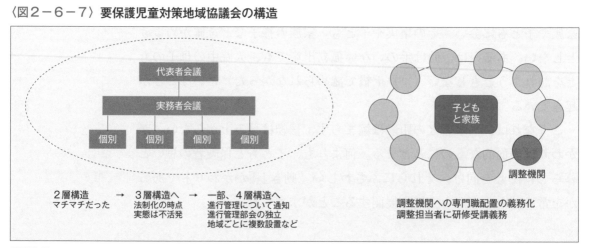

（筆者作成）

形骸化してしまう、運営の仕方がよくわからないという課題に加え、対象となるケース数が多過ぎて1事例当たりの協議時間が平均数分しか取れない、調整機関から「新たなケースを対象とすることはできない」と断られてしまう、人事異動によって調整担当者が代わりノウハウが引き継がれない、といった課題も指摘されている。

2 個別ケース検討会議

　個別ケース検討会議では、当該事例に関係する機関が機動的に参集し、情報を共有し、今何が必要か、どうしたらそれができるか、各機関の役割分担をどうするかなどを協議する。事例に心配な動きがあれば、それを調整機関に伝える。そのために、あらかじめ実務者会議において個別ケース検討会議の開催の手順や開催時のルールの基本を取り決めておき、研修でも取り扱っておくことが望ましい（**図2-6-8**）。

　個別ケース検討会議が、当該事例について共同でアセスメントを行う機会であること、参加機関にとってのグループスーパービジョンの機能をもつことにも留意しておきたい。

　特に、児童福祉施設等からの子どもの家庭引き取りに際しては、それまでに虐待があったかどうかにかかわらず環境が大きく変わることをふまえて、個別ケース検討会議を開催することが不可欠である。

〈図2-6-8〉個別ケース検討会議を開催する上での留意点

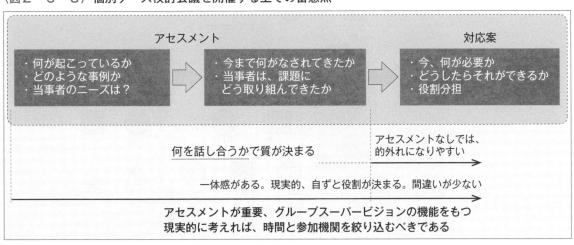

（筆者作成）

第5節 児童虐待事例への支援の実際と福祉専門職の役割

1 深刻で複合的な生活課題を抱えるという理解

　子育ては保護者だけで行えるものではなく、すべての子どもと子育てには何らかの支援が必要である。このことはもはや常識となっているにもかかわらず、ひとたび児童虐待が疑われると、それまで行われていた多様な支援が「専門機関のかかわりに委ねる」という形で途絶えてしまうことがある。これでは本末転倒である。児童虐待が発生する家族は、子どもも保護者もより深刻で複合的な課題を有し、支援のニーズが極めて高いととらえる必要がある。

　下に示した事例9は、複合的な生活課題を抱える家族の例（複数の実事例を組み合わせて創作した架空の事例）である。これをもとに考えてみよう。

事例9

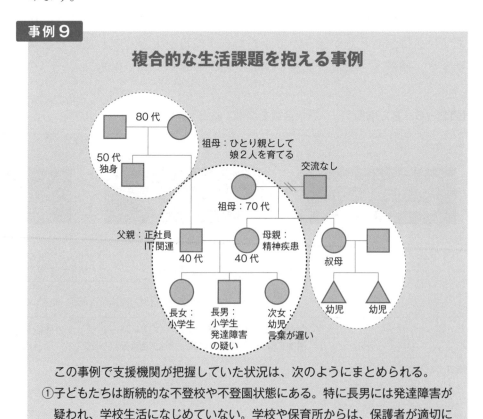

複合的な生活課題を抱える事例

この事例で支援機関が把握していた状況は、次のようにまとめられる。

①子どもたちは断続的な不登校や不登園状態にある。特に長男には発達障害が疑われ、学校生活になじめていない。学校や保育所からは、保護者が適切に

養育しているようには思えないと聞いている（ネグレクトの疑いがある）。

②民生委員・児童委員によれば、母親は閉じこもりがちで、近隣との付き合いがない。

③これらの状況をふまえれば、母親が子どもを精神的に支配している可能性がある。

④数年前に現在地に転入。持ち家だが、住宅購入にあたっては、それまでは別居していた母方祖母が経済的援助をした。

⑤父方の実家は非常に遠方である。

⑥母方の叔母は、近県に住んでいる。連絡先として届けられているものの、「なかなか動けません」といい、保育所や学校からすれば、協力的とは感じられない。小さな子どもが2人いることはわかっている。

⑦父親に連絡を取っているが、なかなか動いてくれない。しかし、母親が病気で通院をしていることは話してくれた。

⑧父母から子どもたちへの身体的な暴力はない。

この事例では、母親に感情の不安定さや子どもを精神的に支配していると思われる状況もあり、保育所や学校が、ネグレクトととらえることは当然と思われる。確かに、これを放置することはできない。しかし、生活を成り立たせるために父親は仕事をしなければならず、また、いわゆる「8050問題」[7]を抱えていると思われる父方の実家や2人の幼児を養育している叔母が動けないのは当然のこととも考えられる。

このような事例では、「注意喚起」「助言指導」「情報提供」を行ったところで、簡単に問題が解決するはずはない。

調査を進めていったところ、同居の祖母は2人の娘（母親と叔母）が幼児のころに離婚し、2人を育てた後も常勤職として仕事を続けていたが、すでに定年となっていた。母親の第3子（次女）の出産と、その後に病状が悪化したことから3世代が同居する生活を始めた。しかし、家族全体を支えていた祖母が数か月前に脳梗塞を患い、一命は取りとめたものの認知能力の低下がみられ、身体にもマヒが残った。これに伴い、支える側であった祖母が支えられる側となって、今はその支える側の役割を小学生の長女が担っていることなどがわかった。

このような事例では、一家心中の恐れさえも想定しなければならない。祖母の治療や介護、母親の治療、そして資産や一定の収入があったとしても経済的な問題を抱え、複数の生活課題に直面していることがわかる。

子どもたちの発達を保障し、**ヤングケアラー**[8]の役割を担っている長女

第2部
第
6
章

*7
本双書第8巻第1部第1章第2節1、及び同巻第2部第2章第2節2参照。

*8
家族の介護などを担わなければならない「子どもや若者たち」をさす。周囲から理解されず孤立しがちである。児童家庭福祉の現場では、より年少の子どもがダブルケアやトリプルケアを担っている例が珍しくない。本双書第3巻第5章第4節1（3）参照。

を救うためにも、正確な状況把握、当事者が抱える困難への共感と理解を深めるとともに、当事者と複数の関係機関の参加を促し、それぞれの力を最大限に高めることなしには支援が効果をもたらすことは期待できない。

　複合的な課題を抱え、高い福祉ニーズがある家庭への支援は、包括的なものである必要がある。提供できるサービスを充実させるとともに在宅支援と一時的な保護、里親や児童福祉施設での代替養育を連続したものとして利用できるようにする必要がある。これらをマネジメントできる機関や専門職の役割が重要である。

2 保護者の意に反する場合の対応等

　当事者の同意を得ることやその参加を促進するべきことはこの領域でも原則である。しかし、児童虐待の対応では、それが待てない状況や待っていてはならない場合がある。そのために、さまざまな法令に基づいた強制力や即時性のある対応が予定されている。

　例えば、一時保護は行政上の処分であるため文書ないしは口頭でその内容やそれを必要とする事由を保護者に示す必要があり、保護者は処分に対しての不服申立てもできるが、児童福祉施設への入所や里親への委託とは異なり、その期間が2か月を超えることがなければ保護者の同意を必要としない。また、一定の要件を満たす場合には、一時保護中の子どもとの面会交流を拒むことや一時保護を行っている具体的な施設名を秘匿することもできる。

　このように、これらの判断の一部は児童相談所長（知事からの委任を含む）の決定で行使可能であるものの、親権者への大幅な権利制限となるものについては家庭裁判所等（司法）による承認あるいは決定を要する。

　このような法的対応の一つひとつを解説することはできないが、その

〈表2-6-8〉いわゆる「法的対応」の例と根拠となる条文

・立入調査：児童虐待の防止等に関する法律第9条、児童福祉法第29条
・出頭要求、再出頭要求：児童虐待の防止等に関する法律第8条の2、同第9条の2
・臨検・捜索：児童虐待の防止等に関する法律第9条の3
・児童相談所から警察署長への援助要請：児童虐待の防止等に関する法律第10条
・親権者の意に反する児童福祉施設への入所、同里親委託：児童福祉法第28条
・親権喪失、親権停止、管理権喪失の審判の請求：児童福祉法第33条の7

主なものをあげ、その根拠となる主な条文（箇所）を示しておきたい（**表2−6−8**）。

3 組織としての進行管理とスーパービジョン

繰り返すが、児童虐待の対応にあたっては的確な状況把握、それに基づく適切な判断と対応が求められる。このため、これを担う専門職には、力量の向上の責務がある。しかし、それらは個人の努力だけでは達成できない。

専門職には、その所属組織からのサポートを受ける権利とそれを受けなければならないスーパーバイジーとしての義務がある。言い換えれば、個々の事例への対応にかかわる進行管理やスーパービジョンは、記録の作成を含み、担当者自身が行うもの、所属するチームや組織によるもの、要保護児童対策地域協議会の個別ケース検討会議や実務者会議によるものと、幾層にもわたって重ねて実施されるべきものだといえよう。

児童相談所に医師や弁護士、保健師が配置されるようになったことも、より活発なコミュニケーションのもとで、異なる専門性をもつ専門職からの助言を常時受けられるようにしたという意義がある。

COLUMN

●児童虐待と揺さぶられ症候群：頭部外傷の診断をめぐって

それまで見過ごされていた虐待が、「眼底出血、硬膜下血腫、脳浮腫という3つの徴候がそろっている場合で、交通事故や3メートル以上の高所からの転落事故の証拠がない場合には、揺さぶられ症候群（Shaken Baby Syndrome：SBS）や虐待性頭部外傷（Abusive Head Trauma：AHT）である可能性が極めて高いとする理論によって発見されるようになった」という指摘がある。一方で、「病気や低位転倒・落下（つかまり立ちから後ろに転倒することやソファからの落下など）でも同様の症状が生じる場合がある。児童虐待から子どもを守る必要があるが、冤罪も防ぐ必要がある」という指摘がある。

虐待防止と冤罪を防ぐ。医学と児童家庭福祉がともに取り組むべき課題として提起されている。

第2部
第6章

第6節 児童虐待の予防とソーシャルアクション

1 「無視できない他人事（ひ と ごと）」から「私たち自身の問題」へ

　私たちは「ひどい親から子どもを守る」という考え方をもちやすい。このような考え方は、子どもの利益を第一とするという点において正しいが、児童虐待という深刻で複雑な問題を「保護者責任」という枠内に閉じ込め、どうしたら子どもの安全と幸福を実現できるかという真正の課題への取り組みをねじ曲げてしまう危険性がある。

　子どもが体験していることを見極め、極めて困難な状況から子どもを救い出すためには決して優先順位を見誤ることがあってはならないが、一方で、子どもとその家族全体の幸福を目標とすることから外れないようにしたい。そうでなければ、子どもの権利を守り、保護者をできるだけ加害者にしないという目標は実現できない。

　日本社会は数十年をかけて、児童虐待の問題を発見し、これへの理解を深め対応を整備してきた。しかし、そのレベルは、今もって特別な人の行為であり「無視してはならない他人事（ひ と ごと）」というとらえ方にとどまっている。これは「障害の有無にかかわらず、私たちの課題である」という理解を広げることに取り組んできた障害者福祉や、いずれは自分たちも老いるという前提に立つ高齢者福祉とは異なる特徴である。社会とその構成員が自らにも深く関係することであるという理解をもたない限り、そのことにかかわる社会福祉は進展しない。児童虐待においても「私たち自身の問題」という理解を広げなければならない。

　福祉専門職が個々の事例にかかわるときには、最悪の事態の発生を念頭に置いて「専門職として疑う」ことが必要である。しかし同時に、子どもとその保護者が懸命に生きて暮らしを成り立たせていることを「専門職として信じる」ことも重要である。この2つは真逆に進むことでも途中でスイッチを入れ替えることでもない。両者は並行して行われるべきものであり、相互に矛盾しない、権利擁護と人を環境の中に存在するものととらえるソーシャルワークの基盤に立つ、首尾一貫したかかわりである。

2 児童虐待の予防

　例えば、前項のような考え方に立たない限り、児童虐待の予防は、本当の意味では成立しない。

　一部の保護者を虐待群とし、その他をハイリスク群、予備軍、健康群としてグルーピングして、虐待群にいない人が虐待群に移行しないように食い止めるというモデルは、一人の人間の状態の悪化を食い止めたり、段階的な施策を打ち立てたりする上では有効と思われるが、人々を分類し分断を引き起こしてしまう恐れが常につきまとう。

　第5節の冒頭で述べたように、実際に、最も高い支援ニーズがあるにもかかわらず支援から遠ざけることや、どの「群」に属するかという当初の判断の誤りがその後の支援の方向性を見誤らせた例はいくらでもある。児童虐待の予防のためには、すべての子どもと家族を支援する必要があり、その外側にではなくその内側に、あえていえば、その中心に児童虐待への対応を置くべきである。児童虐待であるかないかという判断は、当然行わなければならないが、それ以上に、この子に、そしてこの保護者に支援が必要か否かという判断を優先させるべきである。

　子育て支援と虐待の防止は連続するものであり、助けを求められる地域社会をつくり、たとえ助けを求める訴えや相談がなくても、積極的に支援を届けることができるように、メニューを充実させるとともに、いわゆる「アウトリーチ」[*9]のできる福祉専門職を増やし、その力量を高めることが必要であり、専門職には公私のさまざまな機関や人々の参加を促進する働きが求められる。

*9
本双書第10巻第1章第2節1参照。

　令和4（2022）年に成立した改正児童福祉法の趣旨について、厚生労働省が作成した「児童福祉法等の一部を改正する法律の概要」では、児童虐待の相談件数の増加など、子育てに困難を抱える世帯がこれまで以上に顕在化している状況をふまえて、子育て世代に対する包括的な支援のための体制強化等を行うと説明されている。この改正によって実現をめざしている新たな児童家庭福祉の実施体制や新たな支援事業の多くは、令和3（2021）年の補正予算以降の措置で、改正法の施行を待たずにスタートできるように手当された。令和4（2022）年の通常国会では、こども家庭庁設置法やこども基本法も成立した。この2つの法律は、令和5（2023）年4月1日に施行された。これを機（チャンス）ととらえ、子どもとその家庭の福祉を大きく前に進めなければならない。

　令和元（2019）年の法改正によって、児童虐待防止法に子どもへの体

罰の禁止が盛り込まれた（第14条第1項）。この法改正には、民法の懲戒権に関する規定についての検討も行うことが附則（附則第6条第4項）として記された。体罰の禁止は、先行する諸外国の例から、児童虐待の発生予防に高い効果があることが認められている。その後、令和4（2022）年12月には民法が改正され、懲戒権そのものが廃止された。[10]

＊10
本双書第13巻第2部第2章第4節参照。

　私たちは、保護者からの暴力や放置だけではなく、私たちの国、いや個々の国を超えてこの地上のすべての場所から、子どもへの暴力と放置をなくすことをめざさなければならない。すなわちあらゆる戦争や対立、2019年から猛威を振るった新たな感染症、気候変動による飢餓や災害などのために困難や混乱の中にいる、とりわけ弱い立場にいるすべての子どもとその家族のために、私たちは責任を果たさなければならない。

BOOK　学びの参考図書

●中野　光・小笠　毅 編著『ハンドブック　子どもの権利条約』岩波書店、1996年。
　　子どもの人権について、子どもの権利条約の本文はもとより、制定の歴史や背景にある思想なども含めて理解できる。

●小川未明『小川未明童話集』角川春樹事務所、2013年。
　　未明は、日本のアンデルセンといわれる童話作家である。大正9（1920）年前後に発表された「赤いろうそくと人魚」「糸のない胡弓」などは児童保護や児童虐待について考えるべきことを深いレベルで示し、「野ばら」「眠い町」は現代社会について予言しているといってよいだろう。

第**7**章

障害児福祉

学習のねらい

　近年、障害児福祉を取り巻く社会状況がめまぐるしく変化するなか、障害児を対象とした福祉サービス等、障害福祉施策のあり方が問われている。同時に、社会全体における「障害」への意識・とらえ方という根本的な部分にも、依然として課題が残る。このような状況のもと、社会福祉士を中心とした社会福祉専門職が、障害児福祉分野においてどのような役割を果たすべきか、検討していく必要がある。

　本章では、まず「障害」の表記、国際的に共通する障害のとらえ方、日本における主な障害の種類について学ぶ。次に、障害児・者数や社会全体での障害への意識等、障害児福祉をめぐる現状・課題に関して学習する。さらに、障害児を対象とした主な福祉サービス、相談支援事業等、障害児福祉にかかわる施策を理解する。

　その上で、事例をもとに障害児福祉分野における社会福祉専門職の役割等を検討し、最後に今後の障害児福祉の方向性について展望する。

第1節 「障害」のとらえ方・種類

1 「障害」の表記

　「障害」の表記について、第二次世界大戦以前は主に「障碍」が用いられていた（特に身体障害をさす場合）。戦後の国語政策で、「碍」が常用漢字表から除外されて法制度上「障害」となり、社会全体で広く使用されていった。ただし、「障」や「害」の字がもつ意味から、障害児・者は社会的に存在価値がないと誤解を招く可能性がある等の指摘をふまえ、近年は「障がい」や「しょうがい」を用いることが多くなっている。

　その一方で、「『障がい』は仮名交じりで読みにくい」「表記の議論自体が言葉遊びのレベルにすぎない」等の意見も当事者を中心に聞かれる。また、「害」よりも「碍」のほうが適切と判断し、公文書には「障碍」を用いる自治体もある。このように「障害」の表記には、統一された見解がなく、さまざまな考え方と多くの議論の余地が残されている。

　社会福祉士をはじめ社会福祉専門職として障害児福祉実践に携わる上で、まずはこのような点をふまえ、「障害」のとらえ方、関連する法制度、専門職の役割等について学び、そのあり方を考えていく必要がある。

2 国際生活機能分類（ICF）に見る障害のとらえ方

　国際的に共通する障害のとらえ方について、かつては、世界保健機関（WHO）が1980年に発表した国際障害分類（ICIDH：International Classification of Impairments, Disabilities and Handicaps）があった。これに基づき、障害は機能・形態障害(Impairment)、能力低下(Disability)、社会的不利（Handicap）と3つのレベルでとらえられていた。しかし、環境のとらえ方と位置付けの不明確さなど、この枠組みの問題点が各方面から指摘され、見直しを求める声が強くなっていった。そのような背景から、2001年の第54回世界保健会議（WHO総会）において、国際生活機能分類（ICF：International Classification of Functioning, Disability and Health）へと改定された（**図2－7－1**具体例含む）。

　このモデルでは、「障害はマイナスのもの」とはとらえず、否定的な言葉が排除されて中立的な言葉による記述となっている。従来の「機能・形

態障害」「能力低下」「社会的不利」という次元の名称が、「心身機能・身体構造（Body Functions ＆ Structure）」「活動（Activity）」「参加（Participation）」に変更され、これらの総称を「生活機能」とよぶ。そして、生活機能が何らかの問題を抱えた否定的な側面は、各々「機能障害」「活動制限」「参加制約」とし、「障害」はそれらすべてを含む包括的概念として用いられている。

　また、「背景因子」として、人間と周囲の環境との関係性を示す「環境因子」と、個人の人生・生活の特別な背景を意味する「個人因子」の考え方が加えられている。つまり人間の生活は、家庭や職場等といった周囲の環境と、習慣や性格等個人的な事柄が互いに関連・影響するものとされたわけである。そして、「障害」も個人的な事柄（個人因子）のみならず、生活の中で「環境因子」との相互作用によって起こるもの（社会環境との関連でつくり出されるもの）ととらえられている。

　なお、子ども・青年期には、発達において特徴的な要素があり、それに伴う社会的支援が必要となる。そのため、子ども・青年期の障害モデ

〈図２−７−１〉国際生活機能分類（ICF の構成要素間の相互作用／具体例を含む）

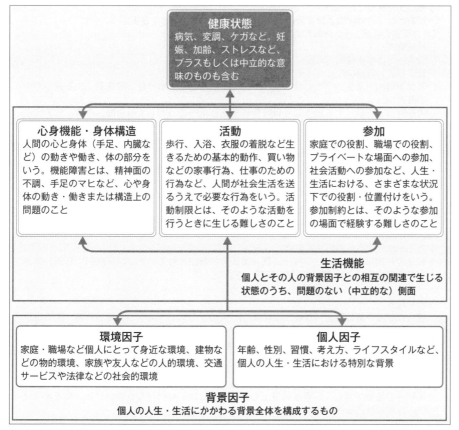

（出典）直島正樹・原田旬哉 編著『図解で学ぶ保育　社会福祉（第3版）』萌文書林、2022年、109頁

＊1
ICF-CYは、ICFの派生分類という位置付けで、18歳未満を対象にしている。
分類構造、カテゴリーはICFと同様であるが、新たな分類項目の拡充・修正等も行われている。子どもの成長・発達期の特徴を記録するため、必要な内容を補うものとして役割が期待されている。

＊2
障害者基本法において、社会的障壁とは「障害がある者にとつて日常生活又は社会生活を営む上で障壁となるような社会における事物、制度、慣行、観念その他一切のものをいう」と定義されている。物理的障壁（段差、階段等）、制度的障壁（制度上、障害児・者に制限を設けること）、心理的障壁（偏見等意識上の障壁）等が該当する。

ルとしてICFを基礎に開発された国際生活機能分類−児童版（ICF-CY[＊1]：International Classification of Functioning, Disability and Health – version for Children and Youth）もある。

3 障害の種類

（1）法律上の「障害児・者」の定義と主な障害の種類

　障害者基本法において「障害者」は、「身体障害、知的障害、精神障害（発達障害を含む。）その他の心身の機能の障害（略）がある者であつて、障害及び社会的障壁[＊2]により継続的に日常生活又は社会生活に相当な制限を受ける状態にあるものをいう」（第２条）と定められている。これをふまえて、児童福祉法に「障害児」の定義があり、身体に障害の

〈表２−７−１〉 **身体障害・知的障害・精神障害の定義等について**

①身体障害
　身体のどこかに不自由のある障害をさす。内部障害とよばれる、外部からは症状がわかりづらい障害も含まれる。
【身体障害者の定義】（身体障害者福祉法第４条）
　別表に掲げる身体上の障害がある18歳以上の者であって、都道府県知事から身体障害者手帳の交付を受けたもの。
＊別表とは「身体障害者障害程度等級表」（１〜７級）のことをさす。
【身体障害の種類】（「身体障害者障害程度等級表」）
○視覚障害
○聴覚または平衡機能の障害
○音声機能、言語機能またはそしゃく機能の障害
○肢体不自由（上肢、下肢、体幹機能、乳幼児期以前の非進行性の脳病変による運動機能の障害）
○内部障害（心臓、じん臓もしくは呼吸器またはぼうこうもしくは直腸、小腸、ヒト免疫不全ウィルスによる免疫もしくは肝臓の機能の障害）

②知的障害
　金銭管理や文字の読み書きが苦手等、日常生活や学校生活の上で頭脳を使う知的行動に支障のある障害をさす。
【知的障害者の定義】
　知的障害者福祉法上は、「知的障害者」の定義はない。
　「平成17年知的障害児（者）基礎調査」等では、知的障害を「知的機能の障害が発達期（概ね18歳まで）にあらわれ、日常生活に支障が生じているため、何らかの特別の援助を必要とする状態にあるもの」と定めている。
＊戦後の長期にわたり、法制度上「精神薄弱」と表記されていたが、平成11（1999）年から法律の改正により「知的障害」に統一された。

③精神障害
　統合失調症、気分障害（双極性障害など）、薬物・アルコールによる急性中毒・依存症、てんかんなどがある。大きく気分が沈むなど、心のバランスに関する障害を意味する。
【精神障害者の定義】（精神保健及び精神障害者福祉に関する法律第５条）
　統合失調症、精神作用物質による急性中毒またはその依存症、知的障害、その他の精神疾患を有する者。
＊知的障害が定義に含まれるのは、精神医療の利用において関係することによる。医学的に同一の種類ではなく、福祉制度上も精神障害には位置付けられない（知的障害者福祉法・児童福祉法を適用）。

（出典）直島正樹・原田旬哉 編著『図解で学ぶ保育　社会福祉（第３版）』萌文書林、2022年、113頁をもとに一部改変

ある児童、知的障害のある児童、精神に障害のある児童（発達障害児を含む）[*3]、となっている（第4条）。このように、主な障害の種類としては、身体障害、知的障害、精神障害があげられ、その定義等については、**表2－7－1**のとおりである。

なお、障害者の日常生活及び社会生活を総合的に支援するための法律（障害者総合支援法）では、障害者基本法の「障害者」に加え、「難病等がある者」も含まれている。また、児童福祉法にも「難病等の児童」が「障害児」として規定されている。この「難病等」については、障害そのものに分類されるわけではないが、当該法律に基づく福祉サービス利用の対象として位置付けられている。

（2）発達障害

従来、発達障害は身近に存在するものの社会的認知度は低く、発達障害児は福祉制度の対象外であった。1980年代ごろから、「知的障害は伴わないが生活のしづらさを抱える子ども」の存在が教育・福祉現場等で指摘され始めていたが、適切な法制度がなく、十分な支援を受けることが困難であった。

このような背景から、現在では教育・福祉現場をはじめ、社会全体で発達障害への理解促進と支援を行っていくための法律として**発達障害者支援法**がある。同法における「発達障害」等の定義は**表2－7－2**のとおりであるが、発達障害の原因は、現在でも完全に解明されているわけではない。ただし、親のしつけや愛情不足ではなく、先天的な脳機能障害という考え方が主流となっている。

発達障害をめぐる近年の動向としては、2013年5月、アメリカ精神医学会の診断基準DSM（精神障害の診断と統計の手引き）が第5版（DSM-5）へと改訂され、それまでの広汎性発達障害が自閉スペクトラム症（自閉症スペクトラム障害）に変更された点が挙げられる。アスペルガー症候群や自閉症といった区分が廃止され、この中に含めた（まとめた）診断名となっている（**図2－7－2**）。また、平成30（2018）年にはWHOの国際疾病分類（ICD）も第11版（ICD-11）へと改訂され、同様の用語となった（発効は令和4〔2022〕年）。

これらの改訂を受けて、今後、日本の法制度における発達障害のとらえ方も変更される可能性がある。ただし当面は、従来の診断名と新たな診断名の両方が使われると予想され、今後の動向に注意が必要である。

[*3] 障害者基本法等で「発達障害を精神障害に含む」と記されているが、両者が医学的に同じ種類の障害という意味ではない。これは、法制度に基づいた福祉サービス利用の際等に関係するものである（ただし、すべての福祉サービス利用に適用されるとは限らない）。

〈表2－7－2〉発達障害者支援法における「発達障害」等の定義

発達障害	自閉症、アスペルガー症候群その他の広汎性発達障害、学習障害、注意欠陥多動性障害その他これに類する脳機能の障害であって、その症状が通常低年齢において発現するものとして政令で定めるもの
発達障害者	発達障害がある者であって、発達障害及び社会的障壁により日常生活または社会生活に制限を受けるもの
発達障害児	発達障害者のうち18歳未満のもの

（発達障害者支援法第2条より筆者作成）

〈図2－7－2〉発達障害の概要

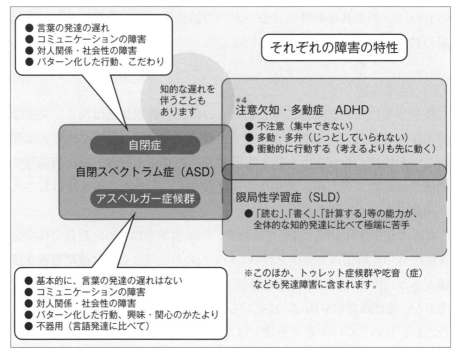

* 4
本双書第14巻第1部第
5章第3節9参照。

（出典）国立障害者リハビリテーションセンターホームページ（http://www.rehab.go.jp/ddis/understand/whatsdd/）を加工して作成

第2節 障害児福祉をめぐる現状・課題

1 障害児・者数

　障害者（大人）も含めた全体の推計値は、身体障害児・者436万人、知的障害児・者109.4万人、精神障害児・者614.8万人で、合計1,160.2万人となっている（**表2−7−3**）。これを人口千人当たりの人数で見ると、身体障害児・者34人、知的障害児・者9人、精神障害児・者33人である。重複して障害がある人の調整は入っていないため、単純な合計とはならないが、約7.6％の国民が何らかの障害を有していることになる。

　障害児数の推計値を見ると、身体障害児（18歳未満）7.2万人、知的障害児（18歳未満）22.5万人、精神障害児（20歳未満）59.9万人（合計89.6万人）である。障害児は、身体障害児が最も少なく、知的障害児と精神障害児のほうが多い点に特徴がある。

　特に精神障害児の多さは、子どもの貧困、虐待、不登校等、近年深刻化する課題と密接に関連しており、社会全体で子どもの生きづらさ・生活のしづらさがより強まっている一つの象徴である。同時に精神障害者（20歳以上）も多い点から、障害児福祉実践では、子どものみならず、

〈表2−7−3〉日本における障害児・者数（推計値）

		在宅者数	施設入所者数	総　数
身体障害児・者	18歳未満	6.8万人	0.4万人	7.2万人
	18歳以上	412.5万人	7.0万人	419.5万人
	年齢不詳	9.3万人	−	9.3万人
	合　計	428.7万人	7.3万人	436.0万人
知的障害児・者	18歳未満	21.4万人	1.1万人	22.5万人
	18歳以上	72.9万人	12.2万人	85.1万人
	年齢不詳	1.8万人	−	1.8万人
	合　計	96.2万人	13.2万人	109.4万人
		外来患者数	入院患者数	総　数
精神障害児・者	20歳未満	59.5万人	0.4万人	59.9万人
	20歳以上	526.3万人	28.4万人	554.6万人
	年齢不詳	0.3万人	（0.1万人未満）	0.3万人
	合　計	586.1万人	28.8万人	614.8万人

（注1）身体障害児・者と知的障害児・者は、厚生労働省による「生活のしづらさ等に関する調査（平成28（2016）年）」「社会福祉施設等調査（平成30（2018）年）」、精神障害児・者は「患者調査（令和2（2020）年）」等に基づき作成。
（注2）四捨五入で人数を出しているため、合計が一致しない場合がある。
（出典）内閣府『令和5年版 障害者白書』2023年、220頁をもとに筆者作成

障害のある保護者も含めた家族全体を視野に入れることが重要となる。

2 障害児福祉にかかわる課題

近年の日本では、「障害者の権利に関する条約」（障害者権利条約）批准や「障害を理由とする差別の解消の推進に関する法律」（障害者差別解消法）施行等を背景に、[*5]インクルージョンや合理的配慮の重要性が叫ばれている。[*6]

そのようななか、内閣府の調査によると、日本社会で障害を理由とした差別・偏見が「ある」と思う人は88.5％に上っている。また、障害者差別解消法の存在について、「知っている」が24.0％、「知らない」が74.6％の回答であった。[*7]法律施行・改正後も、その存在自体を知らない人も多く、障害を理由とする不当な差別解消に向けた意識が、社会全体で十分に浸透していない現状がうかがえる。

社会全体における障害への差別・偏見については、障害児福祉を含めた障害福祉全体にかかわる根本的課題でもある。令和4（2022）年には、障害者権利条約について、障害者権利委員会から日本政府へ総括所見（勧告）が発表された。このなかで、代替的な意思決定体制の廃止を視野に入れ、すべての差別的な法規定と政策の廃止、支援付き意思決定メカニズムの確立が求められている（条約第12条：法律の前にひとしく認められる権利）。この総括所見（勧告）に法的拘束力はないが、今後、日本はこれにそった法改正等の対応を迫られることになる。障害児とその家族のみならず、誰もが暮らしやすい共生社会の構築に向けて、障害福祉施策の整備・充実に加え社会福祉士をはじめとした社会福祉専門職の役割・専門性のあり方等の検討が求められる。

＊5
インクルージョンは、「包括」「包含」「包摂」等の意味をもつ。障害の有無や、人種・能力等に関係なく、すべての人が地域社会において包み込まれ、それぞれに必要な支援が保障された上で生活していくことを意味する理念である。

＊6
本書第2部第7章第3節1（2）及び本双書第4巻第1部第2章参照。

＊7
内閣府「世論調査報告書（障害者に関する世論調査／令和4年11月調査）」2022年。

第3節　障害児福祉にかかわる施策

1 障害福祉にかかわる施策の展開

（1）第二次世界大戦後から2000年までの展開

　障害福祉施策は、第二次世界大戦後に始まった。まず、昭和22（1947）年に児童福祉法が制定され、続いて昭和24（1949）年に身体障害者福祉法、昭和35（1960）年に精神薄弱者福祉法（現 知的障害者福祉法）と、障害福祉にかかわる法律が制定された。当時は「障害児・者は保護の対象」と考えられ、保護的福祉観に基づく施設中心の施策であった。

　1970年代になると、それまでの施設中心の施策を見直し、在宅福祉（地域福祉）中心の施策を進める方針に転換が図られた。1980年代に入り、国際障害者年（昭和56〔1981〕年）を契機として、ノーマライゼーション理念の重要性が日本でも叫ばれはじめ、保護的福祉観に基づく施策から大きく変化することとなった。

　その後、さまざまな改革が進むなか、平成5（1993）年には心身障害者対策基本法が改正され、障害者基本法の成立へと至った。これは、障害福祉全体の基盤となる法律であり、関連施策の総合的・効果的推進を目的に、基本的理念等が明記されている。同法の対象に精神障害者が明確に位置付けられた点もふまえ、平成7（1995）年には、精神保健法が精神保健及び精神障害者福祉に関する法律（精神保健福祉法）に改正され、精神障害者も福祉サービスの対象に含まれることとなった。

（2）2000年以降の展開

　2000年代に入ると、障害福祉施策はさらに大きな転換点を迎えた。平成16（2004）年には発達障害者支援法が制定され（平成17〔2005〕年施行）、法制度に基づいた支援の対象となる「障害児・者」の範囲が広がり、発達障害児・者も福祉制度の対象に位置付けられた。平成17（2005）年には障害者自立支援法も制定され（平成18〔2006〕年施行）、従来の「施設」や「居宅」といった枠組みを超えて総合的な自立支援システムの構築がめざされた。これにより障害福祉サービス利用の仕組みも大きく変わることとなった。

　2006年には、国連によって障害者権利条約（障害児・者の生まれながらもっている人権・基本的自由を大切にし、その尊厳を高め、当事者

＊8
ここで掲げられたスローガン「完全参加と平等」は、国際障害分類（ICIDH）の普及や国際生活機能分類（ICF）の考え方にも大きな影響を与えることになった。

の権利を守るために必要な措置を規定した国際条約）が採択された。日本も平成19（2007）年に署名し、以後、批准に向けて国内の関係法制度の整備が進められた（平成26〔2014〕年に批准）。

この流れを受けて、平成23（2011）年には障害者基本法が改正され、「障害」の範囲や「障害者」の定義の見直し等が行われた。また、平成24（2012）年には、誰もが住みやすい地域社会の実現に向け、障害児・者の日常生活・社会生活の総合的な支援の実施を目的に、障害者自立支援法が障害者総合支援法へと改正された。

平成25（2013）年には、社会全体の障害を理由とする差別解消の推進等を目的に、障害者差別解消法の制定へと至り、平成28（2016）年から施行されている（令和3〔2021〕年改正）。同法は、障害者基本法の「差別の禁止」規定を具体化するものとして位置付けられ、社会の中における障害による差別解消の措置として、障害を理由とする不当な差別的取り扱いの禁止、合理的配慮[*9]の提供をあげている。

令和4（2022）年には、改正児童福祉法をはじめ、こども基本法、こども家庭庁設置法等が成立した。「こどもまんなか社会」の実現に向けて、子ども施策のよりいっそうの推進が図られると同時に、令和5（2023）年4月にはこども家庭庁が創設された。これにより、障害児支援施策（障害児福祉にかかわる施策）は、同庁のもと、子育て支援施策のなかで一元的に推進されることとなった。障害児への支援を進めるにあたっては、障害児通所支援を取り巻く現状・課題（児童発達支援センターと児童発達支援事業所との役割分担の不明確さ等）や、他の関連施策の動向等をふまえ、①障害のある子ども本人の最善の利益の保障、②子どもと家族のウェルビーイングの向上、③地域社会への参加・包摂（インクルージョン）の推進、といった基本的考え方をもって進めることが求められている。

2 障害児を対象とした主な福祉サービス

障害者福祉サービスのうち、障害児を対象とする福祉サービスは、大きく早期発見・早期療育、在宅福祉サービス、施設福祉サービス、経済的支援といった内容に分けられる。

（1）早期発見・早期療育
実際に子どもに障害がある場合、適切な療育・支援を受けることで将

*9
合理的配慮とは、障害の有無にかかわらず、誰もが平等な機会を確保するために、障害の状態や性別、年齢等を考慮した変更や調整、サービスを提供することをさす。事業者の金銭的な負担が大きい場合等を除き、これを行わない場合は「差別」となる。改正障害者差別解消法の可決・成立（令和3〔2021〕年）により、従来「努力義務」であった民間企業における合理的配慮は、行政機関と同様に「義務」となった。

来に向けて日常生活能力を身に付け、生活の質の向上を図ることにつながる。その点で、早期発見・早期療育は重要な意味をもつ。

　これにかかわる施策には、母子保健サービスの一つとして各医療機関や市町村保健センターで実施されている乳幼児健康診査（1歳6か月児健康診査、3歳児健康診査等）、先天性代謝異常等検査などがある。また、手帳制度や療育指導のほか、障害者総合支援法に基づく自立支援医療、補装具の交付・修理等も関連施策である。

　手帳制度について、身体障害児対象の身体障害者手帳、知的障害児対象の療育手帳、精神障害児対象の精神障害者保健福祉手帳がある。このうち、療育手帳は法律に基づく制度ではなく、知的障害の分類や明記方法等も各自治体で異なっている（基本は「Ａ：重度、Ｂ：軽度」の2分類）。また、発達障害児対象の独自の手帳制度はなく、自治体によっては精神障害者保健福祉手帳等が交付される。

　自立支援医療は、障害児等が心身の障害の状態を軽減し、自立した日

〈表2－7－4〉障害児通所支援・障害児入所支援の体系
【障害児通所支援】

サービス	内　容	対　象
児童発達支援	児童発達支援センター等に通わせ、日常生活における基本的な動作の指導、知識技能の付与、集団生活への適応訓練等の支援を行う。肢体不自由児には、従来、医療型で行ってきた治療（リハビリテーション）の実施が可能。	すべての障害児
放課後等デイサービス	授業の終了後や休校日に児童発達支援センター等の施設に通わせ、生活能力の向上のために必要な訓練や、社会との交流の促進等の支援を行う。 ＊「障害児固有の学童保育」。	小学校、中学校、特別支援学校等に就学している障害児
居宅訪問型児童発達支援	外出することが困難な児童の居宅を訪問し、発達支援（日常生活における基本的な動作の指導、知識技能の付与、集団生活への適応訓練等の支援）を行う。 ＊平成30（2018）年4月開始。	重度の障害があり外出が著しく困難な障害児
保育所等訪問支援	保育所等を訪問し、障害児以外の児童との集団生活適応に向けた専門的な支援等を行う。	保育所等（幼稚園、認定こども園、小学校、乳児院・児童養護施設など）を利用する障害児

【障害児入所支援】

サービス	内　容	対　象
福祉型障害児入所施設	保護、日常生活の指導、独立自活に必要な知識技能の付与を行う。	盲ろうあ児、身体障害児（肢体不自由児等）、知的障害児、精神障害児（発達障害児を含む）
医療型障害児入所施設	保護、日常生活の指導、独立自活に必要な知識技能の付与や治療を行う。	知的障害児（自閉症児）、肢体不自由児、重症心身障害児

（出典）厚生労働統計協会 編『国民の福祉と介護の動向 2023/2024』厚生労働統計協会、2023年、178頁をもとに一部改変

第2部

第7章

〈表２－７－５〉障害児も対象の主な障害福祉サービス

サービス類型	内容	対象
①居宅介護 （ホームヘルプ）	居宅において、入浴、排泄、食事の介護等を行う。	障害児
②重度訪問介護	居宅介護サービスに加え、外出時の移動中の介護、日常生活上のさまざまな介護の事態への対応を目的とした見守り等の支援を行う。	重度の肢体不自由または重度の知的障害・精神障害があって常時介護を要する障害児（児童相談所長が適当とみなし、市町村長に通知した場合）
③同行援護	外出時に同行し、移動に必要な情報の提供（代筆・代読も含む）、移動の援護等の支援を行う。	視覚障害により、移動に著しい困難を有する障害児
④行動援護	行動する際に生じる危険回避に必要な援護、外出時の移動中の支援を行う。	知的障害または精神障害により、行動上著しい困難を有する障害児
⑤短期入所 （ショートステイ）	障害児施設等において短期間入所させ、入浴、排泄、食事の介護等の支援を行う。	障害者支援施設等への入所を必要とする障害児（介護者の病気等、短期間、夜間も含む）
⑥重度障害者等 包括支援	居宅介護等複数の障害福祉サービスの提供を包括的に行う。	常時、介護の必要程度が著しく高い障害児

（出典）厚生労働統計協会 編『国民の福祉と介護の動向2023/2024』厚生労働統計協会、2023年、157頁をもとに筆者作成

常生活・社会生活を営む上で必要な医療をさす。その医療費の自己負担額を公費により軽減するものが、自立支援医療制度である。[*10]

　補装具とは、障害児等の身体機能を補完・代替し、長期間にわたり継続して使用される器具をさし、車いす、眼鏡、義足、歩行器等がある。障害者総合支援法に、補装具の購入・修理等にかかわる利用者負担を公費で補助する制度が規定されている。なお、成長に伴って短期間での交換が必要となる障害児等は、購入ではなく貸与でも利用可能である。

（2）在宅福祉サービス

　障害児とその家族に対する在宅福祉サービスには、児童福祉法に基づく障害児通所支援としての**児童発達支援**、放課後等デイサービス、居宅訪問型児童発達支援、保育所等訪問支援がある（**表２－７－４**）。

　また、障害者総合支援法にも、障害児（18歳未満）とその家族を支援するため、障害児も対象の在宅福祉サービスが規定されている。具体的には、介護給付としての居宅介護（ホームヘルプ）、同行援護、行動援護等（**表２－７－５**）のほか、地域生活支援事業としての移動支援事業、日中一時支援事業等がある。[*11]障害者（18歳以上）が介護給付としてのサービスを利用する際、市町村による障害支援区分認定を受ける必要があるが、障害児は、一部サービスを除いてこの認定が不要であり、別の方法で支給決定される。

〈図２−７−３〉障害児施設・事業の一元化

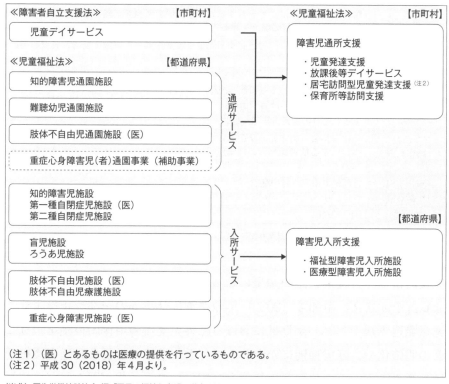

（注１）（医）とあるものは医療の提供を行っているものである。
（注２）平成30（2018）年４月より。

（出典）厚生労働統計協会 編『国民の福祉と介護の動向 2023/2024』厚生労働統計協会、2023年、177頁をもとに一部改変

（3）施設福祉サービス

❶障害児施設・事業の体系

　障害児対象の施設・事業は、平成24（2012）年から根拠規程が児童福祉法に一本化され、新たな体系へと再編された（**図２−７−３**）。これは、障害の重度・重複化への対応、地域支援の充実等、障害児支援の強化を図ることをめざしたものである。

　この再編で、障害児施設・事業は障害種別ではなく、通所・入所の利用形態の違いによって一元化された。児童デイサービス、知的障害児通園施設、難聴幼児通園施設等の通所サービスは「障害児通所支援」に、知的障害児施設、肢体不自由児施設等の入所サービスは「障害児入所支援」に整理された（**表２−７−４**）。再編後、児童福祉施設としての名称は、通所型の児童発達支援センター、入所型の障害児入所施設となり、それぞれの内部類型として福祉型と医療型に分類された。

　その後、児童発達支援センターが地域での中核的役割を果たすことが期待されるなかで、その機能や、児童発達支援事業所との役割分担が不明確という状況が明らかになっていった。これに加えて、上記のとおり、障害種別ごとに分かれていた給付体系ができる限り一元化されたものの、

〈表２－７－６〉特別児童扶養手当の概要

目　的	精神または身体に障害を有する児童について手当を支給することにより、これらの児童の福祉の増進を図ること。
支給要件（対象）	精神または身体に障害を有する児童（20歳未満）を家庭で監護、養育している父母等。
支給月額	1級　53,700円 2級　35,760円　＊令和5（2023）年4月〜
支払時期	毎年4月、8月、12月（原則） ＊それぞれの前月分まで支給。
所得制限	受給資格者（障害児の父母等）もしくはその配偶者またはそれ以外の生計を同じくする扶養義務者の前年所得が一定の額以上である時、手当は支給されない。
支払手続（申請窓口）	住所地の市区町村の窓口。
財　源	国　10/10

（出典）厚生労働省ホームページ「特別児童扶養手当について」をもとに筆者作成

＊12
児童福祉法等の一部改正により、障害児入所施設について、入所児童が成人として地域生活等へ移行する際、調整の責任主体の明確化が図られ、22歳までの入所継続が可能となった（施行は令和6〔2024〕年）。

＊13
実際には、措置による利用はほとんどみられない。ただし、一部の障害児入所施設では、現在でも措置制度によって利用する児童が大半を占めるところもある。

＊14
利用料無償化の対象サービスは、障害児通所支援（放課後等デイサービスを除く）、障害児入所支援（障害児入所施設）である。対象期間は、満3歳になって初めての4月1日から3年間となっており、食費等の実費負担は必要である。

＊15
本双書第6巻第11章第4節参照。

実質的には障害種別に近い類型になっているとの指摘もある。このような状況をふまえ、令和4（2022）年の児童福祉法等の一部改正により、児童発達支援センターが地域における障害児支援の中核的役割を担うことの明確化や、障害種別にかかわらず身近な地域で必要な発達支援を受けられるよう、その類型（福祉型・医療型）の一元化が図られた（施行はいずれも令和6〔2024〕年）。＊12

❷サービスの利用方式

従来、障害児施設は措置制度に基づいて利用されてきたが、障害者自立支援法の施行以降、原則は利用契約制度（利用者〔契約上は保護者〕と事業者との直接契約）へと移行している。保護者の行方不明や児童虐待等、利用契約制度に適さない場合、現在も措置制度が適用される。＊13

主たる相談・申請窓口や利用決定等について、児童発達支援センターは市町村、障害児入所施設は児童相談所がそれぞれ対応することになっている。利用者負担は、保護者の所得等に応じて負担上限月額が設定されている。令和元（2019）年10月から、幼児教育・保育の無償化の一環として、児童発達支援センター、障害児入所施設における利用料の無償化が実施されている。＊14

（4）経済的支援

障害児とその家族に対する経済的支援として、代表的なものに**特別児童扶養手当**がある。＊15これは、20歳未満の障害児を養育する親等を対象とした手当で、障害の程度によって支給額が決まっている（**表２－７－６**）。

ただし、子どもが児童福祉施設（保育所等通所サービスを除く）に入所しているときや障害を支給事由とする公的年金受給が可能なときなどは支給されず、また所得制限もある。

令和4（2022）年度末現在の支給状況を見ると、支給対象児童数は約28.9万人で、受給者数が約26.3万人となっている。[16]

この手当のほか、障害児福祉手当（対象：日常生活に常時介護を要する在宅の重度障害児〔20歳未満〕）[17]、特別障害者手当（対象：日常生活に常時特別な介護を要する在宅の重度障害者〔20歳以上〕）[18]がある。これらは、いずれも特別児童扶養手当等の支給に関する法律に基づいており、同法に支給要件や支給手続等が規定されている。

なお、障害児とその家族への経済的支援には、このような直接金銭を給付する制度に加え、所得税・住民税の障害者控除といった税制上の優遇措置、公共交通機関や公共料金の割引制度等がある。

3 障害児福祉における相談支援事業

障害児が支援を受ける場合、子どもに適したサービス・事業所の選択・決定を家族だけで判断しづらいケースも多い。そこで、利用者側の不安や悩みの軽減を図り、適切なサービスの受給につながるよう相談支援事業がある。

障害児福祉における主な相談支援事業には、障害児相談支援（障害児支援利用援助・継続障害児支援利用援助）がある。これは、指定障害児相談支援事業者が行う事業で、障害児が児童福祉法に基づく障害児通所支援利用の際、障害児支援利用計画が作成される。また、障害児が短期入所（ショートステイ）等、障害者総合支援法に基づく障害福祉サービス利用の際には、指定特定相談支援事業者が計画相談支援を実施し、サービス等利用計画の作成が行われる。[19][20]

なお、子ども一人ひとりが適切なサービスを受けるためには、個別の支援計画である障害児支援利用計画等を効果的に機能させることが重要となる。そこで、相談支援事業をはじめ、地域の障害福祉にかかわるシステムづくりに関して中核的な役割を果たす協議の場が必要となる。その役割を担う場として、障害者総合支援法に基づき、市町村には地域自立支援協議会の設置が求められている。

*16
現在、本手当の受給可能な障害の程度に関する説明が自治体によって異なり、また判定医による審査結果のばらつきの可能性も課題となっている。

*17
*15に同じ。

*18
*15に同じ。

*19
指定障害児相談支援事業者は、児童福祉法に基づいて市町村が指定し、障害児が通所サービスを利用する際の相談等に応じる役割を果たす。指定特定相談支援事業者は、障害者総合支援法に基づいて市町村が指定し、障害児の居宅サービス利用にかかわる相談支援に携わる。障害者総合支援法との一体的な計画作成の必要性等から、指定障害児相談支援事業者は、指定特定相談支援事業者の指定もあわせて受けることが望ましいとされる。

*20
平成24（2012）年4月から、障害福祉サービス、障害児通所支援の利用において、サービス等利用計画または障害児支援利用計画作成が義務付けられている。障害児入所支援については、児童相談所が専門的な判断を行うため、障害児支援利用計画作成の対象外である。

第2部
第7章

第4節 障害児福祉における社会福祉専門職の役割

1 障害児福祉実践に携わる上で前提にあるもの

　社会福祉専門職が、「障害」をどのようにとらえ、考えるかは、障害児やその家族への支援に大きく影響する。

　例えば、「障害」という特性に着目するあまり、「子ども」という点を軽視する施設職員は、社会福祉専門職としてふさわしいといえるであろうか。各障害の特性はあるが、「障害児」とされる子どもの言動等が全員同じということはない。また、一人の「障害児」の特性が、すべて障害に起因するわけでもない。個々の生育歴や地域・家庭環境等複合的な要因によって、できること、生活のしやすさ・しづらさ等も変わってくる。診断された障害名のみに強く焦点を当てると、専門職は子ども自身の長所を含めた特性を見落とし、支援の方向性も訓練、治療等に傾きがちとなる。「障害児である前に一人の子ども」「家族や地域社会の一人として生活している子ども」という意識を忘れてはならない。

2 障害児とその家族への支援の実際から見る社会福祉専門職の役割

　下記のケースは、A男（15歳・軽度知的障害を伴う自閉スペクトラム症あり・療育手帳B所持）とその家族への支援を示したものである。本事例をもとに、社会福祉専門職の役割、留意点等を見ていく。

事例 1

①支援に至る経緯

　A男は、4歳時に障害の診断を受けた後、市内の児童発達支援センターへ通所開始となった。偏食があり、自宅以外での排泄を拒む等こだわりが強く、センターでの活動全般への適応に時間を要したが、児童指導員（社会福祉士）や保育士等は、A男に寄り添った支援を進めた。その後、市立の小学校の特別支援学級へ通い、地域の放課後等デイサービスを利用した時期もあったが、うまく環境になじめず中止となった。現在は、県立特別支援学校中学部3年

*21
児童指導員は、その職に就いて初めて名乗ることのできる任用資格である。社会福祉士や精神保健福祉士の資格を取得している、あるいは、4年制大学で社会福祉学、心理学、教育学、社会学を専修する学部・学科を卒業していること等が任用要件となっている。

生である。

　半年前、父親が交通事故で亡くなり、母親Ｂ子（50歳）、Ｃ男（弟・10歳・小学校４年生）と市内のアパートにて３人で生活をしている。母親は、Ａ男が慕っていた父親（夫）の死と、育児や派遣社員の仕事の疲労も重なり、精神的に不安定な状態となっていた。

　その様子を見て、民生委員が母親に声をかけ、母親は市内の精神科病院を受診した。同病院のソーシャルワーカー（精神保健福祉士）は家庭状況を鑑みて、市の障害福祉課への相談を母親に提案した。母親から相談を受けた市のケースワーカーは、相談支援事業所（指定特定相談支援事業者）・相談支援専門員（社会福祉士）[*22]等、関係機関と連絡を取り、支援開始となった。

②支援の展開

　Ａ男、母親と、相談支援事業所、市の障害福祉課、精神科病院、民生委員等、関係機関で個別支援会議（市の地域自立支援協議会）を共同開催して情報共有し、支援方針を検討していくこととなった。情報収集の中で、Ａ男は家族と長期間離れるのは不安であること、母親は育児・仕事の負担感や金銭面の不安から支援を望んでいること、Ｃ男が不登校傾向にあること（Ａ男の障害を理由とした小学校同級生とのトラブル）が判明した。

　これを受けて本人の状態・希望と、母親の休息・療養の機会の確保を考慮し、短期入所（ショートステイ）が妥当と判断され、福祉型障害児入所施設の利用へと至った。以後、本人の将来を見据えて自宅外での生活を経験し、自信が高まるようにとの意図もあって継続的に利用した。

　母親は仕事の負担を減らして体調回復に努めることになり、Ｃ男の件を、相談支援専門員とともに小学校の担任教員とスクールソーシャルワーカー（社会福祉士）に相談した。金銭面の課題については、市の生活保護課にて生活保護の相談・申請を行った。

③支援後の様子

　Ａ男は、物事へのこだわりが強く、これまで新たな生活・活動に慣れるまで時間を要していた。しかし、施設利用を繰り返し、児童指導員（社会福祉士）等とさまざまな取り組みを行うなかで、積極的に職員の掃除を手伝ったり、幼児・小学生の世話をしたりするなど、新たな活動に取り組む意欲や他者との関係性を築く力が身についてきた。「こんなところ（施設）で暮らすのも悪くない」等の発言も聞かれはじめており、相談支援専門員等は今後の支援方針を検討している。

　Ｃ男は担任教員のサポートもあり、同級生との関係性が改善されつつある。

　母親は、生活保護受給が決まったことで不安が軽減し、体調は徐々に回復しているが、引き続き通院治療が必要である。頼れる身内もいないため、母親からはＡ男たちの将来を心配する発言も増えており、ソーシャルワーカーや相談支援専門員に相談をしている。

＊22
相談支援専門員は、①一定の実務経験年数、②指定の研修修了、①②のどちらも満たすことが要件となっている。一定の実務経験のある社会福祉士も要件の一つであり、指定特定相談支援事業所等に勤務しているケースがある。

第２部

第7章

（1）子どものストレングス・エンパワメントを念頭に置いた支援

障害児福祉実践において、子どもの「できない部分」「苦手な部分」がクローズアップされる場合がある。社会福祉専門職は「障害」に着目し過ぎず、子どもの力・可能性（ストレングス）を信じ、それを引き出すことが重要となる。

本事例のA男も、自閉スペクトラム症の特徴であるこだわりの強さが見られ、新たな環境適応に時間がかかる等の課題があった。しかし、福祉型障害児入所施設での短期入所（ショートステイ）利用等を通して、周囲の想像以上に本人が新たな活動・環境に慣れ、他者との関係性構築の力が付いてきた。また、家族と離れて暮らすことへの不安も、徐々に和らいでいる様子がうかがえる。A男自身がそれまで小学校、特別支援学校等で経験を重ねており、施設の児童指導員をはじめとした専門職が相談支援専門員等と連携しながら、「障害があるから、今回も課題の克服はむずかしい」等の意識をもたず支援を行ったことで、ストレングスが引き出されたといえる。社会福祉専門職には、子どもの課題に目を向けつつもストレングスに着目し、エンパワメントを念頭に置いた支援が求められる。

（2）家族全体を対象としたトータルな支援

家族は、子どもにとって最も身近な存在である。そのため、家族との安心・安全な生活、適切な育児は、子どもの発達や自立を促すことにつながる。ただし、障害児を育てる場合、さまざまな要因が重なって、家族に身体的、精神的、さらには経済的負担をもたらす可能性が高まる。

本事例の母親も、育児に大きな負担を感じており、仕事の疲れ、さらにA男の面倒をよく見ていた父親（夫）の突然死も影響して心身の状態を悪化させた。相談支援専門員等は、A男本人の家族と離れることへの不安を受け止め、同時に疲労困憊している母親の休息も必要と考え、A男の短期入所（ショートステイ）利用へと結び付けた。

社会福祉専門職には、子どもと保護者両者の意向を確認し、全体的な状況を考えて最善策を検討することが求められる[*23]。保護者の安心・安全、親としての成長、それらが子どものよりよい発達・自立につながるよう、家族支援も重要な視点となる。

なお、この家族支援には、子ども本人と保護者に加え、きょうだいへの支援も含まれる。本事例でも、C男は兄のことで同級生から嫌がらせを受け、不登校気味になっていた。そこで、相談支援専門員が母親に同

*23
子どもと保護者の生活感や意向が真に一致しているかどうかの判断・対応は、社会福祉専門職にとって非常に困難な課題である。乳幼児や、障害により意思決定能力が低い場合等は、誰がどこまで代弁できるのかも含め、よりむずかしくなる。障害児福祉のみならず、福祉全般における課題である。

行し、小学校担任教員とスクールソーシャルワーカーに相談をした。「障害児のきょうだいの生きづらさ」にも目を向け、きょうだいを支援する視点、さらには家族全体を取り巻く環境改善の視点も必要となる。

（3）18歳以降も見据えた支援

　障害児福祉実践において、日々の生活支援は重要であるが、それは18歳以降（学校卒業後）も見据えたものでなければならない。社会福祉専門職は、「障害児が大人になって自立した生活ができるように」との意識をもち、同時に、保護者の高齢化や死亡という状況になった場合のことも考えておく必要がある。「親亡き後の障害児の生活」については、多くのケースに共通する課題でもある。

　本事例においても、幼児期に通所していた児童発達支援センターの児童指導員・保育士、さらに相談支援専門員等は、A男の状況を見ながら、将来を考えた支援を展開している。短期入所（ショートステイ）の利用も、A男の自立を考えてのことでもある。母親から、自身の年齢的な不安や体調不良もあって子どもの将来を心配する発言が増えている点からも、今後に備えた準備が必要となる。例えば、現段階から母親とも相談し、A男の将来的なグループホームの利用、さらには成年後見制度（本章第5節コラム参照）の活用等も視野に入れ、関係機関・専門職間で検討しておくことも大切である。

　障害児福祉実践は、本事例に示したように、一つの組織（機関）・専門職のみならず、関係機関・専門職間で連携して進めることが重要となる。それぞれの役割を明確にした上で、子どもとその家族を適切な社会資源につなげていくことが求められる。

第5節　今後の障害児福祉の方向性

1 ライフステージに応じた連続性・一貫性のあるサービスの展開

　障害児福祉実践は、0歳から18歳まで幅広い年齢の子どもを対象とし、その子どもの状態もさまざまである。また、子どもとその家族にかかわる機関は多岐にわたり、短期間で変わることもある。さらに、18歳以降になると適用される法制度も異なる。子どもの安定した成長・発達には、機関が変更しても一貫性のある支援を受けられることが重要となる。

　平成26（2014）年の厚生労働省「今後の障害児支援の在り方について（報告書）～『発達支援』が必要な子どもの支援はどうあるべきか」においても、障害児の権利保障の観点から、年齢に応じた重層的な支援体制の展開をめざした「地域における『縦横連携』の推進」が示されている。**医療的ケア**が必要な障害児への支援も含め、乳幼児期、学齢期、さらには18歳以降も念頭に置いた、より総合的かつ一貫性のある障害児福祉サービス提供体制の確立・展開が望まれる。[25]

2 インクルージョン理念に基づく身近な地域での支援体制の充実

　かつては、障害児は地域から離れて生活し、支援や教育を受ける傾向にあった。しかし障害児といっても、社会的人格をもった子ども（一人の人間）であるため、障害特性に応じたサービス以前に、一人の子どもとしての権利・生活の保障が求められる。乳幼児期から身近な地域で多くの人々とかかわりながら生活すること、適切な支援や教育を受けることはインクルージョンの理念からも重要である。

　平成24（2012）年から障害児施設・事業体系が再編され、多様な障害種別の子どもを地域の事業所で受け入れ、支援することが可能となった。平成27（2015）年度から始まった子ども・子育て支援制度においても、すべての子どもを対象とした一般支援施策として、保育所等での障害児の受け入れや優先利用、障害等により集団保育が著しく困難な子ども（原則3歳未満児）対象の居宅訪問型保育事業が実施されている。

＊24
現在、医療技術の進歩から、NICU（新生児集中治療室）等に長期間入院後、引き続き人工呼吸器等を使用し、医療的ケアを要する障害児（医療的ケア児）が増加傾向にある。

＊25
令和3（2021）年6月に「医療的ケア児及びその家族に対する支援に関する法律」が成立・公布された。従来、医療的ケア児への支援は国や地方公共団体の「努力義務」とされ、受け入れ環境を整えた保育所・学校が大幅に不足する等の状況がみられた。本法により、国や地方公共団体等の医療的ケア児への支援が「努力義務」から「責務」となり、支援体制の拡充等が求められることとなった。本双書第4巻第2部第3章参照。

このように、インクルージョンの理念に基づく身近な地域での発達支援は、仕組みとしては整えられつつあるが、その役割を担う機関・施設は量的・質的にいまだ不十分であり、今後のさらなる整備・充実が必要である。

③ 「利用者にとってわかりやすい」サービス供給システムの構築

　現在の障害児とその家族を対象としたサービスについて、「すべてが利用者側から見てわかりやすい、利用しやすい」といえるであろうか。

　例えば、障害児通所支援と障害児入所支援の窓口の違い、在宅福祉サービスにおける根拠法・仕組みの違い、障害児（18歳未満）と障害者（18歳以降）で適用される法制度の違い、教育・保健・医療分野のサービスと福祉サービスとの関係性等、利用者の立場で見ると理解しづらく、実際の利用に不便さを感じるものもある。さらに、経済的支援の申請方法がわかりづらい、あるいはその存在自体を知らないというケースもある。今後、相談支援事業の拡充等、「利用者にとって理解しやすく使いやすい」サービス供給システムの構築が必要である。

④ 障害児福祉分野における社会福祉士の役割・専門性の強化

　障害児福祉分野に携わる社会福祉士の勤務先・職種としては、障害児入所施設や児童発達支援センターの児童指導員、児童発達支援管理責任者があげられる。また、相談支援事業所の相談支援専門員、福祉事務所や児童相談所のケースワーカー、小学校・中学校のスクールソーシャルワーカーとしてかかわるケース等もある（本章第4節事例1参照）。ただし、これらの職種の任用要件はさまざまで、必ずしも社会福祉士であるとは限らない。

　このような背景から、障害児福祉分野をはじめ、児童家庭福祉分野に携わる社会福祉士の数自体十分とは言い難いのが現状である[*26]。その中で、社会福祉専門職の中心ともいうべき社会福祉士が、障害児福祉分野において果たすべき役割・専門性の強化に向けて、関連法制度、機関・施設の専門職配置の仕組み、さらには養成課程、現任者研修等も含めた検討が求められる。

*26
社会福祉士の就労分野について、「児童・母子福祉関係」は8.2%にすぎず、「障害者福祉関係」まで含めても25.8%となっている（社会福祉振興・試験センター『社会福祉士就労状況調査実施結果報告書〔令和2年度〕』2021年）。

COLUMN

◉社会福祉士の役割・専門性とは？－成年後見制度から見る－

　成年後見人（未成年後見人含む）は、きょうだい等の親族をはじめ、専門職としては弁護士、司法書士、社会福祉士等が担う。その中で、近年は社会福祉士が障害児・者の成年後見人を務めるケースも増えている。実際に活動する社会福祉士から、例えば「障害児の親が亡くなり、利用契約のため一緒に施設へ行った」「障害者の日用品購入や電子マネーのチャージを手伝った」「財産管理よりも、身上監護関連の業務に携わることが多い」等の話が聞かれる。

　社会福祉専門職である社会福祉士は、成年後見人として他の専門職以上に活動できる専門性を有していると考えられる。障害児福祉分野を含め、障害福祉全体における社会福祉士の役割・専門性を考えたとき、成年後見制度とのかかわりからも見えるものがあるのではないだろうか。

BOOK 学びの参考図書

● 西永　堅『基本から理解したい人のための子どもの発達障害と支援のしかたがわかる本』日本実業出版社、2017年。
　子どもの発達障害の特徴・支援方法、インクルージョン等のポイントがコンパクトにまとめられ、初学者の学びに適している。

● 渡部　伸 監修『障害のある子が将来にわたって受けられるサービスのすべて』自由国民社、2019年。
　障害児・者が利用可能なサービスについて、当事者の年代・シーン別に解説され、全体像をわかりやすく学ぶことができる。

参考文献

● 厚生労働統計協会 編『国民の福祉と介護の動向 2023/2024』厚生労働統計協会、2023年
● 内閣府『令和5年版 障害者白書』2023年
● 直島正樹「障がい児・者福祉─障がい児の子どもの担任に─」直島正樹・原田旬哉 編著『図解で学ぶ保育　社会福祉 第3版』萌文書林、2022年
● 日本相談支援専門員協会 編『障害のある子の支援計画作成事例集─発達を支える障害児支援利用計画と個別支援計画─』中央法規出版、2016年
● 山縣文治『子ども家庭福祉論 第2版』ミネルヴァ書房、2018年
● 吉田幸恵「障害児福祉サービス」福田公教・山縣文治 編著『児童家庭福祉 第5版』ミネルヴァ書房、2017年
● 山下幸子・竹端　寛・尾﨑剛志・圓山里子『障害者福祉［第3版］』ミネルヴァ書房、2020年
● こども家庭庁支援局障害児支援課「障害児支援施策について」（こども家庭審議会障害児支援部会〔第1回〕資料）2023年
● 障害児通所支援に関する検討会「障害児通所支援に関する検討会報告書─すべてのこどもがともに育つ地域づくりに向けて─」2023年

さくいん

担当編集委員

山縣　文治（関西大学教授）
やまがた　ふみはる

新保　幸男（神奈川県立保健福祉大学教授）
しんぽ　ゆきお

執筆者 (執筆順)

新保　幸男（神奈川県立保健福祉大学教授）
しんぽ　ゆきお
第1部 第1章

山縣　文治（関西大学教授）
やまがた　ふみはる
第1部 第2章

原　史子（高崎経済大学教授）
はら　あやこ
第1部 第3章

大竹　智（立正大学教授）
おおたけ　さとる
第1部 第4章

篠原　亮次（山梨大学大学院特任教授）
しのはら　りょうじ
第2部 第1章

佐藤まゆみ（淑徳大学短期大学部教授）
さとう
第2部 第2章

野尻　紀恵（日本福祉大学教授）
のじり　きえ
第2部 第3章

小林　理（東海大学教授）
こばやし　おさむ
第2部 第4章

澁谷　昌史（関東学院大学教授）
しぶや　まさし
第2部 第5章

宮島　清（日本社会事業大学専門職大学院
みやじま　きよし　　　客員教授）
第2部 第6章

直島　正樹（相愛大学教授）
なおしま　まさき
第2部 第7章

※執筆者の所属・肩書は、令和5年11月30日現在のものです。

社会福祉学習双書2024

第5巻

児童・家庭福祉

発　行	2021年 1 月29日　初版第 1 刷
	2022年 2 月 8 日　改訂第 1 版第 1 刷
	2023年 2 月10日　改訂第 2 版第 1 刷
	2024年 2 月 9 日　改訂第 3 版第 1 刷

編　集	『社会福祉学習双書』編集委員会
発行者	笹尾　勝
発行所	社会福祉法人　全国社会福祉協議会
	〒100-8980 東京都千代田区霞が関3-3-2 新霞が関ビル
	電話 03-3581-9511　振替 00160-5-38440
定　価	2,860円（本体2,600円＋税10%）
印刷所	日経印刷株式会社　　　　　　　　　　　　　禁複製

ISBN978-4-7935-1446-3 C0336 ¥2600E